U0127771

皮书系列为"十二五"国家重点图书出版规划项目

皮书系列

皮书系列

皮书系列

皮书系列

权威·前沿·原创

皮书系列

皮书系列

皮书系列

皮书系列

皮书系列

香港蓝皮书
BLUE BOOK OF
HONG KONG

香港发展报告
（2012）

ANNUAL REPORT ON DEVELOPMENT OF HONG KONG
(2012)

香港回归祖国15周年专辑
15 Years of Focus since Return to China

香港浸会大学当代中国研究所
主　编／薛凤旋

社会科学文献出版社
SOCIAL SCIENCES ACADEMIC PRESS (CHINA)

和平圖書有限公司

图书在版编目（CIP）数据

香港发展报告：香港回归祖国 15 周年专辑. 2012/薛凤旋主编.
—北京：社会科学文献出版社，2012.6
（香港蓝皮书）
ISBN 978 - 7 - 5097 - 3460 - 5

Ⅰ.①香…　Ⅱ.①薛…　Ⅲ.①区域经济发展 - 研究报告 - 香港
②社会发展 - 研究报告 - 香港 ③地方法规 - 研究报告 - 香港
Ⅳ.①F127.658 ②D927.658

中国版本图书馆 CIP 数据核字（2012）第 106293 号

香港蓝皮书

香港发展报告（2012）
——香港回归祖国 15 周年专辑

主　　编／薛凤旋

出 版 人／谢寿光
出 版 者／社会科学文献出版社
地　　址／北京市西城区北三环中路甲 29 号院 3 号楼华龙大厦
邮政编码／100029

责任部门／编译中心（010）59367004　　责任编辑／祝得彬　冯立君
电子信箱／bianyibu@ ssap. cn　　　　　责任校对／郝永刚
项目统筹／祝得彬　　　　　　　　　　　责任印制／岳　阳
总 经 销／社会科学文献出版社发行部（010）59367081　59367089
读者服务／读者服务中心（010）59367028

印　　装／北京季蜂印刷有限公司
开　　本／787mm×1092mm　1/16　　印　　张／14.75
版　　次／2012 年 6 月第 1 版　　　　字　　数／251 千字
印　　次／2012 年 6 月第 1 次印刷
书　　号／ISBN 978 - 7 - 5097 - 3460 - 5
定　　价／49.00 元

香港蓝皮书编委会

主编简介

薛凤旋 现任香港浸会大学当代中国研究所所长暨地理系讲座教授,早年毕业于香港大学,取得地理学学士及硕士学位;1974~1977年就读于英国伦敦经济学院,取得博士学位;1977~2007年在香港大学任教三十载。

30多年来,薛教授一直就有关中国的议题进行广泛的研究,范畴涉及中国经济、中国与全球体制的连接、城市和区域发展、社会和政治演变等。薛教授有超过100篇文章刊登于主要的中、英文国际权威期刊,著有约40本专著,并获广泛推崇,经常被引述。

除担任香港大学荣誉教授外,薛教授也是多所大学,包括北京大学、中山大学、暨南大学、华东师范大学、西安交通大学、福州师范大学的荣誉教授;此外,他还是香港大学亚洲研究中心和澳门大学的名誉研究员以及中国科学院地理科学与资源研究所的特约教授与研究员。

薛教授积极参与香港地方以及国家的政治与决策,是第八届至第十届全国人大代表,也是香港特区筹委会、选委会,以及特区政府多个咨询委员会成员。

摘　要

　　香港在 1997 年脱离英国管治，回归祖国。香港顺利过渡，成为在"一国两制"下的中华人民共和国首个特别行政区，是国家乃至世界的一件大事。回归祖国 15 年来，香港社会同心协力，成功抵御了两场国际金融危机，以及百年不遇的"非典"疫情，巩固和提升了香港作为国际金融、贸易、航运中心的地位。香港依然被公认为全球最开放自由的经济体，以及最具发展活力的地区，全国和全世界的城市综合竞争力仍然名列前茅。明显地，香港成功地落实了"一国两制"。

　　然而，政权和宪法的变更、全球化既急且深的影响，加上由此产生的制度变化及人才培养步伐跟不上，不同利益集团对改变有不同接受程度等情况，也令香港的经济、社会、政制发展、政府管治等各方面都出现不同的问题，使香港经常置身于各场大大小小的政治性、社会性争论当中。加上，全球环境复杂多变，各类风险明显增多，作为高度外向型经济体的香港，在抗风险能力上未有长足进步，隐忧不断。与此同时，相对于 2008 年金融海啸后全球对自由放任经济理念的普遍质疑、区域经济融合成为增强地区综合经济实力的大趋势等，特区政府欲变未变、裹足不前的施政作风，令香港出现不同方面悬而未决的深层次矛盾问题。

　　本报告分为三个主要部分，分别是经济与社会、政制发展和政府管治，以及结论与建议，对香港过去 15 年来的有关方面变迁作出深入回顾和分析。第一部分：经济与社会，主要就施政方向、经济状况、公共财政、教育、医疗、房屋土地、领汇问题共七个方面进行详细分析。第二部分：政制发展和政府管治，主要就政制、咨询机构、政治体制及公务员体系、法治、最新选情共五个方面进行详细分析。第三部分：结论与建议，主要是作精要的问题总结，并就香港未来面对的主要隐忧和机遇提出建议。

　　由于 1997 年回归前的体制与经济及社会状况直接影响了回归后的发展，因此在需要的章节里，我们作出合宜和扼要的介绍，作为必要的引子。

Abstract

Hong Kong was returned to China in 1997. The successful formation of the Special Administrative Region under the One Country-Two System framework is a historical hallmark in Chinese as well as world history. In the fifteen years after the return to China, the people of Hong Kong have strived to uphold and further the status of Hong Kong as the world's financial, trade and shipping centre, despite the two financial crises and the outbreak of an unprecedented plague. Hong Kong is still seen as the most economically open city, one of the most dynamic area of growth, and one of the most competitive cities of the world. These are concrete proofs that the One Country-Two System has been a success.

However, as a result of institutional and constitutional changes, globalization, disparity and different perception between interest groups, as well as the discrepancy between structural changes and development of human and institutional resources, mounting socio-economic and political problems emerged in Hong Kong. These problems led to a continuous and sometimes heated debates among the people and interest groups. Meanwhile, as the global economy has entered a period of upheaval and uncertainties, the outward-oriented economy of Hong Kong has become volatile. The Hong Kong Government's inability to enhance the city's capability to withstand global economic rifts, and its reluctance to embrace recent trends such as regional economic cooperation and more pro-active official guidance in the economy but to revisit and re-emphasized laissez-faire after the financial crunch of 2008 also contributed to the worsening of socio-economic problems. In short, much has to be done to improve Hong Kong's ability to compete and survive amidst an increasingly volatile global economic environment.

To review the development of Hong Kong during the fifteen years after its return to China, this report is divided into three parts: socio-economic, political and governance, and conclusions and suggestions. The first part reviews the policy directions, economic situation, and public finance of the HKSAR government. It also discusses the education, public health, housing and land policies. In addition, the questions of the privatization of 'Housing Authorities' properties which led to the formation of the Link are also examined in detail. The second part analyses the political structure and the current political situation in Hong Kong, including studies on its political system, advisory bodies, civil service, and the judiciary branch. The recent election polls in Hong Kong are also analysed. The third part not only summarises the previous discussions but also provide concrete advices on the potential opportunities and problems in Hong Kong.

As the political and administrative system and the socio-economic situation before 1997 directly impinched on the relevant developments in the year after the turnover, we have provided brief and relevant mention in relevant chapters whenever situable and necessary.

前　言

　　"一国两制"是开创性的构思，虽然其本意是针对解决台湾问题，但 1982 年 2 月，邓小平将"一国两制"构想作为解决香港前途问题及回归后政治制度的根据。有关香港"一国两制"方针的落实，经过了长时间在香港的咨询及规划后，最后以《香港特别行政区基本法》形式予以具体化及条文化。其所建构的政治与社会经济制度，是世界政治理论的一大创新，有助于解决近、现代史遗留下来的香港、澳门和台湾的管治和恢复行使主权问题。诚然，崭新的构想在深化地落实时取得成功，还必须要经过探索与改进的过程。

　　香港是国家首个特别行政区，也是第一个实行"一国两制"的地区。因此，香港自 1997 年由英国管治，改为在中国主权下的"港人治港"、"一国两制"的新情况，深受国内外关注。提供这方面的咨询，正是本报告的主要目的。

　　简言之，香港由一个在英国人管治了 150 年的地区，变为一个由本地华人为管治主体的地区，的确引起不少人的担心。他们的担心包括了：香港能否保持已往的经济繁荣和社会稳定的景象，香港作为亚洲自由港和国际商业、金融及物流中心的地位能否保持，香港市民能否拥有昨日的言论、新闻、咨询及旅游的自由，等等。

　　回归后的数年，有关上述疑问的答案已很明显。虽然在 1998 年受到亚洲金融风暴的冲击，但香港的经济还是相对稳定，市民对特区政府及中央政府的认同度是很高的。总的来说，"一国两制"、"港人治港"是成功落实了。这些与《基本法》规定的初期特区体制突出了行政主导有关，这包括了在立法会的三种议员产生法，反映了社会的利益平衡。正因如此，董建华的首届政府，推行了"有为政府"方略，对香港重大的传统政策进行了基本性的修改。不过，出于如何进一步落实《基本法》的不同理解，香港自 2003 年起，政治体制不断变更，冲击了行政主导，也冲击了特区政府的管治，令其施政出现了畏首畏尾的转变。

　　反视 15 年来，香港经济、社会、政制、政府管治等各方面和 1997 年回归前

相比，都存在较大变化。其背后因素既来自特区内在，亦受到外来因素的巨大冲击。内在因素方面，除了上述有关《基本法》的因素外，回归后沿用下来的前港英时期的政府制度和人员，大体上能保持高效、重视法律和廉洁；但在如何配合国家最新政策与形势发展、如何准确掌握和应用"一国两制"等方面，仍然存在很大改善空间。外在因素方面，香港作为高度外向型社会，国际政经利益交汇，亦非一个新的没有经验的新团队能急速及有效地反应的。

当然，为了支持特区，特别是为了帮助它应对亚洲金融风暴及"非典"，回归以来，中央不断推出崭新措施大力支持香港，无论是 CEPA 的落实，还是"个人游"的扩展等，都是"内地因素"在起着关键性的作用，这既有助于稳定香港经济和社会，亦有助于强化与珠三角地区的经济融合，提升香港的整体竞争力。

香港浸会大学当代中国研究所就过去 15 年来香港的经济、社会、政制、政府管治等各方面变迁，以这本报告的方式作出深入回顾和分析，并就香港未来面对的隐忧和机遇进行讨论及提出建议。期望与共同关心香港发展的诸君携手，共创新时代！

值得强调的是，香港作为国家的一个特别行政区，应继续发挥其创新、拼搏精神，以及具国际视野和现代化制度等先进性优势，为自身的发展与稳定，以及国家在世界经济的崛起作出应有贡献。研究所课题组希望能够通过这份报告找到香港落实"一国两制"过程中的正反经验，及解决相关问题的部分答案。文中行文用语、资料分析如有未臻完善之处，请予海涵和赐正。未找到答案的部分，我们会以这 15 年的回顾作为基础，通过邀请香港各界的学者、专家，每年就不同方面的问题进行进一步研讨，并将所得研究成果汇集成年度性的《香港蓝皮书》，向大家介绍并与大家一同为香港建言。

薛凤旋

于香港浸会大学当代中国研究所

2012 年初夏

目 录

ⒷⒾⒾⒾ 第二部分 政制发展和政府管治

BⅣ 第三部分 结论与建议

皮书数据库阅读**使用指南**

图表目录

第一部分图表

第二部分图表

第三部分图表

总 报 告

B.1

香港回归 15 年来经济社会与
政制发展回顾、评估与展望

　　2012 年是香港回归祖国 15 周年的日子。15 年来，香港成功抵御了两场国际金融危机和百年不遇的"非典"疫情；巩固和提升了香港作为国际金融、贸易、航运中心的地位；香港依然被公认为全球最开放自由的经济体，以及最具发展活力的地区，全国和全世界的城市综合竞争力仍然名列前茅。可见，香港成功落实了"一国两制"，保持了繁荣稳定的发展局面。

　　香港的进一步发展，还需尽快解决经济社会、政治体制发展、政府治理等不同方面出现的深层次矛盾问题；但是，香港面临前所未有的机遇和特殊优势，随着特区政府施政作风和方向等一系列措施的调整，香港会迎来更美好的明天。

Ⅰ．回归 15 年来香港经济社会形势回顾与评估

1. 15 年来香港特区政府的施政方向与理财原则回顾与评估

　　ⅰ．董建华上任之初摆出了"有为政府"姿态，强调对居住、住屋、教育的普遍性提高的目标；在经济方向上强调了推动新产业，特别是高新科技制造业。

对前者的大量投入是十分明显的，但对后者却一直坚持市场主导，政府投入非常有限。在亚洲金融危机及建屋高潮出现后，董建华在不宣告情况下撤销"八万五"年均建屋计划，对香港传统的卖地制度，公屋、居屋政策，采取近乎全面推翻的新政策，而且事前没有公开咨询。此外，在收紧土地供应及停建居屋之余，又采取高额补贴，鼓励市民购买私房，被质疑是向地产商输送利益。他的"数码港"及"迪斯尼"园区计划是最明显的向地产商及美国跨国集团输送利益的例子。

ⅱ. 自 1999 年后，董建华由"有为政府"姿态转回"小政府"。回归后，除了董建华任初的一些短暂的但脱离传统的举措外，特区政府施政这 15 年基本上没有大的进步，未通过大型发展计划以扩展城市与经济发展的空间。反之，它紧缩土地供应，使供求关系严重扭曲，令大地产商在 1994 年前被彭定康强迫购买的土地，在 1997 年后得到大额回报。自 2003 年起，经济政策转移至依靠内地支持，表面上却强调是与内地经济合作。这个姿态，曾荫权一直延续，导致香港经济最不景气的数年，地产界却向"寡头化"发展；而且这数年间，所有大地产商的年度盈利达历史最高。香港却造成了高楼价、住屋难、面积小、质素差的严重后果。

ⅲ. 董在教育方面大量投入并推动多方面的大量政策变更，这些亦在曾荫权时期延续，造成人才培训未能与市场经济环境变化接轨。董与曾在政治体制上，自 1999 年起，12 年内共 7 次推出政改方案，推动社会出现对政治体制不断变更及可以快速达致普选的期望与要求，为政党政治创造培养环境并间接导致越来越激烈的社会运动。

ⅳ. 回归后三年大量公屋拨款以完成已有计划，短暂地推高"供多于求"，使房价下滑，明知此为必然后果，却大力为之。其后却持续保持土地房屋"供不应求"是难以理解的，使政府在公众并不明了及没有咨询情况下，推出"勾地"政策和停建居屋。

ⅴ. 在公共财政方面，特区政府不断扩大教育及福利开支，但不顾及供求关系的变化和能否可持续发展。基建以内部消费为主，不着意创造新的生产力和竞争力。政府屡屡发出奖赏（例如退税、减税）甚至派发金钱以平息各种反对声音，造成不良先例，浪费公帑，放弃利用财政效益的功能以发展经济，达致就业及社会稳定的积极作用。

ⅵ. 利商减税措施持续不断，被质疑是直接或间接向大企业输送利益：如 2007 年拨款 85 亿元，向每名月入 10000 元以下人士"强积金"（全称为"强制性公积金"）户口一次性注入 6000 元。这些款项变相成为最大强积金管理银行汇丰的重要免息长期贷款。又如拨款 43 亿元提供每户 1800 元电费补贴，是直接资助两大电力寡头。2011 年的财政安排欲重复此办法，由于受到广泛反对，结果最后由政府向每个成年人士发放 6000 元，共支出 300 多亿元，大量浪费公帑。而这个占约 15% 总年度支出的花费，竟是在没有咨询及具体论证、安排下作出。

ⅶ. 以削减公务员开支为主以解决财政赤字，明显不当，打击了公务员士气，增加公务员工作压力，亦同时削弱政府的管治和行政能力。

2. 回归 15 年来香港经济状况回顾与评估

ⅰ. 2004 年至 2007 年，由于外围环境好转，香港 GDP 的平均增长维持在 7.2%。不过，这个增长相当部分是依赖内地公司来港上市、内地投资移民及内地来港旅游新政策"自由行"的支持，实际得益者乃金融、地产和部分零售业，其他行业得益不大。而且自 2003 年开始的投资移民计划亦扭曲地产的需求，加上政府减少土地供应和缺乏长远房屋政策，令香港的楼价升幅远超香港市民可以负担的范围。过分依赖金融业及扭曲的地产业发展，亦令香港的经济增长落后于新加坡、韩国、中国内地等。这段时间，香港再次失去重整产业结构的机会。资本投资总额占商业总开支的持续低潮，显示营商环境持续不振，及特区政府在这方面未有积极的应对。

ⅱ. 2004～2008 年香港经济整体状况有所好转，而且出现通缩的情况，但基本住屋及食品、日用品价格仍然上升，反映一般市民的生活并未因为通缩而有所好转。2008 年起通胀即不断升温，加上楼价和租金飙升，市民生活变得更为困难。

ⅲ. 在产业结构方面，由于曾荫权政府放弃了推动发展高科技产业，并专以依赖以内地企业上市及投资移民所牵引的金融及地产业（内地投资移民所带来的资金大部分投入本港房地产，部分投入本港股市，很少在港建立企业及增加就业）推动香港经济，因此香港的产业结构近年亦向金融业倾斜。曾荫权在其任期的头数年既未有长远经济政策，亦未有改变自董建华以来的勾地、停建居屋、高地价和偏向大地产商的做法，因此香港经济结构继续向地产和特殊金融业倾斜。

Ⅳ. 近年，香港社会出现所谓"M型社会"的讨论，它指香港社会贫富悬殊越来越严重，中产阶级正有消失的趋势。不过，从就业人口的收入数字可以看出"M型社会"在香港是个假命题。但这一假命题却被政府及政党利用为将公共资源大量投入到社会福利而不用于发展生产力之上。虽然贫富悬殊问题未有如某些意见所指出现恶化，但仍有改善空间。

3. 回归15年来香港公共财政状况回顾与评估

ⅰ. 政府的开支自1999年开始少有增长，至2008年才因为政府的十大基建需要拨备而有所增加。2005～2006年后，政府没有依从一贯理财原则：政府开支应占GDP的19%～20%，变为仅占GDP 14%～15%，成为无所作为的"小政府"。因此，虽然自2004年后政府坐拥大量盈余，而且成功控制政府开支，但却缺乏长远政策以考虑如何好好利用庞大的盈余。

ⅱ. 如以按政策组别划分看公共开支，可以看出政府在教育、环境及食物、卫生、保安及社会福利各项的开支都有稳定但有限的增幅，其中以社会福利开支增长较快。政府在发展经济方面的投入则时多时少，可见政府虽然有不少短期的措施或想法，但现时仍缺乏长远的经济发展政策，及相关资源的投放。

ⅲ. 政府自停建居屋并减少公共房屋的供应后，其房屋开支即由1999～2000年452亿港元锐减至2004～2005年的179亿港元，而且更于2007～2008年降至143亿港元的最低点。这几年亦是香港房屋供应最为短缺、楼价升幅最大的时间，数字反映了政府撒手不管住屋问题，倾向地产商的政策，形成今天及日后严重的社会不稳的危机。

ⅳ. 在财政开支上，最令人费解的乃退休金在1999～2009年间倍增，是2009年拨款对大学资助的1.5倍；而在这11年间的政府工作人员个人薪金却只增加了8%，似乎公务员退休福利未受立法减薪而被相应调整。

4. 回归15年来香港特区政府储备管理情况评估

ⅰ. 外汇基金的投资以美元资产为主，现正面临美元贬值、美国经济前景不明朗等不确定因素。这个投资策略是基于香港在1980年代时脱离英镑区后独立无援，为了保卫港元，因而要持有最具国际流动性的美元资产。回归后，适逢国家崛起，港币有祖国支持，可以考虑不再需要由庞大美元保卫港元，因此可从储备中释放出大量资金，投放在美元资产以外的更高盈利性项目及作合理回报投资之用。

5. 回归 15 年来香港教育情况评估

ⅰ. 回归后，在"一国两制"仍未稳固，而经济又极度波动的情况下，教育统筹局于 2000 年发表《终身学习，全人发展》报告书，推行涉及面广泛的教育改革，包括了小一、中一及大学收生机制，教育语文政策，公开试，课程，教学法，评核机制，高中学额，专上教育三年制转四年制等，其结果是力不从心，造成至今仍未平复的折腾。

ⅱ. 表面上，香港政府教育拨款增长颇慢，以 GDP 百分比计算更落后于其他发达国家。不过，由于香港有大量学生以自费在海外接受教育，因此香港一大部分的优秀学生已从其他途径满足其教育需求。若政府盲目根据表面数据，追求大专教育人数在总人口中的比例，结果只会将大量本来不够资格或较趋向技艺课程而无法进入大学的学生送进大学或副学士等课程，一方面降低大学生平均质素；另一方面加剧社会盲目追求学历的竞争，人为削减技术人才供应，扼杀创业精神和减少应用型人才的供应。下一任政府在审视教育政策时，不应简单追求大学生人数的增长，特别要考虑应否停办副学士课程，转为协助这些年轻人强化技能培训。同时在制定高等教育政策前必须考虑以精英制为原则（即不可为增加数量而牺牲质素），彻底了解香港教育的供求问题与香港未来人口的变化，并平衡社会流动性、供过于求和发展教育产业的问题。长远而言，香港必须有具连贯性而且不断检讨的人口政策以配合教育的发展。

ⅲ. 另外，与其勉强推行令社会人士、教师和家长反对，内容含糊重叠的"国民身份认同和中华文化"和"德育及国民教育科课程"，徒增社会反弹情绪，倒不如撤去这些科目，并尽可能在其他相关学科（如历史、经济、地理等专科）加入与中国有关的内容。

ⅳ. 现时，评审教师和学校的机制令教师压力大幅增加，使监察教育质素的开支过于庞大，浪费金钱，又令学生无所适从，更直接助长标签效应。

ⅴ. 近年课程不断改革，尤其以通识科缺乏标准，更常与"时事"混淆，得益者除不断改版及加价的书商和自称通识专家者外，学生、教师及家长均有无所适从之感，亦令家长经济负担更重。

6. 回归 15 年来香港医疗方面情况评估

ⅰ. 面对人口急剧老化、医药及科技成本急升，以及公营医疗质素及轮候时间等问题，香港政府在不同时期，都将医疗改革列为施政议题。但政府的医疗改

革政策大多与人口政策脱钩，如低估人口老化的情况及内地来港需求的问题等，导致香港的医疗体制面对更大的挑战。

ⅱ. 在医疗拨款制度方面，现在的做法是政府定期向医院提供固定拨款，与求诊的病人有多少没有直接关系。此举造成医院之间的恶性竞争，因为做得好的话，只会吸引更多病人，使医生的工作量更加沉重；做得差就会使求诊的病人减少，连带工作量也一并减低。有社会人士建议政府采用"钱跟病人走"的做法，即一开始不给医院任何拨款，而是根据每段时期各医院病人的病种和数量，给予相应的拨款。不过，政府一直没采纳这一建议，令一些公营医院人手更显短缺。此外，一般私营医院所提供的薪酬比公营医院高出颇多，在工作量大、薪酬却比较少的情况下，不少医疗人员均选择转往私家医院任职。

7. 回归 15 年来香港房地产方面发展情况评估

ⅰ. 香港地小人多，政府可通过土地供应操控住屋市场，是政府稳定社会、改善市区环境及提高城市竞争力的重要手段。在这问题上，新加坡政府选择将住屋市场分为两部分：80% 市民的居所由公营部门负责，20% 由市场按需求和负担能力供应。此政策使大部分市民免受地产寡头操纵而得以用合理的入息部分得到合理的居住环境。

ⅱ. 由于近年公共房屋供应量大减，香港低下阶层的住屋状况一直恶化。近年，香港竟再次出现笼屋，而且在大角咀、深水埗、油尖旺一带出现了所谓"木板隔间房"与"劏房"，即把旧式大厦的单位一分为二、二分为四再以极高的呎租出租。而由于整体楼价及租金不断上升，带动了这些"木板隔间房"与"劏房"的租金在两年间竟增加了 20%。

ⅲ. 香港的房屋问题不只是市场和投资问题，而是民生问题。政府有责任为他们提供合理的居住环境，但近年却大量减少兴建公屋（居屋更已停建）。来届特区政府应效法新加坡，分开由政府为主要供应者的本地人市场和供内外投资者参与的私人市场，其中以前者占大多数。因此，政府应大量增加公屋和居屋的供应至每年 3 万~5 万个单位，并适量地调整申请公屋和居屋的门槛以协助这些"夹心阶层"解决住屋问题。不过，政府不应以贷款或资助形式协助市民置业，因为置业是市民的长远投资行为，应由市民按照自己的能力自行负责，如以贷款资助供款能力有限的人士置业，楼市波动时可能会适得其反，而提供金钱资助只会间接补助发展商，令楼价更高。

ⅳ. 有能力又希望置业（即既把置业视做解决住屋需要，又把它看做长远投资）的香港居民由于楼价过高而不能置业的问题，是由于政府自 1990 年代初的高地价政策和 2003 年开始对大地产商倾斜的一系列政策所致，特别是减少土地供应和勾地等措施。政府要解决问题，必须了解未来 5 ~ 10 年的人口和房屋需求（并不时检讨），提供稳定的土地供应。可以考虑检讨新界的土地运用，但同时不能被拥有大量新界土地的大地产商影响，令新界"豪宅化"。

ⅴ. 近十年香港市民的人均收入未有显著增长，但楼价已升近数倍。这个现象的成因是以上提及的供求失衡和大地产商垄断所致。香港政府必须照顾香港市民的住屋需求（虽然不一定要照顾香港市民的投资需要）。加上地铁管理层在政府中的影响力，令政府的交通向铁路严重倾斜，使人流全部（被迫）聚集在铁路线，令地铁旗下的商场物业有借口不断加租。

ⅵ. 由于香港政府减少公屋、居屋和土地的供应，现时香港有很大的一部分人口竟然仍要居住在"笼屋"、"木板隔间房"和"劏房"这些环境恶劣而不安全的地方。同时，正如上面提到，在大地产商垄断供应的情况下，新建式小型单位不合理地豪宅化，购买者付出大量金钱却只能买到狭窄的居住环境。与其他亚洲已发展地区相比（特别是新加坡），香港地区的居住环境（尤其是面积）实在低落。建议政府兴建新公屋和居屋时以 600 ~ 1000 呎单位为标准，以提供合理的居住环境。

ⅶ. 现时，大部分香港市民认为香港存在"地产霸权"的情况，而且情况严重。可见"地产霸权"这个想法已深入民心，更已开始成为可以影响政治的想法。若不解决会使之形成政治矛盾。

8. 香港房地产信托公司领汇问题评估

ⅰ. 房委会兴建营运的商场、街市和停车场，原为公营房屋的配套设施，为符合"收入及资产限制"的住户提供非一般市场或商业盈利性的服务。但领汇却以"与市场租金看齐"为借口不断加租，违反了公屋为市民提供廉价衣食住行、改善中低收入人口生活的规划原则与营运本意。现时领汇的服务覆盖香港人口达四成，几乎全为中低收入人口，对社会稳定至关重要。

ⅱ. 领汇自成立以来，大股东均为英美及欧洲的对冲基金或银行，这些外国基金控制领汇后即不理会香港实际社会和民生情况，投资不多但大幅加租，所得的大量利润除了小部分作为股息派给香港的小投资者外，大部分收益均落入外国

大股东及以外籍人士为主的高层手中。使原本可以用以支持房委会运作的收入白白流走，更变相将金钱从香港市民及小商户的口袋中，转移至外国基金。

ⅲ. 领汇大幅加租，又引入大企业，更擅自改变商场用途，一方面推高物价，令居住于公共房屋的香港广大下级阶层生活质素下降，更剥夺了市民选择的权利。这些问题都不能在政府的统计数字中看出，但却切切实地影响着香港近半人口（香港近半人口居住在公共屋邨和居屋）的日常生活。这亦是冲击"一国两制"和使社会稳定的一部分机制落入外国人手中。

Ⅱ. 回归 15 年来香港政制发展和政府
管治形势回顾与评估

香港政制与行政问题，重点包括香港的政制、咨询机构、政府体制、公务员体系、司法制度等，其中回归后的变化与问题将是本报告关注的重点。

1. 回归 15 年来的香港政制评估

ⅰ. 行政长官的选举宜达至一个可以长久稳定的制度，使有意贡献者可及早安排和知所适从。

ⅱ. 行政长官的功能/职权包括了行政会议非官守成员、各咨询机构及各大学校董事会主席和委任区议员的任命。回归后的实践显示，三届特首都在这方面主动削减自己的权力，对行政主导造成严重伤害。

2. 回归 15 年来的香港立法会评估

ⅰ. 相对于行政长官的产生办法及 1896～1991 年的长达百年立法局的组成及产生办法的稳定性，回归后的立法会每四年即大变一次，不但缺乏稳定性，而且使有关议员的素质不断变化，激化各方为争取来届更多席位而将各式议题政治化，而不计较香港政治、社会和经济的长远利益。

ⅱ. 回归后已 15 年，国家在世界地位崛起，理应要求全体立法会成员由中国籍香港永久居民出任。

3. 回归 15 年来的香港政党政治评估

ⅰ. 从历届立法会、区议会选举的结果中可以看出，传统爱国阵营（即民建联、工联会和自由党）的发展一直面临瓶颈。这个情况与民建联等党派在强大舆论下被指为橡皮图章、只会支持政府政策有关。曾荫权政府继承董建华政府的政治委任制，其中只有少数民建联成员被委任，如副主席苏锦梁被任命为商务及经济发展局副局长、前深水埗区议员、民建联中央委员张文韬被任命为发展局政治助理、青年民建联副主席徐英伟被任命为民政事务局政治助理。民建联被政府信任和任用的程度远比应该拥有的程度低。近年政府不时推出具争议的新政策，在爱国阵营表态支持后，却突然改变（例如 2011 年的财政预算案），令爱国阵营被迫"今日的我打倒昨日的我"，影响爱国阵营形象和选举结果。

ⅱ．另一方面，虽然反对派阵营在历次选举的得票率一直比爱国阵营高，但从数据上可以看出反对派的支持度与社会和经济问题有密切的关系。回归后，前线、民主党、社民连等党派均曾发生大规模的分裂，原因多为党内激进路线的少壮派与领导政党的核心成员发生冲突，亦有为争夺党内领导权而起。反对派内讧不断，令香港的政治结构在近年未有太大变化。

ⅲ．近年，由于议会和政党政治双方各不相让，难以在长远政策中取得共识，令香港市民对立法会议员（不论属于何党）普遍弥漫着不信任的态度。

ⅳ．由于区议会制度与立法会挂钩、政党逐渐渗入区议会，加上 2010 年政改后推出的五个超级区议员席位，令区议会政治化，原有的地区咨询角色则减退。

4. 回归 15 年来香港的咨询机构评估

（1）行政会议

ⅰ．香港回归前，行政局用以酝酿政策，总督在重要决策或向立法局提交法案前均先由港督会同行政局通过。现时，行政会议成员多与社会大众的生活脱节，因此除商界（特别是金融和地产界外）的声音外，难以达到反映社会诉求的效果。

ⅱ．曾荫权当选行政长官后，宣布各问责局长可以选择不出席行政会议的会议，使非官守成员参与制定政策的空间增大。但由于非官守成员不是全职，亦难以掌握不同的资料及发展方向，使特首在重要决策时，失去局长团队的意见，亦少了行政会议这个综合资料及辩论平台的裨益。

ⅲ．回归后行政会议组成多次大变动，但主要非官守成员纷纷出自立法会、政党及各重要咨询机构，变更了其咨询角色，具有成为特首交换政治利益及将行政主导推向立法主导的过渡场所的倾向。

（2）区议会

ⅰ．政府在 2000 年进行区域组织改革，取消原有的市政局、区域市政局及

两个市政总署。近年来特区政府有意扩大区议会功能并且逐步迈向最终取消委任议员，不但削弱行政主导，亦使区议会成为一个近似第二级议会，议会政治将更政治化，激发激进政治人物的出现和冒起，使他们有更大活动空间及经费来源。

ⅱ. 区议会未来的功能应以咨询为主，以免令地区行政过分政治化。

（3）咨询委员会

ⅰ. 现时香港有300多个政府咨询委员会，全部附属于各政府部门，就有关社会各项事务向政府提供专业意见。不过，现时有不少特定专业人士（地产商、商人或医生）或"富二代"包揽大量重要职位，有些甚至是与其专业无关的咨询委员会席位，使咨询委员会未能有效成为政府探知民意和寻求专业意见的平台。

ⅱ. 政府有关教育的咨询委员会则存在科学家和商人垄断的问题。大学教育资助委员会的名单中，少有人文学科背景的教授，但却有不少外国大学的科学家、本地医学院的医生、商科教授、商人和银行家。

（4）中央政策组

ⅰ. 中央政策组的工作包括各项政府政策的研究、协助行政长官起草编写每年的施政报告等，其实其主要工作已转为通过进行民意调查、小组讨论、建立社会网络和对话交谈等方式协助政府了解及分析社会各界民意，并为政府与广东省合作的粤港合作高层联席会议属下粤港发展策略研究小组工作，及为策略发展委员会提供秘书服务。另外，继承回归前习惯，通过非全职顾问的任命，为政府物色咨询机构成员。中央政策组的地位及性质已明显与过往不同。

5. 回归15年来香港的公务员体系评估

ⅰ. 1970～1980年代公务员因应香港的社会和经济发展而急剧增长；1982～1991年，公务员人数的每年增长率达2.4%。至1991年，公务员人数达20万。彭定康时代，财政收入大增，香港政府自1994年起再次增加公务员人手，公务员数字再次增至近20万，令政府涉及公务员开支继续增加。

ⅱ. 近年，政府不断削减公务员开支，令公务员人数跌至1980年代初的水平。不过，这种做法一方令公务员的工作量大增，又打击公务员士气，不断削减开支又迫使不少部门大幅增加外聘合约制员工，政府被看成为带头剥削低层员工及福利的最大机构。

ⅲ. 《基本法》规定司局长需由中国国籍并无外国居留权的人士出任，并且要报请中央实质批准，体现特区地方的主要官员与中央的从属关系，但各决策局的首长自 2002 年改称为"常任秘书长"后则无需由中国国籍人士出任亦无需中央批准，至于属下的署长更无需为中国籍。

ⅳ. 问责制违反了《基本法》的原意，将中央与公务员各局的实际领导官员的关系勾消，并容许有外国居留权的中国籍及非中国籍人士出任。

ⅴ. 副局长及政治助理理论上从属《基本法》内的主要官员，是它的一部分，也应由中央批准。

6. 回归 15 年来香港主要官员能力与民望评估

ⅰ. 回归后，香港市民对特区政府的信任随着政局和经济因素有所增减，但总体上是在下跌的趋势。

ⅱ. 除了政府（具体而言应为特首及各司局长在内的决策层）施政缺乏方向、朝令夕改外，政府个别官员的处事方式亦不能获得市民认同。

ⅲ. 回归后，港人对中央政府的信任度时增时减，但整体的趋势是逐渐向上。港人对中央政府的信任程度与对香港政府的满足度不太相同，较受本地媒体和政治发展的影响，不是完全依照当时的经济状况。

7. 回归 15 年来香港历届"七一游行"评估

ⅰ. 2003 年开始的每年"七一游行"可以视做香港社会不满程度的一个指标。2003 年，由于 SARS 事件和政府为《基本法》第 23 条立法时手法不当，使市民因不理解而产生忧虑，令香港有近 35 万~50 万市民上街游行。其后每年均有数千至数万人游行，但在经济较好的 2007~2008 年显然人数较少。不过，由于政府忽略房屋问题和大地产商的垄断，虽然经济在 2011 年未算太坏，但 2011 年"七一游行"的人数却是历年第三多（不论是警方或民阵的数字）。游行人数的多寡会由内、外部因素共同引起。争取普选虽然是恒常口号，但除了每年必定参加的核心人士外，本港政制的发展并非参加人数多少的最主要原因。

ⅱ. 香港市民每年的"七一游行"均非常和平（香港大部分游行示威直至现时为止均属和平性质），但近年核心及部分示威者的激进趋势升温。2011 年的"七一游行"，便有数千名人民力量的支持者或并不属于人民力量（包括激进团体"社会主义行动"的青年）的示威者企图阻塞中环和铜锣湾两地的路面，并与警察爆发冲突。

8. 回归 15 年来香港法治和人大释法评估

ⅰ. 回归后司法系统中的一些人依然一直以英国普通法的理解和习惯凌驾

《基本法》，鲜有考虑立法原意有关的官方文件，以字面一般意思解释《基本法》关键条文的原意，多次出现错解成为回归后政治社会不稳定的又一重要原因。这些风波都因为全国人大常委会的释法而最终得以平息。建议全国人大全面研究《基本法》中有关可能被曲解的条文，在适当时间主动释法。

ⅱ. 司法复核已俨然成为一个有效监察政府的平台，但亦可能令政府的工程和政策受阻，损害香港的利益及其经济发展，港珠澳大桥的司法复核便是一例。而外佣居港权的案件，亦显示出司法复核虽能为社会上某些人士争取其利益及权利，但亦可能会为香港各方面带来负担。因此此制度有利有弊，一旦被滥用，将会对社会造成一定影响。

ⅲ. 近年，法律援助的申请个案未有增加的趋势，维持于大概2万宗。由于最近一两年调解服务的普及，申请民事诉讼的法律援助个案有减少的可能。至于刑事案的法律援助则一直保持稳定。

ⅳ. 政府有关法律援助的支出虽然有上升趋势，但仍然有限，而且申请宗数未见大幅增加，可见法律援助尚未被大规模滥用。可是，评审这些申请者均为少数人权律师担当，而案件亦同时由这些律师负责，有利益冲突的可能。

ⅴ. 现时，有意见认为非全职法官在经验及能力上都不及全职法官。另一方面，一般业务不错的大律师亦没有意愿当全职法官，令香港的司法机构少了选择及可能错失潜在的人才。主要原因在于双方的身份差异所致，大律师是自由职业者，而法官却具有公务员的性质，加之大律师的收入亦高于法官。要改变这种现状，必先加强法官的职业保障制度建设，为法官创造良好的工作和生活条件，提高其社会地位，保障审判能真正独立，以彰显此职业的社会价值。

Ⅲ. 香港未来发展中的隐忧与机遇及政策建议

本部分概括了香港回归15年来在政治、经济和社会各方面的隐忧、中国崛起对香港未来发展的机遇以及中央政府对香港的政策与责任。本部分亦包含总结论、政策建议以及对来届特区行政首长及主要官员任用条件的考察。

1. 香港未来发展中的隐忧

ⅰ. 香港现时的社会问题盘根错节，大部分问题均有相互关系。因此，解决香港问题必须要有全盘的计划，不能抱着头痛医头、脚痛医脚的态度，而且不能短视地只关注眼前的问题而不理长远发展，亦不应抱残守缺，用过时的办法面对问题。例如，董建华政府为救楼市，贸然更改土地房屋政策，向大地产商倾斜，是现时房屋问题的根源；曾荫权上任初期后以依从市场经济原则为口实，延续和强化了董建华时期的政策，未有拨乱反正，反而继续减少政府的房屋供应，令房屋问题恶化成社会问题以致政治问题。

ⅱ．回归后，特区政府有意将香港政治推向英式议会体制，倾向西方民主、人权等价值，为特区未来发展埋下不安定的伏线，使其脱离《基本法》的规定。

ⅲ．亲中力量未够与时并进，领导力和洞察力仍待加强，与市民和各行业雇员的关系仍欠密切。

2. 香港未来发展中的机遇

ⅰ．中国的快速发展。近年，中国经济持续急速发展，GDP 在 2000～2010 年间未因世界经济波动而停滞，仍然录得近四倍增长。2000 年，中国 GDP 为 99214 亿元，至 2005 年达 184937 亿，2010 年更达 397983 亿元。中国的经济持续增长，加上国人生活水平逐渐提高，令中国的进出口数字续年上升。2000 年，中国的总进出口额达 1658 亿美元，出口为 1949 亿美元；2010 年，这两个数字已上升至 9543 亿美元和 12040 亿美元。虽然人民币有升值的压力，但整体经济的状况仍然良好。由于连年的经济增长和贸易顺差，中国亦累积了大量的外汇储备，成为举足轻重的金融大国。中国的外汇储备由 2000 年的 1655.74 亿美元增至 2011 年 6 月的 3 万多亿，增长了 19 倍之多。在"后金融海啸"时期中，中国的金融影响力显著增加，不只是依赖出口的"世界工厂"。

ⅱ．"一国两制"下中央对香港的特殊政策。除了中国内地（特别是珠三角地区）的经济发展外，中央政府自回归后的 CEPA、粤港合作联席会议、《十二五规划纲要》、人民币业务、内地企业上市等一系列特别政策亦为香港将来的持续发展提供机遇。特区政府应该把握这些机会，以政策、基建、土地规划等措施配合中央政府的特别政策，在发展香港经济的同时协助中国的长远经济发展。

3. 香港进一步发展可考虑的政策建议

ⅰ．政治体制方面：①重建行政主导，政府决策局内的公务员之首，即常任秘书长的地位及其与中央的关系要提高。办法是：他的任命要与局长一样，由中央审批，与局长一起出席立法会的会议，并与局长一起到北京述职。②由副署长级起的重要官员，均需由无外国居留权的香港永久居民出任。③中央要保持对地

方行政单位即特区主要官员（局长、副局长、常任秘书长等）的实际任命权。④在下一届政府内通过终极政制，至2047年不变，以平定政治争执，将注意力放在社会与经济发展上。其重点是强化行政主导，立法会功能组别的民主成分有需要加强，保持直选与功能组别的均衡，加强中央与特区政府的互动和重要信息流通。⑤建议全国人大全面研究《基本法》中可能在字面引起不同理解的条文的立法原意，并在涉及重大公众利益的适当时间主动释法。

ⅱ．用人方面：①设立人才库和培养政治人才机制，使爱国且积极的力量发挥作用。②重构中央政策组，恢复至1997年前的功能，成为特区政府的大脑；并且成为近似公务员的一部分，保持其主要人员的稳定性及持续性，不受特首换届影响。

ⅲ．基本住房问题：①取消勾地政策，恢复政府主动公开卖地，并以每年要总共能供应3万~3.5万个单位作为量化目标。②重建居屋，每年应建约2万个单位。③提高居屋与公屋的单位面积，公屋由现时的平均250呎提升至400呎，居屋由现时的平均450呎提升至700呎，以提供比回归前改善及价格合理的住房。④政府应采纳宏观的、积极的、以民为本的住屋市场原则，即政府主要通过居屋与公屋计划为六成半的居民提供合理住所；可获得这些住所的家庭的收入条件需大幅提高（即目前的上限要提高1.5~2倍），但居住条件却要严格限制。以居屋为例，10年之内不能出售，如要出售，屋主需偿还政府所有的相关补贴。⑤相反，利伯维尔场只提供全港居民所需的35%的住房需求，并可公开让任何人购买，包括内地人与外国人。⑥重建房屋署以落实新政策。

ⅳ．教育问题：①教育局高层应找有能力、有理念的人士出任；②停止通识及国民教育学科，以其他形式提高学生的思考能力和国民意识，恢复及强化中国历史及地理学科的重要地位；③恢复教育署分科视学制度；④强化职业训练体制；⑤加强教育局对学校的领导，将校本政策淡化；⑥取消由英国文化协会负责的中小学英语教师输入制度，加强大学英语科及教院英语教师的培训课程，组织本地的英语教师到英国作中长期交流和培训，以提升本港英语课程的水平。

ⅴ．香港与内地的经济融合问题：①财政司司长及金管局高层管理人员要由有能力、有政治诚信的人士出任，避免任命有美国及英国背景的人士。②考虑在人民币可以自由兑换之后，取消港币与美元挂钩，改为与人民币挂钩，使港元和香港经济不用受美国拖累；并且在强大的中国经济支持下，港府储备可被释放出来作多元的投资。③参考新加坡模式,善用特区外汇与财政储备,以作长远的稳定投资,减少购入金融产品,改以投资企业和本地的公共事业(如隧道、领汇等),一方面改善民生,另一方面获得稳定和可预期的投资回报。④中央政策组应以经济问题的监察和研究作为其重要工作之一。

vi. 特区行政首长及主要官员任用条件:①支持"一国两制",了解其内涵并认同其精神。②廉洁奉公,不能与利益集团有纠葛,而且卸任后必须要与利益集团保持距离,不能再加深香港市民官商勾结的印象。③必须理解中国国情,并对国家的前景和现在的核心利益有充分的了解。④应同时考虑任命更多来自学界和专业界的人士,以尽量利用香港的人才。⑤必须有鲜明的政治立场,支持现届政府,不能左摇右摆,损害市民对管治班底整体的信任与尊重。⑥政府委任主要官员时,必须认真考虑人选是否具备充分的相关经验。⑦公众认可,必须选出获社会认可的人士出任要职,不能依靠少部分人的介绍或曾与之共事等理由即随便选择主要官员。⑧经严谨的聘用程序筛选:曾荫权政府推出副局长和政治助理制度时缺乏咨询,其中不少人选的资格成疑,令人质疑其任命;选用特区主要官员时,应避免重蹈覆辙。

第一部分　经济与社会

B.2
施政方向

Ⅰ．历次特首施政报告重点

ⅰ．我们以历次特首施政报告的重点来说明政府（特首）对政局及经济的理解，政府的管治目的及他推行和欲达到他的目的的手法，并且最后评述他的施政效果与成败。我们采用表列的方法，并且将董建华在 1997～2003 年的施政也包括在内，因为董的管治期间不但施政目标与手法大起大落，而且他的重点施政目的确实伸延至整个曾荫权时期。可说曾的管治是董的延续。

ⅱ．董建华上任之初摆出了"有为政府"姿态，强调对居住、住屋、教育的普遍性提高的目标，在经济方向上强调了推动新产业，特别是高新科技制造业。对前者的大量投入是十分明显的，但对后者却一直坚持市场主导，政府投入非常有限。在亚洲金融危机及建屋高潮出现后，董建华政府在不宣告情况下撤销"八万五"年均建屋计划，对香港传统的卖地制度，公屋、居屋政策，采取近乎全面推翻的新政策，而且事前没有公开咨询。此外，在收紧土地供应及停建居屋之余，又采取每户补贴数十万的方式，鼓励市民购买私房，被指是向地产商输送利益。他的"数码港"及"迪士尼"园区计划是最明显的向地产商及美国跨国集团输送利益的例子。

ⅲ．由"有为政府"姿态转回"小政府"，董建华政府的施政特点。这个姿态，曾荫权一直延续，导致香港经济最不景气的数年，地产界却向"寡头化"发展，而且这数年间，所有大地产商的年度盈利达历史最高。香港却造成了高楼价、住屋难、住屋小（单位细小，出现劏房）、住屋差的严重后果。这些都会在以下章节详述。

iv. 董的教育"政策"和建议，亦在曾时期延续，造成人才培训，未能与市场经济环境变化接轨。

v. 董与曾在政治体制上，自推动"2007 双普选"起，不断地推动社会对普选的期望与要求，并且间接导致越来越激烈的部分民间人士的行动，为回归后的香港制造了"抗议之城"的恶名。自 2003 年起，经济政策转移至依靠内地支持，表面上却强调是与内地经济合作。

II. 历次施政报告

措　　　施		方向
董建华(第一届)		
1997 年	**行政政制** ● 检讨两个市政局和各区议会的架构 **土地基建** ● 计划在 2002 年底前建成西部走廊铁路(由西九龙至元朗)，并在 2003 年年底前把该铁路线伸展至屯门；在 2002 年底前建成地下铁路将军澳线 ● 计划在 2005 年底前扩阔吐露港公路和粉岭公路；在 2006 年底前完成 9 号干线(由青衣西北部至荔枝角)；在 2007 年年底前完成 10 号干线深井连接路(由新界西部至大屿山东北部) **房屋** ● 采取措施以确保达到每年最少兴建 8.5 万个单位的目标(八万五建屋计划) ● 特区政府在未来十年出售 25 万个公屋单位予租户，以及让成功申请到租住公屋的人士选择购买居屋单位 ● 成立新置业贷款计划，每年帮助 6000 个家庭自置居所。预计在未来五年，会为每个合资格的家庭提供约 60 万港元贷款 ● 增加公屋单位数目，以期在 2005 年年底前把轮候时间缩短至三年 ● 成立市区重建局以及推行强制楼宇安全检验计划，以 5 亿港元成立市区环境美化基金，协助业主进行验楼和修葺工程 **经济** ● 向服务业支援资助计划注资 5000 万港元，以改善服务业 ● 兴建科学园、第二所工业科技中心和第四个工业村 ● 向香港旅游协会拨款 1 亿港元，成立一个国际盛事基金，协助推广旅游业 ● 特区政府设立电影服务统筹科和电影服务咨询委员会 **社会** ● 增加老人的每月综援金额，每月增加 380 港元 ● 检讨现行的公屋编配政策，以鼓励公屋家庭与家中长者同住		● 主动增加房屋供应 ● 地区议政行政改革 ● 科技为主的经济政策

续表

	措　施	方向
1998 年	**行政政制** • 成立新决策局，职责为统筹和制定有关环境保护、环境卫生、废物管理、食物安全和自然保育事务的政策 • 设立食物安全和环境咨询委员会 • 来年年底前，设立一个新的行政架构，负责艺术文化及康体事务 • 撤销临时市政局和临时区域市政局 • 加强区议会的角色 • 向区议会增拨款项，用以改善区内环境、举办地区文娱活动和推动社区建设 **计划** • 加强区议会在市政服务方面的咨询和监察功能 • 确保政府在落实地区计划前，先咨询区议会，多听取区议会的意见 **土地基建** • 兴建三条主要铁路：西铁第一期、地下铁路将军澳支线和马鞍山铁路。耗资 1100 亿港元 • 预期在 2004 年完成兴建一条由上水至落马洲的九广铁路支线，以改善过境交通 • 兴建连接沙田和西九龙的 16 号干线及连接北大屿山和元朗的一段 10 号干线，并筹建中九龙干线及连接坚尼地城和香港仔的一段 7 号干线，以扩展香港的公路网 **房屋** • 未来四年，每年平均兴建 5 万个公营房屋单位 • 在来年初检讨暂停卖地九个月的措施，稳定物业价格 • 增加土地储备 **经济** • 成立应用科技研究院 • 以 50 亿港元设立创新及技术基金，资助对本港工商界善用创新科技的计划 • 设法使香港成为亚太区的互联网枢纽，让本地、内地和海外工商机构可以更有效地在区内及区外地方生产、分销及推广货品 • 推行公共服务电子化计划，方便市民使用政府服务和索取政府资料 • 成立电影发展基金，投入 1 亿港元，以提高本地电影界的创作力及采用先进科技 • 研究推动香港成为国际中医药中心，建议成立中医药科研中心(中药港) • 设立创业板股票市场给具发展潜力的小型公司 • 在九龙兴建设备先进的新表演场地，使香港成为亚洲娱乐之都 • 设立文物旅游专责小组，对外介绍香港的文化遗产，并协同内地推广旅游 • 委任旅游事务专员一人，专责促进旅游业发展 • 工业署设立中小型企业服务中心，协调规模较小企业的服务和援助 **教育** • 来年度的教育开支增至 440 亿港元 • 来年至 2003 年，向公营学校拨款 5 亿港元以上，协助改善管理和提高教育质素 • 期望于 2007～2008 学年全面推行小学全日制 • 以 6.3 亿港元，推广在教育方面应用资讯科技 • 2002 年年底前把各间职业训练学院合并，成立香港专业教育学院(IVE) • 拨款 5 亿港元给雇员再培训局，为失业人士开办更多课程	• 改组政府 • 大规划基建 • 主动增加房屋供应 • 科技为主的经济政策 • 教育改革 • 长远环境规划

时间	措 施	方向
1998 年	**环保** • 未来五年,耗资 120 亿元进行多项污水收集和处理工程,改良香港污水系统 • 来年起禁止出售含铅汽油 • 从 2000 年底开始,计划规定所有新的士改用更环保的燃料 • 来年发表一份环境政策绿皮书 **卫生** • 加强卫生署辖下诊所的药剂服务 • 在来年动用 2200 万元,加强监察传染病,致力预防和控制疾病蔓延	
1999 年	**土地基建** • 检讨现有的文物政策和有关法例,以加强保护具有历史价值的建筑及遗迹 • 拟定一套全面的维护大自然政策,并大规模扩展大屿山受管制的郊野公园范围 • 在海港两岸拨地建设海滨长堤和行人通道,并在两岸的空地上建设多个露天广场、花木种植区、游艇停泊点,以及有文化特色的商店食肆 • 在西九龙填海区拨地建设一个大型演艺中心,在九龙东南部建设一个综合体育场馆 **房屋** • 在 2000 年成立市区重建局,取代土地发展公司,原先预计需时 30 年才完成重建的约 2200 座市区大厦,在 20 年内全部完成 • 就一套具法律约束力的楼宇预防性维修计划的建议,征询市民的意见 **中港合作** • 输入内地人才协助本港扩阔经济基础 **教育** • 由 2002 年 9 月开始要求新任幼稚园校长必须修毕幼稚园教育证书课程 • 小学生于全日制学校上课的比率,由 1997 年的 19%,升至现时的 32%,并会在 2002 年 9 月达到 60% • 大学教育资助委员会五年内拨款 1.2 亿多港元,发展资讯科技、生物科技和经济及商业策略,作为香港的"卓越学科领域" • 由明年开始,语文教师必须达到规定的语文基准,才可执教有关的语文科目 • 投放更多资源以协助家长学习教养子女,以及举办有助于促进亲子关系的活动 **社会** • 协助新来港定居人士融入社会 • 打击盗版活动 • 增建康乐体育设施,并且积极促进香港与内地和世界各地有更多体育交流 • 加强服务老弱、伤残、失业人士,继续向有需要的家庭提供援助 **环保** • 逐步减少车辆排放的可吸入悬浮粒子 • 引进全面管制柴油车辆的措施 • 向柴油车辆的车主提供 14 亿港元资助,以鼓励他们改善车辆的废气排放 • 加强检举排放过量黑烟的车辆 • 扩大行人专用区以及鼓励使用污染性较低的交通工具 • 于未来五年内,投入 90 亿港元进行排污工程	• 首次为香港在珠三角的位置定位 • 科技为主的经济政策 • 科技和商业发展为主的教育政策 • 输入内地人才 • 长远环境规划

续表

	措　施	方向
1999 年	• 积极与广东当局合作,改善输港东江水的水质 • 在 2007 年或以前,把减少都市废物和循环再用的整体比率增加一倍 • 征询公众对兴建废物管理设施(包括废物焚化能源回收设施)的建议,以及考虑征收堆填费用的需要 • 与广东当局成立联合工作小组,统筹在六个环保主要合作项目的工作 可持续发展 • 成立"可持续发展委员会",向政府提供意见 • 重要的政策建议,须通过"可持续发展影响评估" • 拨款 1 亿元资助公众提出的各项计划,以增强市民的"可持续发展"意识 推广《基本法》和政制发展 • 举办活动以增加市民对《基本法》的认识和推动有关的研究 • 继续推行改革计划(例如有关公务员事务、卫生和福利等改革),并会谨慎行事	
2000 年	社会 • 进一步加快解决贫困长者的居住问题 • 准备在来年完成检讨高龄津贴计划 • 为了帮助低收入人士的下一代消除"数码差距",优质教育基金已同意拨款 2 亿港元,资助公营中学购置手提式电脑,借予家境清贫的学生使用 • 在未来两年,共拨款超过 27 亿港元,推行各项有利扶贫的措施 教育 • 接纳教育统筹委员会提交之教育改革建议书 • 当所有建议的教育改革落实后,每年将增加约 20 亿港元的教育经常性开支 • 放宽幼稚园学费资助计划的准则 • 提高师资及改善师生比例 • 增加约 6000 个资助中四(高一)或职业教育学额 • 在本学年拨款 5 亿元,为教师创造空间,让他们可以更专注教学工作 • 增拨 1000 万港元,为特别资优学生设计增益课程 • 在中小学继续推广融合教育,协助有特殊教育需要的学生在普通学校接受教育 • 加快进行耗资逾 100 亿港元的学校改善工程计划 • 来年拨款 5000 万港元,资助家长教育 • 研究推广弹性工作时间,让家长可以多参与校务和家长会的活动 • 未来五年,加强对教师和校长的培训,支持成立教学专业议会,及早为教师建立专业发展阶梯 • 检讨评核教师表现和晋升的机制,以奖励优秀教师 • 使香港高等教育普及率十年内达到 60% • 进一步扩大学生的免入息审查计划和低息贷款计划的资助范围;为家境极度贫困的学生提供学费减免 • 建立终身学习阶梯,研究制定学历认可机制和课程标准 • 扩大推行"展翅计划",并继续推行"毅进计划" • 进一步研究青少年工作的统筹架构和咨询机制	• 从长远经济规划转向小政府方针 • 大力推动教育改革 • 集中就业问题

	措　　施	方向
2000 年	**就业** • 预留 4 亿港元,在未来两年为学历在中学或中学以下程度的在职或失业人士,提供多元化的培训,以协助他们提升技能和就业竞争力 • 建议从下一财政年度起,向雇员再培训局每年提供 4 亿元经常性资助 • 教育统筹局将与雇员再培训局研究成立基金的可行性,目的是向有志创业的学员提供支援 • 劳工处将推行试点服务 • 预留 1000 万元,协助约 2000 名 40 岁以上长期失业人士 • 加强推介和外展工作,替贫困人士解决问题 • 创造约 1.5 万个就业机会 **文化** • 与各区议会、地区体育组织和学校紧密合作,普及体育 • 加强与各体育机构的合作,提高体育专业水平 • 全力配合体育界申办 2006 年亚洲运动会	
2001 年	**土地基建** • 在未来 15 年,政府及两间铁路公司将落实总额达 6000 亿元的基础建设 • 建议兴建香港至深圳的快速铁路,接驳到计划中的深穗快线 • 与内地议定,争取于 2005 年建成深港西部通道,加强与珠江三角洲地区的交通联系 **经济** • 设立总承担额达 19 亿元的基金,为中小型企业提供资助 • 投入最高 20 亿元资金,联同香港机场管理局在赤鱲角兴建一个新的展览中心 • 成立物流发展督导委员会及物流发展局,发展香港作为主要国际运输和物流枢纽 • 拨款 1 亿元设立基金,以对等资助方式,促进专业服务在本港发展 **中港合作** • 为进一步方便内地商务旅客访港,多次有效的商务签注有效期,会由现时的六个月延长至最长三年,每次逗留的时间可达 14 天 • 研究放宽外地人士来港投资的入境限制 • 明年于广州开设经济贸易办事处 • 与内地有关机构达成协议,由 2002 年 1 月起取消"香港游"配额制度 **教育** • 拨备 50 亿元,资助持续教育和培训项目 • 提升由幼儿教育至中学教师质素 • 提高资助,让幼稚园多聘用合资格教师 • 来年为中学教师创造空间的拨款增加 50% • 在小学加强英语教学,目标包括为每一所小学提供母语为英语的教师或助教 • 检讨中学及大学学制,包括研究中学"三加三"及四年大学的学制	• 有限推动中港合作 • 吸引国内在港投资 • 大规划基建 • 集中物流业 • 教育学制改革

	措 施	方向
	董建华(第二届)	
2003 年	**行政政制、公共财政** • 到 2006 年或 2007 年把政府经营开支由预计的 2200 亿元削减至 2000 亿元 • 通过自然流失和自动退休,在 2006 年或 2007 年度把公务员编制数目减少一成,即减至 16 万人左右 • 今年 4 月 1 日起全面暂停招聘公务员 • 尽快推行公务员第二轮自愿退休计划 • 行政长官和 14 位问责官员、特首办主任及中央政策组首席顾问由今年 4 月 1 日起减薪 10% **经济** • 成立一个高层次专责小组研究改善营商环境及加强行政效率 • 提高香港作为亚洲主要国际金融中心和国家首选的集资中心的地位 • 促使市场结构和公司管治与国际标准看齐 • 推动债券市场发展;促进基金管理业务;让金融新产品方便开发 • 继续强化转口贸易,发展集多种贸易形式于一体的贸易管理和营运中心 • 促进香港国际机场的物流发展,并且在北大屿山选址发展现代化物流园 • 加强香港的资讯联系和基建设施 • 尽快开始十号码头的可行性研究 • 吸引更多跨国公司和内地企业来香港开拓业务 • 加强和提升会议展览设施 • 加强香港的文化、娱乐、体育和艺术活动,保存香港的历史文物,强化香港旅游 • 研究具体方案推动及协助创意行业的发展 • 积极协助中小企业 • 鼓励本土经济的发展 **中港合作** • 让内地人才、专家更方便来港工作和居住 • 放宽和吸引内地企业家来港发展事业 • 积极推动跨境专业服务,加快香港经济向知识经济过渡 • 鼓励更多拥有资金的海外人士以投资移民身份来香港 • 加快香港与内地建立更紧密经贸关系的磋商,在今年 6 月份就主要部分达成安排 • 致力于让过境人士在半小时内、货车在一个小时内完成办理两地的过关手续 • 改善罗湖、沙头角口岸的通关条件 • 1 月 27 日起在落马洲／皇岗口岸实行 24 小时人流通关 • 加快香港与深圳西部通道的工程,争取在 2005 年下半年开通 • 争取落马洲上水支线尽快完成,以衔接皇岗地铁 • 与中央政府研究进一步放宽内地居民到香港旅游便利的措施,包括允许广东省境内居民以个人身份来香港旅游 • 巩固传统合作领域,寻求新发展和新突破 • 全力配合国家发展和改革委员会对兴建连接香港与澳门和珠三角西部大桥所进行的可行性研究 • 加强香港作为珠三角国际商贸中心的角色,协助欧美、日本及珠三角地区的企业在香港设立办事处 • 向海外推介香港连同整个珠三角的经济潜力 **教育** • 继续投资教育,开发本地人才资源,鼓励持续进修	• 转向金融业、物流业 • 加强与内地经济合作 • 解决财赤 • 投资移民、CEPA 安排、内地居民自由行 • 公务员改革

时间	措　　　施	方向
2004 年	**行政政制** • 财政司司长会把由他主持的数个委员会合并和重组为一个新的高层架构，以精简程序和改进规管 • 完善主要官员问责制 • 中央政策组会着手探讨推动公共政策研究和培植有关人才的方法 • 利用各区民政事务处、区议会、咨询组织以及民间组织，形成政治网络 • 通过民意调查、社会联系、焦点小组、舆论分析，加强对社情民意的掌握 • 精简约 500 个咨询和法定组织的架构、组织和成员组合 • 广泛延揽各方英才 • 加强咨询和法定组织在政府决策过程中的参与及培训领袖人才的角色 • 在平等共处、相互尊重的基础上，加强与立法会的对话和合作 **经济** • 财政司司长会领导一个专责小组，全面统筹大屿山主要基建项目的规划和发展 • 积极策划和支持举办更多世界级盛事，以及更多具有香港特色的文化活动，并加强与内地，尤其是珠江三角洲的合作，联手推广旅游 • 制订相应政策以配合发展具竞争优势、高新技术的制造业 • 继续支持高新科技的应用，推动知识型经济发展 • 研究如何在入境及其他相关政策方面配合，以进一步发展教育和医疗保健产业，为内地和亚洲其他地区的居民提供服务 • 鼓励金融业界向全亚洲提供基金管理、机构投资管理、私人银行业务、保险销售业务和各种投资储蓄工具等高增值服务 • 减少对本地中小型专业机构参与政府招标项目和顾问合约的障碍 • 就准入的门槛、专业资格的认可和执业条件继续与内地商谈 **教育** • 继续投资于教育和培训 • 务使已开展的教育改革达到成功 • 就引入初中三年、高中三年和大学四年的新学制广泛咨询公众 **就业** • 预留 12 亿元，推行三项就业措施： ○ 延续 1.1 万个临时职位 ○ 延长青少年见习就业计划两年，为 1 万名 15~24 岁的年轻人提供就业机会 ○ 推行为期一年的试验计划，帮助 1000 名青年自雇创业 • 未来五年的基本工程计划，每年平均开支达 290 亿元，将会每年维持大约 4.5 万个有关建造业的职位 • 成立新的专责小组，督导推行各项青少年培训及就业计划 • 设立青少年持续发展及就业基金，以推动实验计划，开拓培训、见习和就业的空间	• 推动经济转型 • 金融为主的经济政策 • 以政府干预增加短期工作 • 加强与内地经济合作

续表

	措 施	方向
2005 年	行政政制 • 在未来三年拨款共 6000 万元进行公共政策研究 土地基建 • 继续进行公共工程建设,为约 4.5 万多人提供就业 • 咨询西九龙文娱艺术区 房屋 • 支持市区重建局的工作,加快市区更新和楼宇维修的步伐 • 与香港房屋协会合作,推出 30 亿元协助楼宇管理和维修计划 经济 • 取消地产建造业和零售业中不必要的规管 • 注意燃油市场的竞争情况;并逐一认真处理其他类似的问题 • 继续研究开征商品及服务税,但在今后两年半里政府肯定不会实施这个税项 • 巩固和壮大金融、工商支援服务、物流和旅游四大支柱产业 • 在铜锣湾及尖沙咀增设行人专用区,使香港成为更具吸引力的购物天堂 中港合作 • 深化 CEPA 前两阶段的成效,并就明年实施的 CEPA 第三阶段内容咨询业界 • 促进粤港两地紧密合作和泛珠三角区域的发展 • 吸引更多内地企业来港发展 社会 • 推出儿童发展先导计划,减少跨代贫穷 • 为贫穷家庭的儿童及青少年提供适当的学习和上进机会 • 投放 1.8 亿元,为体弱长者提供长期护理宿位 • 为更多长者提供回内地养老的选择 • 加强对严重残疾人士的支援 • 成立扶贫委员会,研究在经济、就业、教育和培训等方面的扶贫工作 • 利用 2 亿元携手扶弱基金,推动政府、商界和社会福利界三方面共同扶助弱势社群 • 就处理人口老化问题进行研究 • 采取更积极措施,吸引全球包括内地和海外精英人才来港发展 教育 • 增加本地大学学额,提高副学位毕业生继续进修的机会 • 鼓励更多非本地生来港就读 • 积极推进"三三四"学制改革 • 增拨资源让教师继续进修和参与专业发展活动 • 研究推广小班教学 就业 • 延续公营机构约 1 万个临时职位合约 • 杜绝非法劳工从事建筑装修等行业 • 研究"最低工资"和"最高工时"问题	• 继续进行公共工程建设 • 推动市区重建 • 中港合作 • 金融为主的经济政策 • 加强福利政策投资

续表

	措　　施	方向
2005 年	环保 • 扶助环保工业的发展,及考虑订立回收法例 • 向电力公司定出排放总量上限,以控制空气污染 • 加强与广东省合作,减低四种主要污染物的排放量 • 覆盖 16 段市区明渠 卫生 • 就公共医疗系统的长远财政健全作出研究 • 加强以社区为本的健康服务及卫生教育工作 文化 • 培养和吸引具备多种才艺的复合型人才 • 善用香港在中外文化交流方面的有利条件,使文化艺术可更蓬勃发展 • 设立文化及创意产业咨询架构,探讨有关产业的远景、路向和组织架构 地区行政 • 增加对区议会的支持,及帮助民政事务专员更好地解决社区问题 • 在未来几年就 20 多项优先市政工程开始施工	
曾荫权(续第二届)		
2006 年	经济 • 修订上市规则,鼓励具规模的外国企业来港挂牌招股 • 早日在港实施人民币新业务,包括以人民币支付从内地的直接贸易进口,以及在港发行人民币债券 • 就发展商品期货市场作出研究,争取吸引内地保险机构的部分境外金融投资业务 • 争取与贸易伙伴达成更多经贸安排,让香港的货物和服务能够以更有利的条件进入海外市场 • 推出内河船多次入港许可证,简化程序和减低收费 • 进一步扩展本港的航空网络及提升机场处理空运货物和旅客的能力 • 与内地合作提高跨境货车运输的效率,例如在即将启用的东莞寮步车检场采用快速通关模式 • 通过一站式入门网站,提供更方便的综合服务,以推广电子政府服务 • 因应互联网、广播和电讯汇流,在本立法会会期内提交法案,成立通讯事务管理局 • 通过一笔为期五年的 1 亿元拨款,资助香港设计中心,协助各行各业善用设计和建立品牌 • 加强统筹政府对电影业的支援 • 成立电影发展局 社会 • 研究设立一个综合、整体、高层次的家庭事务委员会,以更有效协调政策资源,处理不同年龄和性别人士的事宜。	• 再次向小政府转向,不推动中港经济合作 • 推动最低工资立法 • 延续两电力公司专利 • 幼稚园学制改革

	措　　施	方向
2006 年	**教育** • 推行幼稚园学券制。由 2007~2008 学年开始，每名 3~6 岁儿童的资助额为 13000 美元，到 2011~2012 学年时，增至 16000 美元 • 建立首间"资优教育学院" **就业** • 不就最低工资立法，改在清洁及保安行业推行"工资保障运动"，如两年后没有成果，将会就最低工资立法。 **环保** • 协助 74000 辆旧型号柴油商业车辆的车主替换符合"欧盟 IV 期"废气排放标准的车辆。政府将合共拨款 32 亿 • 2007 年 4 月 1 日起，为购入环保私家车的车主提供减免 30% 首次汽车登记税优惠，减免上限为 50000 元 • 关于立法强制停车熄匙一事，咨询公众 • 由于政府与两间电力公司(港灯及中电)的利润管制协议于 2008 年届满，政府与电力公司磋商新管制计划时，环保要求是重点 **地区行政** • 就偏远地区公共设施不足问题，政府将会在天水围和东涌等地区增加服务和设施，例如图书馆、体育馆、诊所和社会服务	
2007 年	**曾荫权(第三届)** **行政政制** • 推动政改 **土地基建** 以 2500 亿元进行十大基建，估计创造额外约 25 万个职位 • 南港岛线 • 沙田至中环线 • 屯门西绕道及屯门至赤鱲角连接路 • 广深港高速铁路 • 港珠澳大桥 • 港深空港合作 • 港深共同开发河套 • 西九文化区 • 启德发展计划及兴建新邮轮码头 • 新发展区 **社会** • 免 2007 年第四季度差饷，每户上限港币 5000 元 • 减税：个人入息税及利得税，在 2008 年/2009 年标准税率各减一个百分点 • 雇员再培训计划，放宽年龄至 15 岁 • 长者医疗券赞助每次 50 元 • 工资保障计划后，或者草案最低工资最高工时	• 政治改革 • 大规划基建 • 短期向市民派钱 • 推动学制改革

向	措　　施	方向
2007 年	**教育** • 推行 12 年免费教育 • 推动小班教学 • 增加大学非本地学生学额 • 拨地兴建国际学校 • 加强国民教育 **环境保育** • 环境及自然保育基金	
2008 年	**行政政制** • 成立由行政长官主持的委员会,评估金融海啸对香港经济的影响及提出应对方法 • 更新行政会议的组成 • 于明年上半年就 2012 年的行政长官和立法会产生办法咨询公众 • 审视政府部门现行服务承诺的执行情况,优化处理投诉的机制 **土地基建** • 研究三条过海隧道挤塞及收费差异问题,寻求长远解决方案 **房屋** • 就未建成住宅物业"实用面积"已统一的定义,加强宣传教育,保障置业人士 **经济** • 优化对银行业、证券业、保险业及强积金的监管制度 • 吸引新兴市场更多新企业及大型企业来港上市 • 成立专责创意产业办公室,协调跨部门工作 • 考虑香港会议展览中心第三期扩建 • 活化虎豹别墅,定为可作商业用途,包括葡萄酒业务 • 在本立法年度提交《竞争条例草案》,促进自由竞争的营商环境 • 要求油公司提高价格透明度,考虑透过油站招标程序,引进对汽油价格的监管 **中港合作** • 推动粤港合作,聚焦发展两地服务业合作 • 就落实河套区的土地用途展开综合规划研究 • 加强香港的中介角色,促进内地与世界其他地方的科技合作 • 加强粤港两地环保合作,包括在减排、优化发电燃料组合、开发及推广再生能源、减少汽车排放、加强自然保育及绿化,以及科研等多方面开展合作 **社会** • 增加消费者委员会物价资讯服务,以便市民掌握零售物价 • 加强短期食物援助服务 • 考虑将高龄津贴金额增至 1000 元,引入入息或资产审查,并放宽离港宽限 • 推广家庭核心价值,鼓励商界提供"家庭友善"工作环境 • 推出社区保姆服务,协助有需要家庭更妥善照顾子女 • 打击家庭暴力和青少年毒品问题;加强康复服务 **教育** • 研发电子课本 • 继续深化国民教育,增加学生及青年到内地学习及交流的机会	• 政治改革 • 金融为主的经济政策 • 中港合作 • 短期向市民派钱 • 最低工资 • 医疗融资

续表

	措　　施	方向
2008 年	就业 ● 立法设定最低工资,成立最低工资委员会 保育 ● 发展局成立专责小组,负责规划维港两岸美化及活化工作 ● 改善人流畅旺的商业区、购物区及悠闲区(如铜锣湾、旺角、元朗市中心)的行人坏境 环保 ● 立法强制实施《建筑物能源效益守则》,改善能源效益 ● 实施第二阶段"强制性能源效益标签计划",进一步推动节能 ● 考虑在新界东部沿岸设立涵盖特殊岩石群及地貌的地质公园 卫生 ● 立法授权当局在有需要时可迅速禁止问题食物入口、销售及指令回收 ● 在来年上半年进行医疗改革第二阶段公众咨询,制订长远医疗融资方案 ● 鼓励私营医院发展,初步在黄竹坑、将军澳、大埔及北大屿山等地区物色合适地点 ● 在天水围兴建新医院,加强区内医疗服务 ● 免费为儿童接种肺炎球菌结合疫苗 ● 加强对长期病患者的预防及护理支援 文化 ● 鼓励文化演艺团体到各区演出,将文化活动带入社区 ● 推行更有效的梯队运动员培训计划,积极鼓励商界支持体育发展	
2009 年	行政政制 ● 在 11 月就 2012 年选举安排咨询公众 土地基建 ● 全速兴建启德新邮轮码头,并吸引邮轮公司调派邮轮以香港为母港 ● 在葵青区推出数幅长期用地,促进香港的物流及贸易转向高价值货物及服务发展 经济 ● 发展为汇聚国内外资金及人才的国际融资、资产管理和离岸人民币业务中心 六项优势产业 ● 释放过千幢旧工业大厦,以政策鼓励业主重建或改装旧工厦 ● 在何文田和黄竹坑预留土地供开办自资学位课程,预计提供约 4000 个学额 ● 在黄竹坑、将军澳、大埔及大屿山预留四幅土地,供发展私家医院 ● 发展中医中药,加快建立香港常用中药材标准 ● 为检测和认证产业制订三年发展蓝图 ● 扩大政府的环保采购清单,并积极在采购程序中应用,以推动环保采购政策 ● 拨款约 2 亿元推出"投资研发现金回赠计划",鼓励企业投资于科研 ● 通过 CEPA,协助本地文化及创意产业拓展内地市场 中港合作 ● 继续通过 CEPA,促进香港专业服务进入内地市场 ● 参与深圳前海发展,促进和提升香港的服务业	● 转向以拨用土地方式推动六项优势产业 ● 金融为主的经济政策 ● 深化 CEPA ● 拓展人民币业务

续表

	措　施	方向
2009 年	港台交流 • 推动香港与台湾多范畴和多层次交流,考虑在台湾设立综合性办事机构 社会 • 开展"开心家庭运动",宣扬家庭核心价值 • 在香港引入头发验毒;与内地公安部门合作,协力打击跨境吸毒及贩毒 • 增加对青少年制服团体的支援 • 研究为有需要学生提供更方便合宜的互联网学习机会 • 将资助合约安老院、舍内护养院宿位的比率大幅提高至 90%,并向自负盈亏的护养院及护理安老院购买置换宿位,以大幅增加宿位数目 • 增加资助宿位及推出"残疾人士院舍买位先导计划" • 重整社区精神健康支援服务,在全港 18 区增设精神健康综合社区中心,并增加医务社工人手 教育 • 深化国民教育 就业 • 更灵活提供职位空缺资料予求职人士;成立零售业招聘中心 保育 • 全盘审视中环的未来发展 • 中环街市全面保育和活化为"城市绿洲" • 美利大厦建议改装作酒店用途 • 中区政府合署,中座和东座予以保留,西座拆卸重建作商业用途 • 大幅降低中环码头用地的发展密度,为市民提供临海公共空间 环保 • 推出电动车辆租赁计划,推广使用电动车 • 国土资源部已批准香港地质公园成为国家级地质公园 卫生 • 到 2012 年,卫生开支由原来占政府经常开支 15% 增加至 17% • 制订自愿参与的辅助医疗融资方案,明年咨询公众 • 为高危组别人士注射人类猪型流感疫苗	
2010 年	行政政制 • 就 2012 年行政长官和立法会两个选举办法,提出本地立法建议 • 更多利用新媒体加强与市民互动交流 • 第三届政府任期内,不启动《基本法》第 23 条立法 土地基建 • 在未来十年内,平均每年需提供可兴建约两万个私人住宅单位的土地 • 财政司长主持的"房屋用地供应督导小组"确保房屋用地有稳定及充足供应 • 设立"市区更新地区咨询平台",以九龙城区为试点 • 市建局拨款 5 亿元,成立"市区更新信托基金",以资助"咨询平台"进行研究和活动、聘请社区服务队,及资助文物保育或地区活化 • 启德发展区预留用地,为受重建影响的自住业主提供"楼换楼"的选择	• 有限度干预楼市,为楼市降温营造条件 • 政治改革 • 金融及专业服务为主的经济政策 • "十二五"规划 • 短期向市民提供资助 • 加强福利 • 设具争议性的中小学德育及国民教育科

续表

时间	措施	方向
2010 年	**房屋** • 政府增加土地储备,使房地产市场有平稳的土地供应,特别是中小型住宅土地(每年平均只有 35000 个单位,约等于需求的一半,而且能否达成仍取决于发展商之承接力) • 顶计未来三至四年会有 61000 个一手私人住宅单位供应 • 确保充足土地供应,平均每年可兴建约 15000 个公屋单位,以维持平均轮候时间约三年的目标 • 与房协合作开展安心资助房屋计划 • 市建局和港铁公司尽量多兴建中小型住宅单位 • 限制"发水楼",取消或收紧各类楼面面积的宽免 • 成立委员会,为立法规管一手私人住宅物业销售作准备 • 修改资本投资者入境计划,暂时将房地产于计划下的投资资产类别中剔除 • 成立专责小组加强支援旧楼业主 • 立法处理楼宇失修及违规建筑,包括"劏房"问题,大力打击僭建 • 研究修订法例,必要时有效地强制业主或法团聘用物业管理公司,确保住客及公众安全 • 就立法规管物业管理行业咨询公众 **经济** • 鼓励香港业界把握前海发展带来的商机 • 继续推动与台湾多范畴和多层次的交流 • 参与推动内地金融体系现代化,尤其是在人民币国际化和推进人民币资本项目可兑换的进程中,作出更多贡献 • 为加强保障投资者,跟进成立投资者教育局和金融纠纷调解机制,以及立法规定披露股价敏感资料等建议 • 检讨整个旅游业的运作和规管架构 • 推出长期用地,吸引业界建立物流群组 • 香港国际机场提供额外飞机停泊位及新的客运廊;提升货物理量 50% • 加强人才培训及海外和本地推广工作,巩固香港作为国际航运中心地位 • 香港按揭证券有限公司研究设立市场主导的信贷保证计划,提供可持续支援企业信贷融资的平台 • 向"中小企业市场推广基金"和"中小企业发展支援基金"增拨 10 亿元 **中港合作** • 与广东省共同争取把粤港合作中最重要的功能定位纳入"十二五"规划 • 加强 CEPA 的有效实施,促进本港专业服务进入内地市场 **社会** • 资助元朗、屯门、北区及离岛的合资格在职人士每人每月 600 元交通费用 • 成立 100 亿元基金(即关爱基金,由前民政党秘书长罗智光任行政总监),由政府与商界各出资一半,为基层市民提供多方面的支援 • 加强和整合支援新来港及少数族裔人士的服务 • 推行家居照顾试验计划,支援正轮候护养院宿位的长者	

	措　施	方向
2010 年	• 将"离院长者综合支援计划"扩展至全港 • 加建院舍及利用现有院舍空间,提供额外宿位;在"改善买位计划"下增加较高质素宿位的供应 • 放宽领取高龄津贴的离港期限至 305 日,即只需留港 60 日便可领取全年津贴。新安排也适用于伤残津贴 • 人口政策督导委员会将探讨香港长者选择回乡养老所需的便利安排和配套设施 • 研究设立长者退休生活津贴 • 提出立法建议加强个人资料私隐的保障 • 大幅提高"普通法律援助计划"和"法律援助辅助计划"的财务资格限额,并预留 1 亿元,有需要时注资"法律援助辅助计划"基金 **教育** • 由下学年起,大幅增加"学校书簿津贴计划"的定额津贴,每名全额学生全年津贴增加至 1000 元,半额学生 500 元 • 设立 25 亿元基金,支援自资专上院校提升教学质素,并为学生提供奖学金 • 由 2012~2013 学年开始,增加公帑资助第一年学士学位课程学额至每年 15000 个 • 大学高年级收生学额逐步增至每年 4000 个,为副学位毕业生提供更多升学衔接机会 • 延续 3000 个青年临时工作职位至 2012 年 3 月 • 推行试验计划,透过互联网接触边缘及隐蔽青年,以便提供支援 • 全港中学增加两成学校社工人手,加强推动抗毒工作 • 推动更多交流、考察和义工活动 • 资助所有中、小学生参加至少一次内地交流活动 • 中小学设立独立的"德育及国民教育科" **就业** • 配合法定最低工资的实施,加强青少年、中年人及残疾人士的就业服务 • 扩大破产欠薪保障基金的保障范围,涵盖未获发放的年假及法定假日的薪酬 • 开始研究"标准工时"问题 **环保** • 采取能源措施,使 2020 年的碳强度,较 2005 年的水平,减少五至六成 • 在新专营权加入条款,要求巴士公司更换巴士时,积极使用零排放或最环保巴士 • 全数资助专营巴士公司购置六辆混合动力巴士,以测试环保效果 • 全数资助为欧盟二期及三期专营巴士安装"催化还原器",减少氮氧化物的排放 • 铜锣湾、中环及旺角繁忙路段设立低排放区,下年度起尽量增加低排放专营巴士行驶区内。到 2015 年,只有低排放巴士在区内行驶 • 预留 5 亿元,有需要时注资"环境及自然保育基金"	

续表

措　施	方向
文化 • 立法禁止在香港水域拖网捕鱼 • 在休憩空间和政府办公大楼,摆放新进艺术家、学生或集体创作的艺术作品 • 于港铁主要转车站设立还书箱,方便市民归还图书及资料 • 推动职业及业余足球发展 • 开放更多合适场地让市民携带狗只进入,并加建宠物公园 **卫生** • 缩短专科轮候时间;将更多新药物列入药物名册 • 设立有400多张病床的儿童专科中心 • 在天水围兴建新医院 • 重建仁济医院四幢大楼以改善服务 • 加强培训医护人手,确保满足未来需要 • 加强中西药物监管	
土地及房屋 • 未来五年约有7.5万个公屋单位落成,确保平均轮候时间三年的承诺兑现 • 提出复建居屋新政策,对象是每月收入不超过3万元的家庭,提供实用面积约400~500平方呎的单位,以可负担的楼价出售,初步估算为150万~200万港元 • 由2016/2017年起4年,共提供超过17000个单位,首批单位于2014或2015年预售 • "置安心"计划除先租后买外,亦提供可租可买的选择。以单位开卖时的市价作为"封顶价" • 确保供应的土地每年平均能提供约2万个私人单位、15000个公屋单位及5000个新居屋单位。建立政府土地储备 • 多管齐下开拓土地,例如释放工业用地、探讨在维港以外进行适度填海,及检讨"政府、机构或社区"用地 • 就立法规管一手住宅销售,以白纸草案咨询公众,争取明年完成立法 • 立法加强对楼宇安全的管制,包括把"劏房"通常涉及的工程纳入小型工程监管制度 • 活化工厦措施延长三年 **长者** • 65岁以上长者及合资格残疾人士可以两元乘搭港铁一般路线、专营巴士及渡轮 • 推出公众游泳池月票 • 设立"广东计划",让移居广东的合资格长者在当地领取高龄津贴,无须回港 • 为60岁以上使用非资助安老院舍住宿服务的综援受助人提供额外津贴;残疾受助人也获发类似津贴,不限年龄 • 增加护养院宿位及长期护理宿位 • 增拨资源,鼓励私营院舍提高质素及增加买位 • 研究推行社区照顾服务券,及增加社区照顾服务名额	

2010年 对应文化与卫生部分

2011年 对应土地及房屋与长者部分

	措　施	方向
2011 年	• 增加补助金,让院舍和日间护理中心加强支援痴呆症长者 **纾困措施** • 代公屋租户缴交两个月租金 • 向领取综援、高龄津贴及伤残津贴人士发放额外一个月的标准金额或津贴 **就业服务** • 延长 3000 个青年临时工作职位一年 • 为青年额外提供 1000 个服务业培训及实习机会 • 注资 1 亿元资助非政府机构成立小企业,聘用残疾人士 • 资助雇用残疾人士雇主购买辅助仪器及改装工作间 **政府服务** • 增加残疾人士学前、日间和住宿康复服务的名额 • 为少数族裔设立多一间支援中心和两间分中心 • 增拨 1 亿元,改善食物银行服务 • 扩建联合医院 • 加强磁力共振和电脑扫描服务,改善危疾诊断 • 为病人提供更有成效的药物 • 拨款 2 亿元,增加医生、护士及专职医疗人员大学学额 • 协助非政府机构兴建青年宿舍 **教育** • 设立国际厨艺学院 • 增设 1 所青年学院 • 加强支援中小学照顾有特殊教育需要的学生 • 注资 50 亿元,支持高等教育院校学术研究 **环保** • 拨款 1.8 亿港元,供专营巴士公司购置电动巴士试验 • 预留 1.5 亿港元,一次性资助石油气的士及小巴车主更换"催化器" • 引进路边遥测设备和先进废气测试,管制车辆废气排放 • 香港地质公园成为世界地质公园网络成员 **食物安全** • 立法规管高风险的食品入口及食物中残余除害剂的含量 **文化艺术** • 举办多项大型展览及更新博物馆常设展 • 拨款在工厂大厦提供艺术空间,以优惠租金出租予艺术工作者 **经济** • 拨款 10 亿元,支持企业拓展内地市场 • 争取在今年年底前签订 CEPA 第八份补充协议 • 在将军澳预留约两公顷土地作数据中心用途 • 加强支援香港设计中心,并将明年定为"香港设计年" • 加强人民币资金的使用和循环机制,通过贸易、直接投资和证券投资三条桥梁,扩大和深化与内地在岸人民币市场的连接	

Ⅲ. 十大基建

1. 2007 年，曾荫权政府推出"十大基建"，详程如下。

表 1-1　香港特区政府 2007 年推出的"十大基建"进展概览

项目名称	进展概览
港铁南港岛线	港铁公司正为南港岛线东段项目进行详细设计及规划,预计 2011 年动工,2015 年开始投入服务
沙田至中环铁路线	正同步进行公众咨询、设计以及地盘勘测工作。预计 2010 年内完成咨询工作。计划整个项目不迟于 2011 年年初勘线,并争取于 2012 年动工
屯门至赤鱲角连接路及屯门西绕道	屯门至赤鱲角连接路的勘测及初步设计于 2011 年年初完成,而屯门西绕道的走线方案则尚在咨询评选。当局希望这两个项目可配合港珠澳大桥项目,争取同步完成
广深港高速铁路香港段	工程已在 2010 年 1 月展开,预计 2015 年竣工
港珠澳大桥	主桥工程已在 2009 年 12 月展开,三地政府亦已落实主桥建设及营运的法律架构,而与牵头贷款银行的融资安排预计于 2010 年底落实。香港口岸的填海工程现正进行勘察及详细设计,而香港接线有关设计及建造的前期准备工作则刚展开,目标是配合港珠澳大桥于 2016 年完成开通
深港机场连接铁路研究	初步可行性研究已确定铁路走线在技术上可行。除加强港深机场合作外,港深西部快速轨道另一个主要功能是促进前海及新界西北地区的发展,所以铁路的设计必须以这两个发展区的规划先行,再作配合
落马洲河套区研究	"港深边界区发展联合专责小组"在 2008 年成立,并在 2009 年年中展开联合综合研究,预计在 2010 年年底或 2011 年年初就初步发展大纲图咨询港深两地公众的意见。整项联合综合研究将于 2012 年完成
西九文化区	西九文化区管理局已在 2008 年成立,并正通过三个阶段的公众参与活动,拟备文化区的详细发展图则。文化区的第一期核心文化艺术设施预计于 2015 年起分阶段落成
启德发展计划	政府正分阶段落实启德发展计划,现正进行第一阶段工程项目,包括公共房屋发展、邮轮码头,以及相关的配套基础设施,其中邮轮码头的首个泊位工程于 2009 年 11 月动工,连同较预期早一年完成的邮轮码头大楼,可望于 2013 年中投入服务。第二个泊位在 2014 年启用
新界东北新发展区及洪水桥新发展区	新界东北新发展区的规划及工程研究在 2008 年 6 月展开,预计 2011 年完成。建造工程最快可在 2016 年展开,目标是在 2021 年完成首期建造工程以容纳首批迁入人口。洪水桥新发展区研究现正在筹备阶段,预计于 2011 年展开

数据来源：2010~2011 年《施政报告》。

小结

回归后，除了董建华任初的一些短暂的但脱离传统的举措外，特区这 15 年内因各种因素局限，基本上进步有限，未能通过大型发展计划以扩阔城市与经济发展的空间。反之，它紧缩土地供应，使供求关系严重扭曲，令大地产商在 1994 年前被彭定康逼迫购买的土地，最终得以在 1997 年后取得大额回报。另外，"十大基建"可算是小动作而已，这些基建大部分仍为改善市区交通的工程。其中四项地区计划是在已形成的土地进行，它们已经空置 15 年以上，而且没有大型新区及新交通网络的扩展计划。

Ⅳ. 历次财政司预算案重点

ⅰ. 我们通过列表回归后历次财政预算案的重点，以显示特区政府的财政如何配合或受制于政府施政方向。此外，历次财政预案建议及其后落实的拨款和税收变动，明显地：（一）讲求社会各方平衡，（二）倾向福利主义，及（三）全部以"内需为主"，而不寻求刺激经济或更好利用财力为特区创富。此外，更不幸的是，它顽固地坚持自由主义，当赤字出现时，就以公务员及政府资助机构的减薪及减员作为主要手段，严重打击中产阶级对政府的信任，激发他们政治化。

Ⅴ. 理财原则的变化

ⅰ. 董和曾两位特首任内的财政原则，似乎有意偏离香港传统，亦不符合实际，为特区带来发展上的不稳定因素：

ⅱ. 特区政府在政府与市场主导间不断摇摆不定。

ⅲ. 回归后三年大量公屋有计划地完成，短暂地推高"供多于求"，使房价下滑，明知此为必然后果，却大力为之，实在不当。其后却持续保持土地房屋"供不应求"似乎是别有用心，使政府可以采纳"勾地"政策和停建居屋。

ⅳ. 利商减税措施持续不断（如红酒、汽车、股票等）。

ⅴ. 直接或间接向大企业输送利益：如 2007 年拨款 85 亿元，向每名月入 10000 元以下人士强制性公积金户口一次性注入 6000 元。这些款项变相成为最

大强制性公积金管理银行汇丰的重要免息长期贷款。又如拨款 43 亿元提供每户 1800 元电费补贴，是直接资助两大电力寡头。2011 年的财政安排欲重复此办法，由于受到广泛反对，结果是由政府向每个成年人士拨款 6000 元，共支出 300 多亿元，大量浪费公帑。而这个占约 15% 总年度支出的花费，竟是在没有咨询及具体论证、安排下作出。

vi 不断扩大教育及福利开支，但不顾及供求关系的变化和能否可持续发展（详见教育部分和公共开支部分）。

vii. 基建以内部消费为主，不着意创造新的生产力和竞争力（详见十大基建内容）。

viii. 以削减公务员开支为主以解决财政赤字，明显不当，似乎有意打击公务员士气，增加公务员工作压力，亦同时削弱政府的管治和行政能力（详见公务员部分内容）。

ix. 政府屡屡发出奖赏（例如退税、减税等）甚至派发金钱以平息反对声音不能解决问题，造成不良先例，也浪费公帑，放弃利用财政效益的功能以发展经济，达致就业及社会稳定的作用。

B.3
经济状况

I.总体经济状况

1. 董建华时代

ⅰ.香港回归前,由于新机场核心工程及国际环境相对平稳的利好因素,经济持续平稳增长。1990~1996年,平均GDP增长达5.4%;1996年和1997年的失业率只有2.8%和2.2%。新机场的大规模基建,使香港前景相对明朗;加上1988~1991年的投资低潮,造成1994年起的股市和楼市大旺。

ⅱ.不过,1996~1997年,过分炒卖投机的影响开始浮现,通胀逐年上升。当时,港英政府大量售出土地,令政府收入大增,得以每年增加社会福利开支和公务员薪酬。这些措施都令香港市民对英国统治留下不错的印象。

ⅲ.可是,1998年的金融风暴,对香港造成重大打击,更令香港的股市及地产泡沫爆破。当时,刚接手的特区政府仍推出所谓"八万五"的房屋政策(房屋问题将于下面详述),令供过于求的情况更为严重,住宅价格不断下调。

ⅳ.为挽救特区的经济,政府推行了一系列的措施,但这些措施均缺乏方向,错误百出。例如,为振兴旅游,政府在未充分咨询的情况下贸然和美国迪士尼公司达成近乎"不平等条约式"的协议在大屿山兴建迪士尼乐园,引发社会争议。

ⅴ.政府为兴建乐园投入了136亿元以填海及兴建基建设施,并提供了32.5亿的股本,还向迪士尼公司借出25年期的56亿元作为迪士尼公司对这个项目入股的股本贷款。迪士尼公司因而除了取得控股权外,不用花费一元即获得管理合同,并可以从园内设施和入场费中得到大量收入。迪士尼乐园的兴建亦令香港牺牲了最后一片水域最阔和水深最优的岸线,使原计划的第10~16号集装箱码头不能落实。这样香港便失去了年吞吐 2000 万集箱能力的深水岸线。香港的迪士尼乐园也因为大屿山面积细小（首期 126 公顷，二期 56 公顷），未能形成规模效益，因此迪士尼公司特别明言必在中国建造其他迪士尼乐园。2002 年 7 月底迪士尼公司已经正式和上海签了意向书在浦东建设一个比香港迪士尼乐园大很多的迪士尼乐园。基于此，香港迪士尼乐园被指将会是个包袱，并不会像政府在合同签订之后一段时间内才公布的预测：该园会在 40 年内为香港带来 1480 亿增值。而且，上海的建园已于 2009 年公布，并且于 2010 年动土。

ⅵ. 另外，特区政府又在经济不景气、营商环境恶劣的情况下，于 2000 年 12 月正式实施了"强制性公积金计划"。这个计划不但起不到对退休者应有的最低保障（其水平低于目前综援额），对雇主和雇员却造成了额外负担。特区政府亦承继了港英在 90 年代的大型玫瑰园基建办法。在 1999 年 10 月第二个施政报告中，宣布在五年内投入 2400 亿港元推动大规模基建；在其第五份施政报告（2001 年）中，更将基建项目的投入预计在 15 年之内增加至 6000 亿港元。当经济发展方向仍然未有共识和模糊不清时，大量的基建投入只会削弱政府的财力和保卫港元的能力，而这些以内部交通为主的消费型项目，不一定对香港特区将来的竞争能力有所帮助。

2. 曾荫权时代

ⅰ. 曾荫权接任后，并没有扭转经济发展缺乏方向和依赖金融业的局面。2006 年，特首的第一份施政报告里，仍以依赖中国内地企业在港上市为主，少有推动中港之间的产业合作。2007 年，本港经济稍微稳定（主要是因为"自由行"及内地企业在港上市的支撑），政府则决定以 2500 亿元进行"十大基建"，而不花心思及资金于扩大香港经济竞争力上，但直至 2011 年仍有个别"十大基建"计划尚未实行或仍在规划阶段。

ⅱ. 2004～2007 年，由于外围环境好转，香港 GDP 的平均增长幸得以维持在 7.2%。不过，这个增长是依赖内地公司来港上市、内地投资移民及内地港旅游新政策"自由行"以支持经济发展，实际得益者乃金融、地产、部分零售（如化妆品、金器首饰等），而且自 2003 年开始的投资移民计划亦造成扭曲了地产的需求，加上政府缺乏长远房屋政策（下面将详述），令香港的楼价升幅远超香港市民可以负担的范围。过分依赖金融扭曲的地产业的发展亦令香港的经济增长落后于新加坡、韩国、中国内地等地区。在这段时间，香港再次失去重整产业结构的机会，反而令经济多元化环境收缩。

ⅲ. 2008 年的金融海啸，对以金融业为主的香港再次造成重大打击。2009 年的 GDP 下跌了 2.9%，是亚洲区内各地中跌幅较大者。2010 年，各国联手救市令全球经济表面上复苏，但香港由于其经济结构仍过分依赖金融（下面将详述），因此其复苏率较新加坡和中国内地为低，只有 7%，是新加坡的一半，而且更容易受外围因素影响，令经济极不稳定，亦令香港的经济一直落后于其腹地中国内地。

ⅳ. 香港经济的相对疲弱亦可从失业数字中看出。2004～2008 年，香港失业率由 6.8% 回落至 3.6%，但邻近新加坡的失业率却只有 3.4%～2.2%，而韩国亦只有 3.5% 左右。同时，在用于量度企业再投资的资本投资总额占商业总开支数字中，香港地区一直低于新加坡、韩国和中国内地。2004～2008 年经济整体状况有所好转，而且香港出现通缩的情况，因此虽然香港市民仍因高地价政策而受益有限，但社会对经济问题的不满仍然有限。

ⅴ. 2009 年，为振兴经济和重整香港经济结构，曾荫权提出发展六大产业，包括医疗、教育、检测及认证、创新科技、创意文化及环保。不过，政府的政策不外乎是拨出几块土地兴建私家医院与专上院校和成立检测及认证局，但对资源分配、输入有关专才、开方转业认证、减低服务业的本地保护主义和人才培养等问题，却鲜有提出具体方案。

3. 小结

在曾荫权管治的年代，经济的发展令人失望：

ⅰ. 香港经济发展落后于其他亚洲发达地区，而且不配合内地经济的高速增长，反映本地政策坐失内地发展的良机，而且亦没有如周边地区一般的进取。

ⅱ. 只有在通胀率上香港才和内地同步，反映本港人口消费品自 2007 年通缩结束后即面对通胀压力，而政府亦没有预先的估计和应对的策略。

ⅲ. 按 GDP 计算，香港在 2004～2007 年是通缩，因此其间的通胀率令人费解，可能是因为基本住屋（详见房屋土地一节）及食品、日用品价格的上升，反映一般市民的生活并未因为通缩而有所好转。2008 年起通胀即不断升温，加上楼价和租金飙升，市民生活变得更为困难。

ⅳ. 香港的就业改善亦落后于邻近的可比地区。

Ⅴ. 资本投资总额占商业总开支的持续低潮，显示营商环境持续不振，及特区政府在这方面没有积极的应对。

表1-2　2009年香港特区政府施政报告中有关六项优势产业的措施

- 释放过千幢旧工业大厦，以政策鼓励业主重建或改装旧工厦
- 在何文田和黄竹坑预留土地供开办自资学位课程，预计提供约4000个学额
- 在黄竹坑、将军澳、大埔及大屿山预留四幅土地，供发展私家医院
- 发展中医中药，加快建立香港常用中药材标准
- 为检测和认证产业制订三年发展蓝图
- 扩大政府的环保采购清单，并积极在采购程序中应用，以推动环保采购政策
- 拨款约2亿元推出"投资研发现金回赠计划"，鼓励企业投资于科研
- 通过CEPA，协助本地文化及创意产业拓展内地市场

数据来源：2010~2011年《施政报告》。

表1-3　香港历年GDP实质增长（1994~2010，以2009年价值为准）

年份	总金额（百万元）	增长率（%）	本地生产总值内含平减物价指数	
1994	1003063	6.0	104.4	
1995	1026066	2.3	108.7	通胀
1996	1069088	4.2	115.0	
1997	1123144	5.1	121.5	
1998	1055459	-6.0	122.5	
1999	1082436	2.6	117.0	
2000	1168506	8.0	112.8	
2001	1174317	0.5	110.6	
2002	1195936	1.8	106.8	通缩
2003	1231886	3.0	100.2	
2004	1336185	8.5	96.7	
2005	1430815	7.1	96.6	
2006	1531255	7.0	96.3	
2007	1629092	6.4	99.2	
2008	1666664	2.3	100.6	通胀
2009	1622322	-2.7	100.0	
2010	1735399	7.0	100.5	

数据来源：香港政府统计处网页。

表 1-4　香港地区和有关国家/地区经济指标年增长率比较（2004～2010）

单位：%

国家/地区 经济指标 年份	中国香港地区			新加坡			韩国			中国内地		
	GDP实质增长	通胀率	失业率	GDP实质增长	通胀率	失业率	GDP实质增长	通胀率	失业率	GDP实质增长	通胀率	失业率
2004	8.5	-0.4	6.8	9.2	1.7	3.4	4.6	3.6	3.6	9.1	4.1	9.8
2005	7.1	1	5.6	7.4	0.5	3.1	4	2.8	3.7	10.2	1.8	9
2006	7	2	4.8	8.7	1	2.7	4.8	2.2	3.3	10.7	1.5	4.2
2007	6.4	2	4	8.8	2.1	2.1	5	2.5	3.3	11.9	4.8	4
2008	2.3	4.3	3.6	1.5	6.6	2.2	2.2	4.7	3.2	9	5.9	4
2009	-2.7	-0.5	5.4	-0.8	0.6	3	0.2	2.8	3.7	9.1	-0.7	4.3
2010	7	4.5	4.4	14.5	2.8	2.2	6.1	3	3.3	10.3	5	4.3

数据来源：Nationmaster. com, http：//www. nationmaster. com/graph/eco_ gdp - economy - gdp。

表 1-5　香港地区和有关国家/地区资本投资总额占商业
总开支比例的比较（2004～2008）

单位:%

国家/地区 年份	中国香港地区	新加坡	韩国	中国内地
2004	22.3	24.9	29.6	43.4
2005	22.7	27.4	28.7	46
2006	20.8	21.8	29.3	44.4
2007	21.1	21.8	28.4	44.3
2008	22	24.4	27.8	42.2

数据来源：香港政府统计处：《香港统计年刊》，2004～2010。

Ⅱ．产业结构和贸易

ⅰ．在产业结构方面，由于曾荫权政府在推行六大产业前实质上已放弃了推动发展高科技产业并专以依赖特殊的、以内地企业上市及投资移民所牵引的金融地产业（内地投资移民所带来的资金大部分投入本港房地产，部分投入本港股市，很少在港建立企业及增加就业）推动香港经济发展，因此香港的产业结构近年亦向金融业倾斜。2002 年，金融及保险业、地产、专业及商用服务和楼宇

业占了香港整体 GDP 达 30.44%；2006 年，这个比例升至 35.16%；至 2010 年，此比例更达 36%。由于曾荫权仍坚信自由市场，因此在其任期的头数年既未有长远经济政策，亦未有改变自董建华以来的"勾地"、停建居屋、高地价和偏颇大地产商的做法，因此香港经济的结构继续向地产和特殊金融业倾斜。

ii. 同时，受惠于"自由行"和内地市场需求大增，中港贸易、转口贸易、批发及零售占整体 GDP 的比例自 2001 年的 21.77% 微升至 2010 年的 23.49%。全于香港仅存的制造业则由 2001 年的 3.48% 下跌近 50%，至 2010 年的 1.85%。足见董建华时代提倡发展高科技政策的未能奏效，和曾荫权时代对制造业在港发展的不屑。

iii. 香港产业结构转型的停滞，还有数字上未能完全说明的影响，由于国际金融业和跨国企业在港希望利用国内市场及资本在港的发展，造就了一班流动性高、专职从事金融和地产及银行业的专业阶层。据吕大乐教授指出，他们在新的经济环境所得的利益比其他"在地型"的专业人士（例如教师、医生等）要高，造成中产人士收入两极化的现象。这个发展长远亦令香港的年轻一代在就业和大学选科上趋向金融业，令香港人才及经济更为单一化。

iv. 在贸易方面，香港的进出口贸易自 2002 年至 2010 年间均增长近一倍，转口贸易亦然，发展状况尚属稳定。不过，香港产品的出口在 2009 年大减 36%，反映日渐式微的香港工业及政府的不够重视态度。近年，香港的住屋有不少被内地人购买，此亦可算是出口的一种，但此宗出口的最大得益者是地产商和经纪，对整体经济少有正面影响，反之，它推动了住房价格的不正常上升，形成本地市民住屋困难的苦况。香港进出口业的进一步发展，有赖和珠江三角城市群的合作，因此香港应该继续深化和邻近城市的互动，而且亦应该推广和保护香港的优势品质和硕果仅存的制造业，阻止这些产业因为香港经济推向不合理的地产化而消失。

表 1-6　香港地区各经济活动在 GDP 中所占的比例（2001～2009）

单位：%

经济活动＼年份	2001	2002	2003	2004	2005	2006	2007	2008	2009
农业、渔业、采矿及采石	0.1	0.1	0.1	0.1	0.1	0.1	0.1	0.1	0.1
制造	3.4	3.5	3.1	3.0	2.8	2.7	1.9	1.8	1.7
电力、燃气和自来水供应及废弃物管理	3.1	3.2	3.2	3.1	2.9	2.8	2.5	2.3	2.2
建造	3.9	4.1	3.7	3.2	2.8	2.6	2.5	2.9	3.1
服务	84.7	86.2	88.2	88.9	89.7	90.3	90.7	87.8	88.5

续表

经济活动 年份	2001	2002	2003	2004	2005	2006	2007	2008	2009
进出口贸易、批发及零售	21.8	22.1	23.2	24.5	25.7	24.5	23.2	23.5	22.6
进出口贸易	18.7	19.0	20.3	20.9	22.1	20.9	19.8	19.8	18.8
批发及零售业	3.1	3.1	2.9	3.6	3.6	3.6	3.4	3.7	3.7
住宿及膳食服务	2.4	2.4	2.1	2.6	2.7	2.9	3.0	3.2	3.0
运输、仓库、邮政及速递服务	7.5	7.6	7.7	8.4	8.3	7.9	7.4	5.9	6.1
运输及仓库	7.1	7.2	7.3	7.9	7.9	7.5	7.1	5.6	5.8
邮政及速递服务	0.4	0.4	0.4	0.4	0.4	0.4	0.3	0.3	0.3
资讯及通讯	3.5	3.5	3.6	3.3	3.2	3.3	3.1	2.9	2.9
金融及保险	11.0	11.2	12.1	11.9	12.4	15.5	18.9	15.2	14.5
地产、专业及商用服务	8.1	8.3	8.3	8.7	8.8	8.7	9.1	9.9	10.7
地产	4.1	4.2	3.9	4.1	4.4	4.3	4.5	5.1	5.4
专业及商用服务	4.0	4.1	4.3	4.6	4.4	4.4	4.6	4.8	5.3
公共行政、社会及个人服务	19.2	19.6	19.9	19.1	17.6	16.6	15.7	16.1	17.2
楼宇业权	11.3	11.5	11.2	10.3	10.8	11.0	10.3	11.2	11.5

数据来源：香港政府统计处：《香港统计年刊》，2001～2010。

表1-7　香港对外商品贸易总计数字（2002～2010）

单位：百万港元，%

年份	进口 总金额	港产品出口 总金额	港产品出口 按年变动百分率	转口 总金额	转口 按年变动百分率	整体出口 总金额	整体出口 按年变动百分率	商品贸易差额
2002	1619419	130926	-14.7	1429590	+7.7	1560517	+5.4	-58903
2003	1805770	121687	-7.1	1620749	+13.4	1742436	+11.7	-63334
2004	2111123	125982	+3.5	1893132	+16.8	2019114	+15.9	-92009
2005	2329469	136030	+8.0	2114143	+11.7	2250174	+11.4	-79295
2006	2599804	134527	-1.1	2326500	+10.0	2461027	+9.4	-138777
2007	2868011	109122	-18.9	2578392	+10.8	2687513	+9.2	-180497
2008	3025288	90757	-16.8	2733394	+6.0	2824151	+5.1	-201137
2009	2692356	57742	-36.4	2411347	-11.8	2469089	-12.6	-223268
2010	3364840	69512	+20.4	2961507	+22.8	3031019	+22.8	-333821

数据来源：香港政府统计处：《香港统计年刊》，2003～2011。

Ⅲ. 通胀

ⅰ. 自亚洲金融风暴后，香港在 2000～2005 年曾出现通缩的情况。但由于 2008 年金融海啸后全球均奉行低息政策，美国大量发钞，加上中国经济快速发展，全球商品价格不断上扬，香港也重现通胀。加上近年楼价及租金上升，更带动物价指数超过 1997 年的水平。

ⅱ. 2011 年 7 月，特区政府发行通胀挂钩债券，以发展香港债券市场及缓解通胀压力。不过，由于香港大量垄断性的公共服务（如电力公司、港铁、巴士、隧道等）均被私有化，而且政府监管（例如政府对电力公司的管制计划）均偏袒这些公司，令这些公司均在此期间加价，大大加重市民负担。

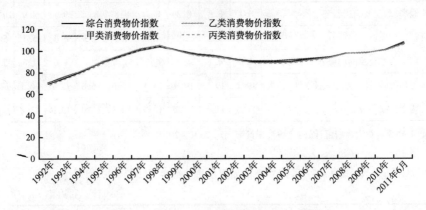

图 1-1　香港物价指数变化（1992～2011）

数据来源：香港政府统计处：《香港统计年刊》，1993～2011。

Ⅳ. 就业与收入

ⅰ. 香港的失业率自 2003 年的高峰一直回落，但 2009 年的金融海啸亦曾短暂推高了失业率。按年龄分类，20～29 岁的年轻人失业率一直高企。例如，在 2006 年，经济好转，20～29 岁组别的失业率仍是 5.6%，比 30～39 岁组别高出近一倍。这与自 20 世纪 90 年代以来大专教育普及化、市场不能吸纳这些有高教育文凭的劳动力有关（受大专教育者亦不再愿意投入较低层次的劳动力市场)。2009 年开始,年轻人失业的情况更为恶化,2010 年 20～29 岁组别的失业率达7.3%,至 2011 年 6 月仍达5.6%,其中男性更达7%。这个情况已持续数年,令年轻一代萌生对未来的悲观,形成所谓"80 后"现象——即年轻人对未来缺乏信心,对政府普遍存在不满情绪,从而容易被引导为这是"不民主"的结果。

ⅱ. 近年,香港社会出现有关所谓"M 型社会"的讨论,指香港社会贫富悬殊越来越严重,中产阶级正有消失的趋势,代之而来的只会贫者越贫、富者越富。不过,从 1999～2009 年的就业人口收入数字,可以看出"M 型社会"在香港是个假命题。1999～2009 年,月入 8000～11999 港元的人口减少了约 4 万人,但 5000～7999 元和 12000～17999 的人口同时都增加了。较高收入者的人数亦一直在增加,而不同收入群的比例在十年内的变化并不大,没有呈现两极化现象。在整体比例方面,各个收入组别的比例在 1999～2009 年几乎没有变动,可见香港社会并未向"M 型"发展,贫富悬殊没有恶化。但这一假命题却被政府及政党利用为将公共资源大量投入到社会福利而不用于发展生产力上。

ⅲ. 不过,香港人的生活似乎并未因经济发展而得到相应的改善。1999～2009 年的十年间,每月就业收入中位数只增加了 5%,而家庭月入中位数亦停滞不前(1991～1996 年增长有近 100%,但 1996～2009 年 13 年间却几乎没有增加),这与 GDP 增长和楼价增长相距甚远,亦部分反映了政府利用行政办法对公务员减薪的实质影响。

ⅳ. 这个情况在 2011 年最低工资生效后才有所好转;法律推行后亦无当时商界声称最低工资实行后将会发生倒闭潮。截至 2011 年 8 月,全港约 30 万最低薪雇员(占就业人口一成)平均加薪 9.7%,较全港整体雇员加薪幅度高;而 50 岁以上的劳动人口及就业人数亦有显著增加,较上一季增加约 3 万人。

ⅴ. 反映贫富悬殊的基尼系数从 1971 年的 0.43 升至 2006 年的 0.52,但由于家庭结构改变(趋向小家庭)等因素,基尼系数实际上是 0.47 左右。虽然贫富悬殊问题没有如某些意见所指出现恶化,但与其他先进经济体相比,在表面而言则仍然严重(对国际金融中心及世界城市而言此是惯例,因为这些城市经济一般都赚一个大区域以至全球的钱,而不是依赖本土经济)。

ⅵ. 在就业条件方面,香港工商专业联会的一份报告指出,近年对合约制的过分强调令雇员失去工作稳定性和对将来改善生活的合理期望,令工人与雇主的

议价能力降低，亦使年青一代的社会流动性下降（而非职业，因合约制会迫使没有专业技能的工人不断转工）。其中，特区政府滥用合约制的情况严重。以康文署为例，2010年有约8000名公务员，但在取用合约制后，以外判制及透过中介公司聘请的"次等雇员"却接近1.2万人。政府似乎带头滥用合约及外判制，使其成为剥削工人的工具。此亦是就业平均收入下降的原因。

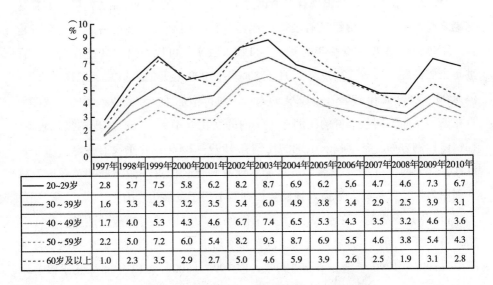

	1997年	1998年	1999年	2000年	2001年	2002年	2003年	2004年	2005年	2006年	2007年	2008年	2009年	2010年
——— 20~29岁	2.8	5.7	7.5	5.8	6.2	8.2	8.7	6.9	6.2	5.6	4.7	4.6	7.3	6.7
——— 30~39岁	1.6	3.3	4.3	3.2	3.5	5.4	6.0	4.9	3.8	3.4	2.9	2.5	3.9	3.1
——— 40~49岁	1.7	4.0	5.3	4.3	4.6	6.7	7.4	6.5	5.3	4.3	3.5	3.2	4.6	3.6
- - - 50~59岁	2.2	5.0	7.2	6.0	5.4	8.2	9.3	8.7	6.9	5.5	4.6	3.8	5.4	4.3
- - - 60岁及以上	1.0	2.3	3.5	2.9	2.7	5.0	4.6	5.9	3.9	2.6	2.5	1.9	3.1	2.8

图1-2　香港历年按年龄计算的失业率（1997~2010）

数据来源：香港政府统计处：《香港统计年刊》，1998~2010。

表1-8　香港每月就业收入人数分布（1999~2009）

单位：千人

	1999年	2004年	2005年	2006年	2007年	2008年	2009年
<4999（港元）	370.8	554	535.8	516.6	518.7	490	500
5000~7999	532.4	655.8	667.3	653.8	648.2	622	597.8
8000~11999	879.9	740.2	767.4	785.3	801.7	826	833.1
12000~17999	580.9	540.6	561	594.2	608.5	634.7	618.2
18000~29999	425.1	424.6	435.3	452.4	485.4	500.5	491.8
30000~44999	188.6	204.6	209.9	227.6	236	242.2	246.8
45000~99999	109.4	128.2	130.4	138.9	151.6	164.4	154.4
≥100000	25.2	25.6	29.5	32.3	33.8	39.1	38

数据来源：香港政府统计处：《香港统计年刊》，1999~2011。

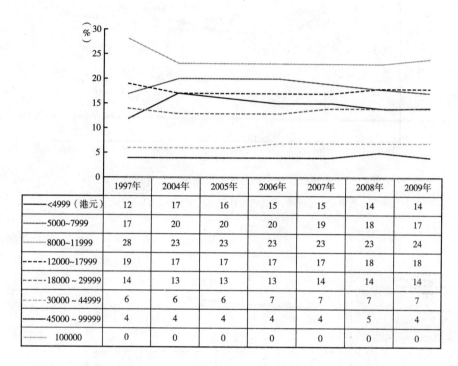

	1997年	2004年	2005年	2006年	2007年	2008年	2009年
<4999（港元）	12	17	16	15	15	14	14
5000~7999	17	20	20	20	19	18	17
8000~11999	28	23	23	23	23	23	24
12000~17999	19	17	17	17	17	18	18
18000~29999	14	13	13	13	14	14	14
30000~44999	6	6	6	7	7	7	7
45000~99999	4	4	4	4	4	5	4
100000	0	0	0	0	0	0	0

图1－3　香港按收入分类的就业人数占总就业人数的比例变化（1999～2009）

数据来源：香港政府统计处：《香港统计年刊》，2000～2011。

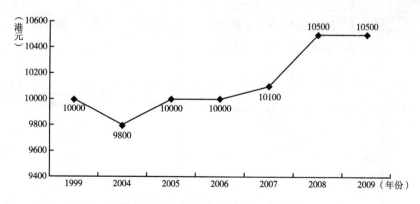

图1－4　香港每月就业收入中位数变化（1999～2009）

数据来源：香港政府统计处：《香港统计年刊》，2000～2011。

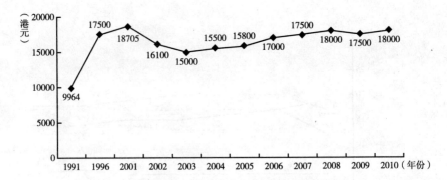

图1-5　香港家庭住户每月收入中位数变化（1991~2010）

数据来源：香港政府统计处：《香港统计年刊》，1993~2011。

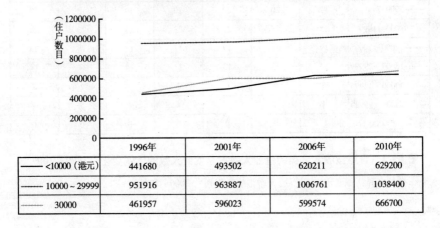

	1996年	2001年	2006年	2010年
<10000（港元）	441680	493502	620211	629200
10000~29999	951916	963887	1006761	1038400
30000	461957	596023	599574	666700

图1-6　香港住户每月入息划分的家庭住户数目变化（1996~2010）

数据来源：香港政府统计处：《香港统计年刊》，1997~2011。

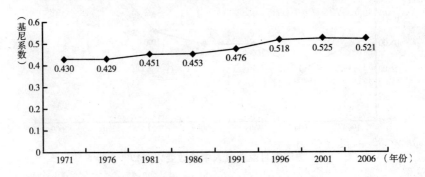

图1-7　香港基尼系数变化（1971~2006）

数据来源：《香港年报》，1972~2006。

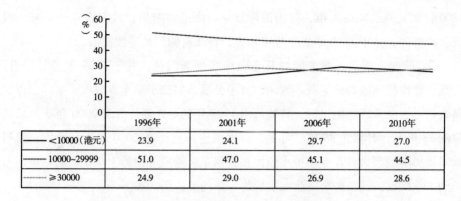

	1996年	2001年	2006年	2010年
──── <10000（港元）	23.9	24.1	29.7	27.0
┈┈┈┈ 10000~29999	51.0	47.0	45.1	44.5
┈┈┈┈ ≥30000	24.9	29.0	26.9	28.6

**图 1-8　香港住户每月入息划分的家庭住户数目占整体
百分比变化（1996~2010）**

数据来源：香港政府统计处：《香港统计年刊》，1997~2011。

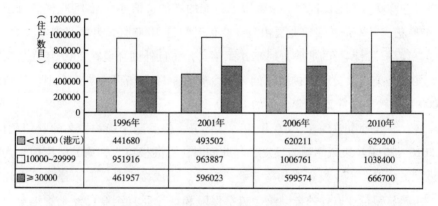

	1996年	2001年	2006年	2010年
▨ <10000（港元）	441680	493502	620211	629200
☐ 10000~29999	951916	963887	1006761	1038400
▦ ≥30000	461957	596023	599574	666700

图 1-9　香港住户每月入息划分的家庭住户数目变化（1996~2010）

数据来源：香港政府统计处：《香港统计年刊》，1997~2011。

V. 股市和金融业

ⅰ. 香港回归后不久，由于亚洲金融风暴，股市和金融业面临重大冲击。该年，恒生指数的最高位为 16673 点，但至 10 月 28 日即跌至 8776 点，跌幅近50%。1998 年，情况未见好转，在国际炒家的阻击下，港股在该年 8 月跌至6545 点的低位，平均每日成交额也由 1997 年的 155 亿港元下跌至 7 月和 8 月初期间的 30 亿~40 亿港元，新股上市数目亦减少 60%。8 月中，特区政府以近

1200亿港元外汇储备入市，打击国际炒家。击退炒家后，政府成立外汇基金投资公司管理，并于1999年成立盈富基金，将政府购买的港股卖出。

ii. 政府入市后，香港股票及金融市场逐渐回稳，并于1999年开始回升。可是，炒作科网股形成了资产泡沫，其中最显著的例子是李嘉诚次子李泽楷以盈科数码动力购入香港电讯后，其股价由1999年的0.3港元升至2000年2月最高位的28港元，升幅达96倍。可是，科网股泡沫终于在2000年3月爆发，盈科数码动力等股票大跌，令不少小股民损失惨重，港股亦由约18000点的高位回落至约13000点。股市和金融业在往后的一年均呈疲弱状态。

iii. 2003年香港发生非典型肺炎疫症，经济非常困难，但疫症结束后，香港股票和金融业即开始了长达四年的发展时期。恒生指数由2003年4月25日低位8331点回升，于2004年升至约14000点，2006年升穿20000点关后，更于2007年升破30000点。与此同时，金融服务行业的增加价值亦由近1500亿急升至超过3000亿，其中证券股票业更由近300亿升至近1000亿，升幅足有三倍之多。可是，市场一直期待的港股直通车并无落实，而且外围环境在2007年底再次转坏，尤其是美国次贷危机扩散等问题，令香港金股市场再次进入衰退。恒指由30000多点跌至只有2008年低位的10000多点。

iv. 虽然股市曾经于2010年头一度回升，但受制于影响持久的欧债危机，在2010～2011年表现亦颇为反复。与此同时，香港楼市大幅飙升，原因是为躲避波动的市况，不少投资者均落于购买房产，造成楼市升、股市停滞的奇怪现象。可是，银行业以外的金融业（包括保险和证券业）至今已经是香港重要产业之一，雇用人数在2010年底达60000多人，增加价值达800多亿港元，并租用了140万平方米办公室楼面面积，对促进香港经济发展有一定贡献。可是，这是香港政府过分偏重金融业的结果，其急速发展亦使香港产业趋向单一化，而且整体经济更易受外围因素影响。

表1-9　香港金融服务行业的增加价值（2000～2010）

单位：以当时价格计算，百万港元

年份	银行	保险	其他金融服务*
2000	105500	14400	30900
2001	102300	15100	24600
2002	102000	15800	25100

续表

年份	银行	保险	其他金融服务*
2003	102300	17900	29300
2004	101100	17400	36000
2005	108000	17400	46700
2006	137400	19700	71200
2007	181700	23700	99400
2008	162500	22800	70200
2009	150900	21400	63300
2010	162600	26100	81156

*例如：证券经纪、资产管理、融资租赁公司和投资及控股公司。

表1－10　香港恒生指数变化（1997～2011）

单位：点

年份	最高	最低	收市
1997	16673	8776	10723
1998	11811	6545	10049
1999	17138	9000	16962
2000	18398	13597	15096
2001	16164	8934	11397
2002	11975	8859	9321
2003	12594	8409	12576
2004	14339	10918	14230
2005	15508	13321	14876
2006	20049	14844	19965
2007	31958	19659	27813
2008	27853	10676	14387
2009	23009	11345	21873
2010	24989	18972	23035
2011	24469	16170	18434

ⅴ．回归后，不少中资公司成为恒指成份股。2006年6月，恒指服务有限公司宣布将成份股数目由33只加至38只，其中5只属于H股。2007年2月，恒指服务公司决定成份股将增至50只。现时，恒生指数成份股共有48只，包括公司如表1－11所示。

表 1-11 香港恒生指数成份股清单

建设银行	中国银行	交通银行	工商银行	中国石油化工	利丰
中国石油股份	中国海外发展	中国海洋石油	友邦保险	中国联通	中国人寿
中国移动	中远太平洋	中煤能源	汇丰控股	思捷环球	华润置地
和记黄埔	中国平安	新世界发展	中国铝业	中国神华	腾讯控股
华润电力	国泰航空	中国旺旺	百丽国际	恒隆地产	中信泰富
华润创业	信和置业	中银香港	长江实业	香港中华煤气	港铁公司
新鸿基地产	太古股份	九龙仓集团	香港交易所	电能实业	康师傅控股
招商局国际	恒基地产	中电控股	东亚银行	恒安国际	恒生银行

vi. 与此同时，香港交易所开始逐步与内地股票市场进行融合，自2011年3月7日起，恒生指数的交易时段将分阶段与内地接通，第一阶段将上午的开市时间提早至9时30分，中午12时休市1小时30分钟，下午1时30分下午交易开始，照旧下午4时收盘。2012年3月5日开始，进一步将下午开市时间提早至下午1时，开始与内地同步交易。

$$\mathbb{B}.4$$

公共财政

I.概况

i. 由于金融风暴、港英政府撤退前增加公共开支和董政府在首三年延续这一政策，1999～2004 年香港每年均录得赤字，2001～2004 年平均赤字更近 550 亿港元。其后由于经济好转，税收（包括直接和间接税）由 1999～2000 年财政年度的 1117 亿港元增至 2007～2008 年的 2300 亿港元。政府收入（包括卖地和外汇基金）在 2004～2007 年亦有可观增长，加上政府不合理的立法减薪、外聘政府服务等削减开支办法，令香港在数年内的储备由 2003～2004 年度的 2753 亿港元低点回升至 2007～2008 年度 4929 亿港元。间接税在 2004～2007 年也增长接近一倍，原因是特区政府持续减低供应以鼓励楼市，令投机者大增，促使交投越见活跃，印花税大增。

ii. 另一方面，政府的开支在 1999 年开始少有增长，在 2004～2008 年一直维持在 2230 亿～2422 亿港元，至 2008 年才因为政府的"十大基建"需要拨备而有所增加，在 2008～2009 年达 3151 亿港元。自 2005～2006 年后，政府违反一贯理财原则：政府开支应占 GDP 约 19%～20%，但政府的支出仅占 GDP 14%～15%，成为无所作为的"小政府"。因此，虽然自 2004 年后政府坐拥大量盈余，而且成功控制政府开支，但却缺乏长远政策考虑如何好好利用庞大的盈余。

iii. 在财政开支上，最令人费解的乃退休金在 1999～2009 年倍增，这个为数 169 亿的开支是当年大学拨款支助的 1.5 倍；而在这 11 年间在工作中的政府个人薪金却只增加了 8%，似乎退休金未受立法减薪而被相应调整。

iv. 如以按政策组别划分来看公共开支，可以看出政府在教育、环境及食物、卫生、保安及社会福利各项的开支都有稳定但有限的增幅，其中以社会福利开支增长较快，由 1999～2000 年的 272 亿港元增至 2009～2010 年的 409 亿港元。政府在发展经济方面的投入则时多时少，可见政府虽然有不少短期的措施或想法，但现时仍缺乏长远的经济发展政策，及相关资源的投放。

Ⅴ. 政府自停建居屋并减少公共房屋的供应后，其房屋开支即由1999～2000年452亿港元锐减至2004～2005年的179亿港元，而且更于2007～2008年降至143亿港元的最低点。这几年亦是香港房屋供应最为短缺、楼价升幅最大的时间，数字反映了政府撒手不管住屋问题、倾向地产商的政策，形成今天及日后严重的社会不稳的危机。

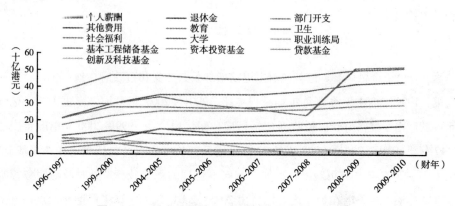

图1-10　香港特区政府开支结构图（1996～2010）

数据来源：香港政府统计处：《香港统计年刊》，2000～2011。

表1-12　香港特区政府开支结构表（1996～2010）

单位：十亿港元

项目 ＼ 财年	1996～1997	1999～2000	2004～2005	2005～2006	2006～2007	2007～2008	2008～2009	2009～2010
个人薪酬	37.4	46.5	46.5	44.7	44.4	46.7	49.7	50.8
退休金	9.3	8.25	14.9	12.8	13.7	14.7	15.7	16.9
部门开支*	7.1	10.1	14.8	15.2	16.7	18.0	19.3	20.7
其他费用**	21.1	29.6	35	35.1	35.2	37.2	41.5	42.8
教育	17.2	22.3	25.5	25.6	25.8	26.5	28.5	29.2
大学（一般）	10.7	13.7	11.9	11.3	11.2	11.5	11.7	11.5
职业训练局	1.7	2.1	1.8	1.7	1.6	1.6	1.8	1.9
卫生	20.9	27.6	27.9	27.2	27.7	29.3	31.3	32.4
社会福利	3.2	6.0	6.5	6.3	6.4	6.9	8.1	8.3
基本工程储备基金	29.2	29.5	33.7	28.9	26.7	23.1	50.7	51.6
资本投资基金	9.0	8.5	6.0	6.6	3.1	0.1	0.18	0.0
贷款基金	5.9	6.6	2.6	2.5	2.8	3.1	2.2	2.2
创新及科技基金	—*	0.18	0.37	0.36	0.38	0.48	0.59	0.72

*政府各部门除薪酬外的经常性开支。

**政府非经常性开支。

数据来源：香港政府统计处：《香港统计年刊》，2000～2011。

表 1-13　香港特区政府按政策组别划分的公共开支结构（1999～2010）

单位：十亿港元

项目＼财年	1999~2000	2004~2005	2005~2006	2006~2007	2007~2008	2008~2009	2009~2010
公共及对外事务	9.2	7.7	7.8	8.0	8.2	38.5	14.1
经济	11.3	16.7	17.1	13.8	13.6	24.9	18.8
教育	51.1	54.5	54.3	51.9	53.8	56.9*	58.8
环境及食物	12.5	10.2	9.7	10.2	12.1	12.4	13.6
卫生	31.9	32.2	31.6	32.1	33.6	36.7	38.7
房屋	45.2	17.9	15.4	14.7	14.3	17.4	17.3
基础建设	25.9	36.3	32.4	29.2	26.4	29.3	47.4
保安	25.8	25.5	24.8	25.1	27.9	27.9	29.8
社会福利	27.2	33.3	33.3	33.5	34.9	39.2	40.9
辅助服务	29.1	28.8	25.2	26.3	27.7	29.4	30.7

＊另外一次拨款 180 亿港元设立研究基金。

数据来源：香港政府统计处：《香港统计年刊》，2000～2011

表 1-14　香港特区政府收入及支出变化（1996～2010＊）

单位：亿港元

项目＼财年	1996~1997	1999~2000	2000~2001	2001~2002	2002~2003	2003~2004	2004~2005	2005~2006	2006~2007	2007~2008	2008~2009	2009~2010
直接税	915	682	754	777	730	805	961	1118	1153	1337	1461	1232
间接税	135	435	508	472	406	472	544	638	730	963	723	847
从各基金转拨**	481	50	60	0	33	1340	445	0	21	316	18	0
其他收入	181	454	465	315	305	331	340	293	385	448	530	508
总收入	2757	2330	2251	1755	1775	2074	2635	2470	2880	3584	3166	3184
总支出***	1944	2230	2329	2389	2399	2475	2422	2330	2294	2348	3151	2925
入超	813	99	-75	-633	-617	-401	214	139	586	1236	15	259
支出占 GDP 百分比(%)	17.3	21.1	21.9	20.4	20.9	20.1	18.1	15.2	14.1	14.1	19.4	16.8
外汇储备资产（美元）	—	963	1076	1112	1119	1184	1239	1243	1332	1526	1825	2558
储备结余	4575	4443	4303	3725	3114	2753	2960	3106	3692	4929	4943	5203

＊2010～2011 年数字尚未公布。

＊＊包括从基本工程储备基金及资本投资基金拨回的款项。

＊＊＊包括转拨贷款基金及赈灾基金。

数据来源：香港政府统计处：《香港统计年刊》，1999～2011

II. 储备管理

香港政府储备管理一直以来均通过外汇基金来实行。

1. 外汇基金简介

ⅰ. 外汇基金是根据 1935 年的《货币条例》（已易名为《外汇基金条例》）设立。自成立以来，基金一直持有支持香港纸币发行的储备。

ⅱ. 外汇基金的作用在 1976 年扩大，硬币发行基金（作为支持政府发行硬币）的资产和政府一般收入账目的大部分外币资产均转拨到外汇基金。1978 年 12 月，硬币发行基金正式与外汇基金合并。

ⅲ. 1976 年，政府也开始将其财政储备转拨到外汇基金。推出这项安排，是为了避免财政储备要承担来自外币资产投资的汇兑风险，以及集中政府金融资产的管理。财政储备并非永久拨作外汇基金之用，而是在有需要时会付还予政府的一般收入账目，用做满足一般收入账目的用途。透过这样的财政储备转拨，政府的大部分金融资产均存放于外汇基金。

ⅳ. 1998 年 4 月 1 日以前，财政储备是以港元存款的形式存放于外汇基金，以减低市场风险。由于官方储备大幅增加，政府当局决定以较积极的方式管理存放于外汇基金的财政储备，争取较高的长期回报。因此，由 1998 年 4 月 1 日起，以往作为港元存款存入外汇基金的财政储备改为以积极方式管理，其回报率与整体外汇基金的回报挂钩。

ⅴ. 由 2007 年 4 月 1 日起，政府会就存放于外汇基金的财政储备收取费用，有关费用是按每年 1 月就该年厘定的固定比率计算。该比率为外汇基金投资组合过往六年的平均投资回报率或过往一年三年期外汇基金债券的平均年收益率（以较高者为准）。

ⅵ. 1998 年 11 月 1 日，约达 2114 亿港元的土地基金资产也并入外汇基金，并作为外汇基金投资组合的一部分来管理。因此，现时政府储备的一大部分都归外汇基金管理。

2. 外汇基金的表现

ⅰ. 自 1999 年起，逾八成的外汇基金用做投资，其中大部分投资在货币、国债及股票市场。由于 2000～2002 年及 2008 年的金融危机和金融海啸，外汇基金曾出现亏损的情况，但基本上并不严重，在 1999～2010 年除两年外（2001 年、2008 年）均录得盈余。

ⅱ. 与新加坡的主权基金淡马锡（Temasek Holdings）相比，香港的外汇基金的表现则较为逊色。总结 2004～2010 年的表现，以港元计算，虽然尚未除去新加坡元对港元的升幅（由 2004 年 12 月～2010 年 12 月共计 26%），虽然淡马锡基金总数比外汇基金少 50% 以上，但淡马锡的收益比外汇基金多，而且收入较为稳定。这个结果的原因跟外汇基金的大量投资主要是以美元计算的货币、股票和债券市场，但淡马锡则主要投资在具有合理盈利及发展潜力的实业身上有密切关系。2011 年，在淡马锡的投资结构中，只有 36% 投放在金融业（即货币、股票和债券市场及银行等的股票），其余则投放在交通和工业（23%）、电讯媒体和科技（24%）、生物科技和地产（11%）、能源与资源（3%）等，其投资结构更为全面，亦更具策略性。而且，它亦是该国重要产业的最大股东，该公司掌控了包括新加坡电信、新加坡航空、星展银行、新加坡地铁、新加坡港口、海皇航运、新加坡电力、吉宝集团和莱佛士饭店等几乎所有新加坡最重要、营业额最大的企业。

ⅲ. 相反，香港的外汇基金未尝试掌握本地重要产业（如港铁、隧道公司、电力公司和领汇等），却把资金尽数投入日见不稳的国际金融市场。市况良好时则靠投机活动赚取巨额金钱，全球金融危机时则损失惨重。特区政府应该彻底检讨其外汇基金的投资组成，不但要平衡增长与风险问题，更要以全香港市民的日常生活的改善为依归，重夺对本地重要产业的控制，不能只为盈利数字的增长而努力。

表 1-15　香港外汇基金资产分布（1997～2010）

单位：亿港元，%

年份 \ 类别	库存现金及短期资金	存款	证券投资	总额	证券投资占百分比
1997	99	1443	3746	6367	58.8
1998	133	800	6769	9214	73.4
1999	165	1026	8639	10027	86.1
2000	169	561	9234	10234	90.2
2001	138	854	8539	9791	87.2
2002	160	355	8788	9551	92.0
2003	192	415	9317	10120	92.1
2004	208	482	9777	11050	88.5
2005	159	757	9531	11086	85.9
2006	197	447	10881	12195	89.2
2007	213	1145	12534	14614	85.8
2008	194	1565	13475	16163	83.4
2009	177	1127	19955	22082	90.4
2010	496	1555	21089	24004	87.8

数据来源：香港金融管理局：《香港金融管理局年报》。

表 1 – 16　香港外汇基金收益（1997～2010）

单位：亿港元

年份	收益	年份	收益
1997	174	2004	392
1998	174	2005	207
1999	486	2006	650
2000	162	2007	1098
2001	−45	2008	−1361
2002	246	2009	738
2003	580	2010	393

数据来源：香港金融管理局：《香港金融管理局年报》。

表 1 – 17　新加坡淡马锡与香港外汇基金盈余表现比较（2004～2010）

单位：亿港元，%

年份	香港			淡马锡		
	总值	收益	收益率	总值	收益	收益率
2004	11051	392	3.55	6408	269	4.19
2005	11086	207	1.87	6910	315	4.56
2006	12195	650	5.33	8170	405	4.96
2007	14614	1098	7.51	10416	405	3.89
2008	16163	−1361	−8.42	12068	449	3.72
2009	22082	738	3.34	10975	440	4.01
2010	24005	392	1.63	14267	506	3.54
2004～2010 总收支	2117			2789		

数据来源：香港金融管理局：《香港金融管理局年报》；Temasek Website：http：//www.temasek.com.sg/。

表 1 – 18　新加坡淡马锡 2011 年投资结构

单位：%

金融业	36	生物科技和地产	11
交通和工业	23	能源与资源	3
电讯媒体和科技	24	其他	3

数据来源：Temasek Website：http：//www.temasek.com.sg/。

Ⅲ. 人员/管理

ⅰ. 1998 年，政府以积极方式管理外汇基金中的政府储备后，基金约 80% 由金融管理局直接管理，该部分的投资组合是由多种货币组合投资于主要定息市场。金融管理局职员亦负责投资于金融衍生工具。另外，外汇基金中的20%由用外聘投资经理负责管理股票组合及其他特别资产。

ii. 现时，香港金融管理局总裁，即金融管理专员是陈德霖。陈氏于皇仁书院和香港中文大学社会学系接受教育，1976年成为政务主任，1991年官至香港外汇基金管理局副局长。他于1993年香港金融管理局成立时，出任助理总裁，并于1996年晋升为副总裁。

iii. 2005年12月~2007年6月，他曾出任渣打银行亚洲区副主席，并于2006年创立智经研究中心。2007年7月起，他获委任为香港行政长官办公室主任。2009年7月，由财政司司长曾俊华公布，他接替任志刚出任香港金融管理局总裁，年薪900万港元。

iv. 2002年，新加坡政府任命当时的副总理、现任新加坡总理李显龙之妻何晶为淡马锡控股执行董事兼CEO；这个决定令该国国民和外国媒体多所质疑。

v. 金融管理局现时有三名副总裁，分别为彭醒棠、余伟文和阮国恒：

vi. 彭醒棠于1979年加入香港政府为政务主任，在加入金管局前曾出任贸易署助理署长及助理银行监理专员。他于1994年加入金管局任银行政策部助理总裁，并于1996年出任货币政策及市场部助理总裁。1997~2004年期间，曾出任香港按揭证券有限公司总裁，直至2004年7月获委任现职。他现时负责对外事务、机构拓展及营运，以及研究事务。

vii. 余伟文于1986年加入香港政府为政务主任，并于1993年加入金管局为高级经理，其后于1994年擢升处长。他曾于货币管理、外事经研及银行业拓展等部门工作，并曾任金管局总裁助理一职，并于2001年获委任为助理总裁，2007年9月获委任现职，负责货币管理、储备管理及金融基建事务。

viii. 阮国恒于1996年加入金管局为行政处处长，曾负责有关中国内地经济与市场发展的研究及联络工作，并于2000年调往银行监理部出任处长之职。他在2004年7月获委任为银行业拓展部助理总裁，2005年6月出任为银行监理部助理总裁，2008年7月调任外事部助理总裁，于2010年1月1日获委任现职，负责银行政策、银行业拓展及监管的事务。

Ⅳ. 小结与建议

ⅰ. 外汇基金的投资以美元资产为主，面临美元贬值、美国经济前景不明朗等不确定因素。这个投资策略是基于香港脱离英镑区，而且是独立无援，因此为了保卫港元，要有相当的国际上流动性的美元资产。回归后，适逢国家崛起，港币有祖国支持，已不再需要由庞大美元保卫，因此可以放出大量资金以为盈利性及合理回报投资之用。

ⅱ. 因此，未来的外汇与财政储备应学习新加坡，投资于高回报及对本港竞争力有帮助的实业项目，而不应只投资于债券和外币市场。

ⅲ. 2005～2006年后，政府违反一贯理财原则：政府开支应占GDP约19%～20%。2005～2006年度开始，政府的支出占GDP只有14%～15%，成为无所作为的"小政府"（2008～2009年开支增加是因为汶川地震和"十大基建"），与中国和世界的发展趋势背道而驰。

ⅳ. 公务员退休金支出太多；虽然政府已全面检讨新入职的公务员的退休福利，但政府仍应在不大幅影响退休公务员生活的前提下检讨旧制公务员的福利。全体公务员及政府资助机构员工，在回归后曾因《基本法》保障回归前的公务员有关待遇不变而减薪。同一原则亦应用在退休金的计算上。

B.5
教　育

Ⅰ．教育体制

回归后，在"一国两制"仍未稳固，而经济又极度波动的情况下，教育统筹局却于2000年发表《终身学习，全人发展》报告书，开始推行涉及面广泛的教育改革，包括了小一与中一及大学收生机制、教育语文政策、公开试、课程、教学法、评核机制、高中学额、专上教育三年制转四年制等，造成至今仍未平复的波动。

1. 母语教学

ⅰ. 港府早于1997年便强调母语教学，并急于1998年初立即全面落实，只准许一些学校申请豁免，最后只有114间中学可以继续运用英文作为教学语言，其余300多间中学则必须使用母语教学，并承诺三年后检讨。可是，三年期满后港府却延迟三年再作检讨，最终才于2009年进行检讨。教育界八年来普遍对母语教学的成效意见分歧，有些认为母语教学能加强学生学习的能力，有些则担心在新政策下香港学生的英文水平会有所下降，形成教育界对特区政府态度上的分歧。

ⅱ. 政府于1998年推行母语教学后，香港学生的英文水平有所下降。2007年高考放榜，英语运用科及格率跌至12年新低，只达73.9%，较2004年母语教学前的高考下跌了5.5%。近年会考英文科成绩表面上有进步，只是因为不少学生都报考较浅的课程甲，因此母语教学的影响至高考才见明显。在全球化和知识型经济的环境中，英语能力是学生最重要的一环，面对内地学生日渐提高的英语能力，香港必须再次调整语言政策。2008年政府宣布微调母语教育政策，但至今尚未有具体计划。

2. 教师语言能力评审

ⅰ.2000年，教育统筹局根据教统会于1995年的报告书提出"为所有教师订定基本语文水准"，实施香港教师语文能力评核制度，考核教师语文能力。当时教师工会发起联署抗议和罢考，并组织游行集会。教统局其后将考试延至2001年3月举行。其后的基准试，特别是英文科，合格率普遍偏低，而未达标的教师则必须在2005/2006年度达标，否则就面临调职甚至失业，在教师界造成对特区政府的离心力。

3. 教育问责·学校自我评估

ⅰ. 教统局（其后改组为教育局）在2000年发表《日新求进，问责承担：为学校创建专业新文化》报告书，引进了一系列评审教师和学校的机制，包括：学校增值资料系统、质素保证视学、重点视学、直资学校全面评鉴、教师各项能力指标（如资讯科技和语文基准）、学前教育质素保证评核架构、学校增值指标、系统评估、学校自我评估和校外评核（由所谓社会知名人士担当）等。其中视学结果会上载网上公开，并由教育局推介"成功"经验。教育局亦要求老师进修，为教师与学校加添了大量行政工作，教学重点也由于非专业人士的意见左右而出现混乱。

4. 校本管理

ⅰ. 2004年7月，教育局提出《2004年教育（修订）条例》草案，其后立法会通过该条例。条例规定全港中学及小学必须在2010年前成立向政府注册的法团校董会，并加入由选举产生的家长、教师及校友代表。改革后，办学团体代表将减至占校董会总人数的60%，学校亦必须列明法团校董会的权力和责任。

ⅱ. 校本条例通过后，受到天主教和圣公会、循道卫理等基督教教会的强烈反对。他们表示，忧虑条例会削弱教会的办学理念及自主权，并增加校董承担无法预计的法律诉讼风险及保险上升成本，令法律责任蔓延至教会。然而，这项政策受社会，尤其是家长的欢迎。

5. 直资学校

ⅰ. 1991年，政府推行直接资助计划（Direct Subsidy Scheme），目标是促进私立学校发展，为学生提供官立及资助学校以外的更多选择。直资学校对人事及管理有更多自主性，可自订课程、收费及入学要求，接近私立学校，但可得到政府按合资格学生人数提供的资助。

ⅱ. 近年，由于教育改革造成不少混乱，直资学校的数量增加，包括不少传统名校，2001年起更包括小学。这些学校均大幅增加学费，变相令它们"贵族化"，令穷苦学生更难以凭进入这些学校在社会上向上流动。高昂的学费亦令少有受政府补助的中产人士百上加斤。2010 年 11 月 17 日，审计署发表的审计报告指出，几乎所有学校（除基督教香港信义会宏信书院外）都被指学校账目及行政安排混乱，其中四间学校情况严重。

表 1-19　香港直资学校学费加幅（2010~2011）

单位：港元，%

校名 学费 年份	2010	2011	增长率
林大辉中学	10000	20000	100
圣道迦南书院	9000	12000	33
英华书院	12000	15000	25
港青基信书院	18000	22000	22
圣玛嘉利男女英文中小学	16500	19600	19
香港专业管理协会李国宝中学	20000	22500	13
保良局罗氏基金中学	16000	18000	13
香港圣玛加利女书院	5000	5500	10
港大同学会书院	32000	35000	9
青年协会李兆基书院	18000	19200	7
香港神托会培基书院	16000	17000	6
九龙三育中学	1600	1700	6
播道书院	17900	19020	6
基督教崇真中学	26500	28000	6
启思中学	49000	52000	6
佛教筏可纪念中学	3000	3000	0
圣保罗男女中学*	—	52000	—
明爱华德中书院*	—	8400	—
中华基督教会公理高中书院*	—	6400	—
拔萃男书院*	—	33000~38000	—
拔萃女书院*	—	38000	—
圣士提反书院*	—	50000	—

*2011 年才成为直资学校。

数据来源：《新报》。

6. 外籍英语教师

ⅰ.1998 年，政府推出外籍英语教师计划（NET, Native English Teacher），以提升英语质素。1998 年，共有 280 人应教育局聘请来港执教；2009 年，数字上升为 898 人。他们的薪酬与相应的成效一直受关注。1998 年，每名外籍教师的租屋津贴为 8000 元，直至 2008 年增为 14000 元，更有医疗保险、其所属地的来回机票津贴与及占工资 15% 的约满酬金（而且不用月供强积金）。香港本地教师则没有任何住屋津贴或保险外的津贴。包括工资和津贴，每名外籍教师月薪可达 50000 港元，等同两名本地英语教师薪金或一名大学助理教授。由于待遇极佳，因此外籍教师流失率极低，留任率达 81%。政府每年因为外籍教师而增加的开支为 6 亿元。不过，除部分成功将外籍教师融入校园生活的学校外，香港学生英语水平由于教学语言问题，却未有因外籍教师存在而有起色。

7. 幼稚园学券制

ⅰ. 2006 年，香港特区政府宣布为香港幼稚园引入学前教育学券计划，但只限非牟利幼稚园学生家长可以申请；而透过学券计划，间接为非牟利幼稚园提供资助。

Ⅱ. 开支与供求变化

1. 开支

ⅰ. 1997～2010 年，政府每年度的教育开支由 328.6 亿港元增至 512.6 亿港元，增长率为 55.9%。1999～2008 年由 436 亿港元增至 467 亿港元，增幅 7%。

ⅱ. 其中，学校教育的开支由 1999 年的 257 亿港元增长至 339 亿港元，增幅近 32%。不过，高等教育的开支则未有太大变化，2010 年的拨款比 1999 年要少。职业教育的支出曾于 2004～2008 年下跌，近年才回到 1999～2000 年的水平。

表 1-20 香港教育年度开支（1997～2010）

单位：百万港元

类别\年份	1997	1999~2000	2004~2005	2005~2006	2006~2007	2007~2008	2008~2009	2009~2010
学前教育	427	1044	1246	1232	1226	1709	2106	2195
中小学教育	19605	25732	29094	29107	29224	30536	32896	33932
高等教育	10752	14812	12948	12462	12535	12871	13035	13187
职业教育	2048	1957	1794	1714	1615	1679	1825	1946
成人教育	31	82	34	10	—	—	—	—
总数	32863	43627	45116	44527	44602	46794	49863	51260

数据来源：教育局网页：http：//www.edb.gov.hk/index.aspx? nodeID=92&langno=2。

ⅲ. 以 GDP 而言，香港在 2009 年的教育支出占香港本地生产总值的 2.9%，低于英国、美国、新加坡、韩国、瑞士、新西兰、比利时等先进国家，甚至低于印度。这个数字不时被希望推动教育改革的人士以为理由要求政府继续增加教育经费。

ⅳ. 至于以每个学生的年度学费支助而言，虽然政府用在中小学生的经费一直增加，但由于副学士及进修人士剧增，令大学生平均每人经费锐减。

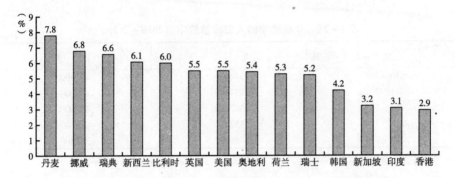

图 1 - 11　2009 年部分国家及香港地区的教育经费占 GDP 比例

数据来源：教育局网页：http：//www. edb. gov. hk/index. aspx？nodeID = 92&langno = 2。

	1997年	2000年	2005年	2009年
——小学	14891	18162	24257	31553
------中学	22760	29398	33156	41151
----大学	124385	168220	135772	76527

图 1 - 12　香港政府平均每个学生的年度学费支助（1997～2009）

说明：大学学生包括 UGC 资助机构下的本科生和研究生。

数据来源：教育局网页：http：//www. edb. gov. hk/index. aspx？nodeID = 92&langno = 2。

2. 需求与供应

ⅰ. 近年来，由于出生人口减少，中小学的学生人数不断减少，尤其以小学为甚。小学学生由 2004 年的 44 万人跌至 2009 年只有 34 万人，至 2010～2011 学年更只有 33 万人。可以预见，中学的学生数目亦将会减少。

ii. 依照人口增长及老化程度推算，教育局于 2009 年曾计算出未来数年的适龄儿童及青少年数目，指出未来数年适龄学生将会跌至谷底，其后于 2012 ～ 2013 年逐渐回升。不过，由于近年楼价高企，令不少年轻夫妇推迟生育计划，适龄学生数量只会缓慢回升。特区政府必须留意香港人口未来的变化，以及经济规划的方向来决定教育的政策。

表 1 -21　全香港学龄人口推算数字（2010 ～ 2015）

学年　　　　　年龄组别	6 ～ 11 岁	12 ～ 17 岁
2010 ～ 2011	340600	471300
2011 ～ 2012	337100	452000
2012 ～ 2013	342700	432500
2013 ～ 2014	352400	412600
2014 ～ 2015	366900	388800

数据来源：教育局网页：http：//www. edb. gov. hk/index. aspx？nodeID = 92&langno = 2。

iii. 在高等教育方面：香港政府教育拨款表面上增长颇慢，以 GDP 百分比计算更落后于其他发达国家。不过，由于香港有大量学生在海外接受教育（特别是高中和大学），因此香港一大部分的优秀学生已从其他途径满足其教育需求。政府盲目根据表面数据，追求大专教育人数在总人口中的比例，令接受大专教育的人数暴增，结果将大量本来不够资格进入大学的学生送进大学或诸如副学士等课程，一方面降低大学生平均质素，令学位贬值，另一方面加剧社会盲目追求学历的竞争，扼杀创业精神并浪费社会资源（举例：一名本不够资格进入大学的学生为进入大学，向政府借去近 10 万元完成副学士课程，在借去 13 万元取得大学学位，出身时已负债 20 多万元；如该学生完成高中课程后即投身社会或者完成短期就业课程，该学生可能已有一定成就）。这个政策亦不合理地提升了大量年轻人放弃学艺改而进入大学的期望，助长了近年年轻人因毕业后难以就业而对社会的不满。

表 1 -22　部分赴海外留学的香港学生人数（1971 ～ 2001）

年份　　国家名称	美国	澳大利亚*	加拿大	英国**	总人数***
1971	2746	—	1628	913	5287
1981	3264	—	4752	4276	12292
1991	5866	—	4541	4428	14835
1994	4555	—	2787	3222	10564

续表

年份 \ 国家名称	美国	澳大利亚 *	加拿大	英国 **	总人数 ***
1995	4187	3579	2603	2979	13348
1996	4782	4200	2607	2506	14095
1997	4426	3542	1962	3000	9930
1998	4106	3467	2121	3000	9694
1999	4433	4397	2429	3500	11259
2000	5392	5534	2198	3500	13124
2001	6948	5826	2301	3500	15075

* 1995 年前没有数字。

** 1997 年后大量留学生持有英国国民海外护照（BNO），不用申请签证，因此实际数量难以计算；1997 年前的数字则为领取学生签证者，1997 年后的数字则为估计。

*** 不包括其他。

数据来源：《香港年报》，1972～2006。

表1-23 部分正于海外及中国内地留学的香港学生人数（2011）

美国	澳洲	加拿大	英国	中国内地	总人数 *
14700	17775	6675	19425	6900	65475

* 不包括其他。

数据来源：《香港文汇报》。

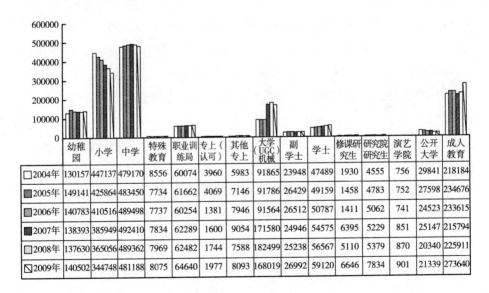

	幼稚园	小学	中学	特殊教育	职业训练局	专上（认可）	其他专上	大学（UGC机械）	副学士	学士	修课研究生	研究院研究生	演艺学院	公开大学	成人教育
2004年	130157	447137	479170	8556	60074	3960	5983	91865	23948	47489	1930	4555	756	29841	218184
2005年	149141	425864	483450	7734	61662	4069	7146	91786	26429	49159	1458	4783	752	27598	234676
2006年	140783	410516	489498	7737	60254	1381	7946	91564	26512	50787	1411	5062	741	24523	233615
2007年	138393	385949	492410	7834	62289	1600	9054	171580	24946	54575	6395	5229	851	25147	215794
2008年	137630	365056	489362	7969	62482	1744	7588	182499	25238	56567	5110	5379	870	20340	225911
2009年	140502	344748	481188	8075	64640	1977	8093	168019	26992	59120	6646	7834	901	21339	273640

图1-13 香港在校学生人数（2004～2009）

说明：2006～2007 年大学生人数激增是因为副学士及兼读制硕士人数大增。

数据来源：香港政府统计处：《香港统计年刊》，1999～2010。

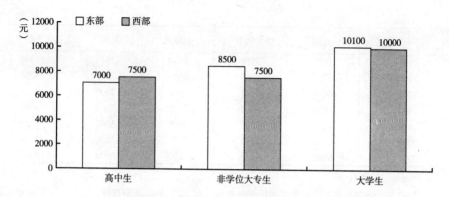

图1-14 香港毕业生每月就业收入中位数

数据来源：《明报》。

Ⅲ. 课程、学制

1. 学制改革

ⅰ.2004年，教育统筹局发表咨询文件，建议推行"三三四"学制（三年初中、三年高中、四年大学）。新课程把部分过时的科目剔除，而中国语文、英国语文、数学科以及通识教育科会成为必修科目。新学制已于2009年新学年在中学开始实施。2012年，香港八间资助院校将全面转为四年制。

ⅱ.2012年，香港高级程度会考及香港中学会考将会被香港中学文凭所取代，成为唯一的公开考试。而过去作为八间资助院校统一收生程序的大学联合招生办法（JUPAS），除涉及中学会考成绩的拔尖计划部分外，则予以保留并继续使用。

2. 课程发展

ⅰ.2000年政府发表《课程发展路向——学会学习，终身学习，全人发展》报告书推行新课程改革，配合新"三三四"学制。

ⅱ.在"三三四"学制中，新高中课程除必修的核心科目外，亦可选择表1-25中的选修科目。

ⅲ.至于小一至初中，则包括中文、英文、数学、科学、常识科（小学）、个人、社会及人文教育（初中）、科技、艺术及体育等科。

表 1 – 24   1995 年度香港的中学课程

(一)核心科目
中国语文、英国语文、数学
(二)选修科目(每名会考生可选择 5～7 个选修科,可纯文、纯理,某些学校可以文理双备。高考生可选择 2～3 个选修科)
文学科目
中国文学、英语文学、中国历史、历史、地理、经济、商业
科学教育
物理、化学、生物、纯数、附加数学
科技教育
电脑
体艺教育
音乐、视觉艺术、体育

数据来源:新学制网上简报网页:http://334. edb. hkedcity. net/。

表 1 – 25   2009 年度香港开始实行的新中学课程

(一)核心科目
中国语文、英国语文、数学、通识教育
(二)选修科目(每学生可选择 5～7 个选修科,可纯文、纯理或文理双备。)
文学科目
中国文学、英语文学
个人、社会及人文教育
中国历史、历史、地理、经济、旅游与款待、伦理与宗教
科学教育
物理、化学、生物、综合科学、科目合并的(组合科学)
科技教育
企业、会计与财务概论、设计与应用科技、健康管理与社会关怀、资讯及通讯科技、科技与生活
体艺教育
音乐、视觉艺术、体育

数据来源:新学制网上简报网页:http://334. edb. hkedcity. net/。

iv. 课程改革中,最为人诟病者是"通识教育"。通识科在 20 世纪 90 年代已是高级补充程度的考试科目之一,该科的基本宗旨是"帮助学生学习一些有学养的人应具备的技能,课程纲要所包括的题材,只是用以达到此目的的工具,而学习与课程有关的内容,并非本科的最终目的"。当时课程以单元形式出现,包括下列课程内容:香港研究、环境教育、人际关系、现代世界、科学、技术与

社会以及今日中国。

v. 政府实施新学制时，高中设有"通识教育"科，课程架构包括三大学习范围：自我与个人成长；社会与文化；科学、科技与环境；并设立独立专题探究。教育学者曾荣光批评："通识科代表的一种注重跨学科知识应用、议题探究、思考训练以至思想习惯培养的课程取向，与现行高中课程中占支配地位以专门学科为主导，以公开及标准化考试为取向，以知识记诵为首要的课程取向及文化，明显格格不入以至互相矛盾。"

vi. 在实施上，通识科不单要求教师在"思想模式上的重构"，也要求教师进行跨学科和跨年级的协作教学，因此在课程领导、管理和组织上为学校造成不少压力，亦大量增加教师的工作量。另一方面，坊间及传媒则染指通识教育，冀望从这个新市场中分一杯羹。学者赵志成指出："各类初中'近似通识科'及坊间课本就如雨后春笋般出现，繁杂混乱不堪。报章亦加入战团，纷纷为通识教育设计教材，什么题材都说成是通识……"

3. 公民/国民教育

i. 2000 年代，董建华政府推动所谓国民教育，但该建议既被批评是"洗脑"，亦引来教育界的强烈反弹（特别是与支联会有关的教协方面）；2004 年，政府正式推行新的（小学）常识科课程，公民及国民教育成为常识科中的"国民身份认同和中华文化"部分。由于此科内容含糊，不少老师教授此科时多以自己观点出发，与建立此科的原意背道而驰。

ii. 2011 年 5 月，特区政府又再推出"德育及国民教育科课程指引（小一至中六）咨询稿"，咨询稿中建议新增德育及国民教育科，列为必修，不设公开试，只有校内评核。学习阶段分为小一至小三、小四至小六、中一至中三、中四至中六，有五个生活范畴，依次为个人、家庭、社群、国家及世界。

iii. 2011 年的"德育及国民教育科"课程由德育及国民教育专责委员会主席、工程师李焯芬负责制定，但自咨询稿推出以后，该科一直备受批评。除与常识科及通识科的课程重叠外，社会对咨询稿的教案内容亦有不少意见。例如，官方建议的中学教材中，曾出现"教师如发现学生对国家民族的感情不太强烈时，不要批评，并接纳其表现，但仍请学生为此作自我反省"这些指引，有人批评这种做法有强制爱国教育之嫌。此教育方向不但可能引起学生反弹，更会令香港教师反感，造成与加强国民教育相反的效果。

4. 大学教育

ⅰ. 近年，政府有关大学拨款的机构（即大学教育资助委员会）几乎全由科学学系教授、商人和金融业人士垄断，令香港近年不断投入大量金钱研究高新科技。有大学为争取排名，更不惜重金聘请外国名牌大学教授半职在香港研究。

ⅱ. 政府为推高大专生比率，在没有长远规划供应与需求的情况下贸然推出副学士；这些学生只有少部分得以升读学士课程，而虽然他们付出巨额金钱取得学位，但这些学位并未有助提升其收入。投入副学士的资源应当用在更具体和实用的职业教育上，但有关实用科目却一直被政府忽视。

ⅲ. 虽然政府及大学强调所谓"通识教育"，但人文和理工学科的拨款却逐年减少，更难以从大学教育资助委员会得到资助，研究路向及主题亦因为大学教育资助委员会的组成而大受限制。大学教育资助委员会大部分成员均为科学家或商科教授，令这两科几乎尽据大学教育资助委员会的研究经费。有意见指，由于香港所投入的资源和其他得以集中全国力量的国家级机构相比仍有距离，勉强追求高科技研究只是浪费资源。

ⅳ. 2012 年，大学开始由三年制转为四年制，但政府未就此相应增加资源，因此虽然大学生的人数再次增加，但质素却更没有保证。

ⅴ. 近年，香港的大学为提升世界排名，评估教职员表现时只以所谓国际期刊的出版数量及从大学教育资助委员会所得的研究经费为准。这种做法一方面令本来已缺乏资源的人文学科更难生存，另一方面则令学者难以进行以香港和中国为中心的研究（因为难以在国际期刊刊登），打击有关香港的人文及政策研究，造成实用科目难以在学界生存，而学界成果亦无法应用于社会，造成严重浪费。

IV. 管理

1. 局长

ⅰ. 前任教育局局长李国章是商人李佩材家族成员，东亚银行总裁李国宝的胞弟，于香港出生，于英国剑桥大学医学院获博士学位，曾任香港中文大学医学院院长和中大校长。李国章任内照政府指示削减大学资源和推动教育改革，惹来不少争议。2007 年，李国章曾因为涉嫌干涉大学学术自由遭调查；同年6月，由行政长官委任的与香港教育学院有关的指控调查委员会发表报告，裁定没有责任。

ⅱ. 现任教育局长孙明扬于 1966 年加入政务主任职系，派驻辅政司署，其后出任青山副理民府官，后调任元朗副理民府官、徙置事务处政务主任（清拆）、香港房屋委员会秘书、沙田理民府、首席助理环境司、副环境司、副运输司、市政总署港九市政署长、市政总署新界市政署长、区域市政总署副署长、区域市政总署署长、政务总署新界政务署长、宪制事务司，晋升为布政司署司级政务官、政务司、行政长官办公室，出任政策统筹局长、民政事务局局长、政制事务局局长、房屋及规划地政局局长，兼任香港房屋委员会主席，兼署理政务司司长。2007 年出任教育局局长前并无任何教育经验。

2. 副局长

ⅰ. 现任教育局副局长陈维安于 2008 年 7 月加入教育局前是香港赛马会马场事务总监。他在 1998～2000 年出任中央政策组非全职顾问，是前特首办主任陈德霖（现为金融管理局总裁）创办的智经研究中心的研究小组召集人。他出任此职时即招来批评，指他获委任只是因为他是智经研究中心的成员，是特区政府政治酬庸的一部分。

3. 政治助理

ⅰ. 现任教育局政治助理杨哲安是物流公司经理；他是立法会议员兼前国泰航空公司高层杨孝华之子，无教育经验。他获委任时亦招致和副局长陈维安一样的批评。

4. 常任秘书长

ⅰ. 前任教育局常任秘书长罗范椒芬于 1977 年加入政务主任职系，曾任副公务员事务司、副规划环境地政司、房屋署高级助理署长及副署长、行政长官办公室主任、运输署署长。1998 年任教育署署长，2002 年问责制推行后出任教育局常任秘书长，直至 2006 年为止。2006 年 10 月～2007 年 6 月曾担任廉政专员，其后退出公务，自 2008 年 1 月开始获委任为第十一届全国人大代表。2007 年曾因为涉嫌干涉大学学术自由遭调查；同年 6 月，由行政长官委任的与香港教育学院有关的指控调查委员会发表报告，裁定罗范椒芬行为不当。她即时辞去公职。其兄是前行政会议成员，执业大律师兼中信泰富前任董事总经理范鸿龄。

ⅱ. 现任教育局常任秘书长谢凌洁贞于 1984 年 8 月加入香港政府政务职系，于 2008 年 4 月晋升为首长级甲级政务官。她曾任贸易署副署长（后改称工业贸易署副署长，1998 年 7 月～2001 年 2 月）；教育统筹局副局长（后改称教育统筹

局副秘书长，2001 年 8 月 ~ 2005 年 4 月）；扶贫委员会秘书长（2005 年 4 月 ~
2006 年 8 月）；政制事务局常任秘书长（2006 年 8 月 ~ 2007 年 6 月）；劳工处处
长（2007 年 7 月 ~ 2010 年 11 月）。她是现时教育局高层中唯一有教育局工作经
验者。

5. 教育统筹委员会

ⅰ. 该会现时由一名律师为主席，自 2006 年的教育改革进展汇报会，未详
细检讨教育政策。

Ⅴ. 问题与建议

ⅰ. 整体教育拨款与需求不协调：表面上，香港政府教育拨款增长颇慢，以
GDP 百分比计算更落后于很多发达国家。不过，由于香港有大量学生在海外接
受教育，因此香港一大部分的优秀学生已从其他途径满足其教育需求。政府盲目
根据表面数据，追求大专教育人数在总人口中的比例，结果被指只会将大量本来
不够资格或较趋向技艺课程而不应进入大学的学生送进大学或诸如副学士等课
程，一方面降低大学生平均质素，另一方面加剧社会盲目追求学历的竞争，人为
削减技术人才供应，扼杀创业精神，造成人才错配。下一任政府在审视教育政策
时，不应再盲目追求大学生人数的增长，特别要考虑应否停办副学士课程，强化
技能培训。同时在制定高等教育政策前必须以精英制为原则（即不可为增加数
量而牺牲质素），彻底了解香港教育的供求问题与香港未来人口的变化，并平衡
社会流动性、供过于求和发展教育产业的问题。长远而言，香港必须有具连贯
性，而且不断检讨的人口政策以配合教育的发展。

ⅱ. 管理：现时负责教育的官员除常任秘书长外，全为无管理教育局经验出
身的公务员担任，副局长及政治助理亦无教育经验，根本不能为香港拟定长期的
教育政策。教育统筹委员会亦未完全发挥其功能。要解决此问题，必须着手重组
教育局内部的官僚，任用有教育经验者出任重要职务，并成立真正可以代表前线
教育工作者的咨询委员会。近年，考评局所出的公开试试题与坊间的连锁式补习
社极为类似，而且情况不断出现，有关考评局的监管似有加强必要。

ⅲ. 国民教育问题：与其勉强推行令社会人士、教师和家长反对且内容含糊
重叠的"国民身份认同和中华文化"和"德育及国民教育科课程"，徒增社会反

弹情绪，倒不如撤去这些科目，并尽可能在其他相关学科（如历史、经济、地理等专科）加入与中国有关的内容，以免课堂成为政治思想（不论哪个方面）灌输之地。

iv. 中小学收生下降：由于出生率下降，香港教育体系未来数年可能会面对收生下降的问题，特别是人口老龄化地区的学校。但这个情况亦可能是香港推行小班教学、提升教学质素的契机。

v. 大学教研拨款不合理：在大学的拨款机构及管理人员方面应消除科学家、商人和金融业的垄断，以求提供平衡的教育。大学亦不应盲目追求排名，以国际化为名扼杀本地学术发展。

vi. 副学士认受性：政府为推高大专生比率，在没有长远规划供应与需求的情况下贸然推出副学士；这些学生只有少部分得以升读学士课程。虽然他们付出巨额金钱取得学位，但这些学位并未有助提升其收入。投入副学士的资源应用在更具体和实用，但一直被政府忽视的职业教育。

vii. 学生英语水平下降：母语教学推行后，香港学生的英文水平有所下降。2007年高考放榜，英语运用科及格率跌至12年新低，只达73.9%，较2004年母语教学前的高考下跌了5.5%。近年会考英文科成绩表面上有进步，只是因为不少学生都报考较浅的课程甲，因此母语教学的影响至高考才见明显。在全球化和知识型经济的环境中，英语能力是学生最重要的一环，面对内地学生日渐提高的英语能力，香港必须再次调整语言政策。2008年政府宣布微调母语教育政策，但至今尚未有结果。

viii. 中小学贵族化：如上述，直资学校增加，其中不少是传统名校，而且由于教育改革，教育儿童的开支越来越大，变相窒碍社会流动性。

ix. 教育改革对教师造成极大压力：评审教师和学校的机制令教师压力大幅增加，使监察教育质素的开支过于庞大，浪费金钱，又令学生无所适从，更直接助长标签效应。近年来已有近十名教师由于工作压力太大自杀，可见教育局自上而下不断评审学校及老师的做法出现问题。

x. 课程改革令人无所适从：近年课程不断改革，尤其以通识科缺乏标准，更常与"时事"混淆，得益者除不断改版及加价的书商和自称通识专家者（多为前新闻工作者）外，学生、教师及家长均有无所适从之感，亦令家长经济负担更重。

B.6 医 疗

I. 概况

i. 1996 年，政府开始检讨医疗制度，"以制订医疗政策和制度，从而满足本港在未来数十年的需要"。行政长官不理智地承担港英策略，于 1997 年的施政报告宣布政府会在 1998 年全面复检整个医疗体系，目的是透过与私营医疗机构合作、医疗融资等方案令政府能更有效地利用公帑以解决上述问题。由于社会不甚赞同强制式的医疗保险建议，当局提出了名为"颐康保障户口"（HPA）的医疗储蓄计划，要求每名在职人士到达某个年龄，便要将收入的 1%~2% 储入这个户口，用于将来达到 65 岁时支付公立医院的医疗服务费用。此建议并未得到公众或其他持份者支持而被迫搁置，成为特区新政的另一挫折。

ii. 2005 年，政府又对未来医疗服务模式发表了一份咨询文件，强调基层医疗和家庭医生的重要性，并厘清了公营医院的角色是应侧重于急症服务、为低收入人士提供服务、危疾处理和医护专业人员的培训。

iii. 2010 年，食物及卫生局发表了题为《医保计划由我抉择》的咨询文件，就建议成立自愿参与并受政府规管的医疗保障计划。为期三个月的咨询期已于 2011 年 1 月 7 日结束。计划旨在透过鼓励有能力负担和有意愿的个别人士购买私人医疗保险，让他们能够持续使用私营医疗服务，作为公营医疗服务服务以外的选择，以减轻公营医疗系统的负担。

表 1-26　自 1964 年以来的香港医疗改革

年份	改革报告/咨询文件之内容重点
1964	《香港医疗服务发展》白皮书公布政府政策："直接或间接向不能从其他途径获得医疗服务的广大市民提供低廉或免费的医疗及个人健康服务。"
1974	《香港医疗卫生服务的进一步发展》白皮书修订政策目标："保障及促进整体的公众健康，以及确保向香港市民提供医疗及个人健康设施，特别是那些须依赖资助医疗服务的广大市民。"

年份	改革报告/咨询文件之内容重点
1985	《医院提供的医疗服务》顾问报告/(史葛报告)建议当局设立独立管理的医院制度;收回医院服务成本;以及增设较高级的病房(乙级病床)
1989	临时医院管理局报告提出收回医院服务成本 15% ~20% 的建议
1990	《人人健康展望将来:基层健康服务工作小组报告书》重申政策:"不应有人因缺乏金钱而不能获得适当的医疗治理。"
1993	《促进健康》咨询文件就增加额外收入来源以资助医院服务的五项方案咨询市民的意见,包括按百分率资助、目标对象、协调式自愿投保、强制式综合投保及编定治疗次序方法
1997	施政报告宣布政府会在 1998 年全面复检目前的整个医疗体系
1999	政府公布《香港医护改革:为何要改? 为谁而改?》分析报告/(哈佛报告)
2000	卫生福利局局长杨永强医生公布医疗改革绿皮书
2005	食物及卫生局透过健康与医疗发展咨询委员会,对未来医疗服务模式发表了一份咨询文件,强调基层医疗和家庭医生的重要性,并厘清了公营医院的角色
2008	食物及卫生局于 3 月发表名为《掌握健康掌握人生》的医疗改革第一阶段公众咨询文件,提出全面建议改革医疗制度,当中包括四项医疗服务改革建议,分别是加强基层医疗服务、推动公私营医疗协作、发展电子健康记录互通和强化公共医疗安全网,以及一项医疗融资改革建议
2010	食物及卫生局发表了题为《医保计划由我抉择》的第二阶段咨询文件,就建议成立自愿参与并受政府规管的医疗保障计划,征询社会意见

数据来源: 医院管理局:《医院管理局年报》。

Ⅱ. 开支与需求

1. 开支

ⅰ. 香港的医疗融资制度为:公营部分是一个以税收为本的系统,平均95%的医疗服务总支出是由政府补贴。私营部分是由个人支付,目前有接近300万人的私营医疗保险分别由个人购买或由雇主赞助。

ⅱ. 大部分的住院及专科医疗服务都是由税收支付及由公立医院提供,而大部分的普通科门诊服务则由市民私人承担和由私家医生提供。这个制度从1950年代开始运作至今没有改变。

ⅲ. 在公立医院系统内,所有医护人员都是以固定薪金形式获取其报酬。政府以过去的拨款额和设施为基础给予医管局拨款。2010~2011年度员工成本的拨款为 267 亿元,占政府医疗总开支的 73%。而 2009~2010 年度的职员培训及发展开支则约为 8000 万元。

ⅳ. 2001~2002 年度政府的总医疗支出是 391 亿元,占政府整体总支出约 14.5%。大约 90% 的公营医疗款项拨归医管局使用。私人医疗开支与政府医疗开支的总数则大致相同。2010~2011 年度政府的总医疗支出则为 369 亿元,政府有意把医疗方面的财政拨款,2012 年增至占政府经常开支的 17%。

表 1-27　香港医院管理局过去财政摘要 (1997~2010)

单位:百万港元

收　　支　＼　　年　份	1997	2006	2007	2008	2009	2010
收入						
政府补助(经常性及资本性)	22657	28019	28041	29915 ·	31915	33098
医疗费用收入(扣除豁免)	649	1628	1987	2296	2527	2726
非医疗费用收入	183	310	487	564	454	478
指定捐赠	—	83	76	108	112	132
资本捐赠	—	90	89	93	98	110
总计	23389	30130	30680	32976	35106	36544
支出						
员工成本	19754	23044	23047	24468	26387	26680
药物	1988	2167	2340	2596	2812	3209
医疗物品及设备	317	966	979	1105	1211	1210
其他营运开支(包括折旧)	2479	5184	4116	4546	4879	5473
总计	24538	31361	30482	32715	35289	36572
年度盈余/(亏损)	-1149	-1231	198	261	-183	-28

＊截至每年 3 月 31 日。

数据来源:医院管理局:《医院管理局年报》。

表 1-28　香港医疗服务支出预测 (2002~2030)

单位:%

比　　例　＼　　年　份	2002	2020	2030
医疗卫生开支占本地生产总值百分比	5.5	7.5	9.3
公营医疗服务支出占本地生产总值百分比	3.1	4.4	5.6
占政府开支百分比	14.5	21.5	26.5

数据来源:医院管理局:《医院管理局年报》。

2. 需求

ⅰ. 医疗融资改革：香港并没有强制性的医疗保险或医疗储蓄供款制度。医院管理局的成立并非医疗融资的改革，而是为重整公立医院架构，引入企业管理模式把服务现代化，并没有改变支付医院服务的融资方法。医院服务融资依然以税收为主。随着人口老化问题日趋严重以及市民对医疗服务的要求不断提高等，公营医疗开支不断上升，政府对承担如此庞大的医疗开支渐感吃力。医疗制度的长期可持续性受到质疑。因此政府打算推行自愿医疗保障计划，鼓励社会人士购买私人医疗保险，让他们能逐步转用私营医疗服务，借以减轻公营医疗服务的负担。

ⅱ. 公立医院床位不足：香港人口老化加剧，加上从 2001～2009 年期间，来港产子的内地孕妇已由 2001 年的 620 人，增至 2009 年全年的 29760 人，增长速度高达 47 倍，导致公立医院床位不足。多间公立医院的病床住用率已高达 80%，但床位却由 2007 年的 27555 个减至 2010 年的 26824 个，当中尤以产科及儿科的问题最为严重。目前香港几乎各间公院及私院的产科预约都已爆满，而公立医院产科婴儿床位近年使用率急升，由 2005 年的每张床平均有 50 名婴儿，锐升至 2010 年的每张床有 60～70 名婴儿。其中，威尔斯医院的儿童癌症中心约 20% 病人是内地港童，跨境急症亦由 2010 年 3 宗增至 2011 年的 9 宗；而初生婴儿深切治疗病床使用率已高达 110%，内地港童约占 25%～30%；儿科加护病床及普通儿科病床使用率亦达 90%，内地港童约占 25%。

表 1 - 29　香港病床数目、住院服务、急症服务及门诊服务统计

年份	病床	住院及日间病人出院及死亡总数	病床住用率（%）	病人平均住院时间（日数）	急症室总求诊人次	专科门诊总求诊人次（临床服务）	家庭医学专科诊所求诊人次	普通科门诊求诊人次
1996/1997	27230	984326	—	—	2128718	4829321	—	5823431
2007/2008	27555	1224643	82.5	8.5	2087902	5912383	205235	4841927
2008/2009	27117	1274808	81.9	8	2116509	6070631	235546	4968586
2009/2010	26824	1365199	82.2	7.7	2214422	6392410	272146	4700543

数据来源：医院管理局：《医院管理局年报》。

表 1-30　香港按病科医疗服务统计数字（2007~2010）

年份	1997	2007~2008	2008~2009	2009~2010
医院病床数目(3月底的数字)				
普通科(急症及康复)	—	20324	20416	20516
疗养科	—	2151	2041	2041
精神科	—	4400	4000	3607
智障科		680	660	660
合计	27230	27555	27117	26824
服务提供				
住院服务				
住院病人出院人次及死亡人数	984326	899018	909586	928609
病人住院日次	—	7153036	7034185	7066534
病床住用率				
普通科(急症及康复)(%)	—	83	83	82
疗养科(%)	—	92	91	90
精神科(%)	—	73	73	77
智障科(%)	—	93	93	92
整体(%)	—	82	82	82

数据来源：医院管理局；《医院管理局年报》。

ⅲ. 人手不足：根据香港公立医院管理局的数字，2010/2011 年度妇产科医生的流失率为 11.2%，居各专科医生中之冠；另外 2011 年整体公立医院护士流失率为 5.3%，为过去五年新高，流失护士超过 1000 人，其中儿科护士流失最严重，流失率达 8.8%，妇产科护士流失率亦有 7%。全港公立医院 2010 年有 76个助产士空缺，2011 年首季再流失 21 个。儿科医生人手亦显紧绌。以总体来说，医院管理局人手由 2007 年至 2010 年只增加了 6.3%，但住院人数却增加了10.3%，可见其人手严重不足。

表 1-31　香港医院管理局按职员组别分类的人手状况（2005~2010）

组别 ＼ 年度	2005~2006	2006~2007	2007~2008	2008~2009	2009~2010
等同全职人员数目					
医疗					
顾问医生	488	502.7	530.9	563.4	590.1
高级医生/副顾问医生	977.8	1010	1085.4	1172.9	1241.5
医生/驻院医生(不包括到访医生)	3086.3	3087.9	3091.4	3110.5	3147.4

续表

组别 \ 年度	2005 ~ 2006	2006 ~ 2007	2007 ~ 2008	2008 ~ 2009	2009 ~ 2010
到访医生	16.5	16.3	14.7	16.3	15.6
驻院实习医生	325	313	329	292	277
高级牙科医生/牙科医生	4.5	5.5	5.5	5.5	6.3
医疗人员总计	4898.1	4935.4	5057	5160.5	5277.9
护理					
高级护士长或以上	65	66	69	83	81
部门运作经理	147	156	157	158	163
普通科					
病房经理/专科护士/护士长/资深护师	2374	2409.4	2521.5	3038.4	3161.6
注册护士	11712.6	11787.6	11731	11478.1	11780.1
登记护士	2907.6	2718.2	2541.9	2375.4	2199.4
助产士/其他	42	40.7	37.7	35.3	28.6
注册护士学生/登记护士学生/临时大学护士学生	103.2	121.6	260.7	397.8	487
精神科					
病房经理/专科护士/护士长/资深护师	319.5	330.5	347	397.7	415.3
注册护士	1002.7	1015.6	1107.7	1061.5	1067.5
登记护士	532.4	544.3	491.7	496.4	473.8
注册护士学生/登记护士学生	42	22	8	0	9
护理人员总计	19248	19212	19273.3	19521.6	19866.3
总　计	52642.6	52922.2	54089.2	55911.3	57712.8

数据来源：医院管理局：《医院管理局年报》。

ⅳ. 香港部分私家医院床位不足：养和、浸会和仁安等私家医院2010年的住院率高达76% ~ 100%，病人入院医非紧急病症一般要等3 ~ 7日。其中，仁安医院有病床300张，2011年住院率（不计产科）达100%爆满，除产科内地孕妇占60%，其他科内地人住院率只占1% ~ 2%。可见私家医院床位不足，并不单是内地人来港求医占用床位所致。

Ⅲ. 管理

医院管理局运作独立，由内部多个委员会组成，同时向特区政府食物及卫生局局长负责。而食物及卫生局是由前卫生福利及食物局分拆出来；已于 2007 年 7 月 1 日正式成立。该局负责处理食物安全、环境卫生及健康事宜。

医院管理局

1. 主席

胡定旭为智库组织智经研究中心主席。他是会计师出身，曾任安永会计师事务所香港及中国区主席，现任香港总商会主席。他也是中国人民政治协商会议全国委员会委员。胡定旭于 2010 年再获政府延任医院管理局主席两年，打破政府委任公职人员不超过六年的指引，任主席一职长达八年。

食物及卫生局

2. 局长

周一岳于 1992 年获委任为伊利沙伯医院行政总监，及至 2001 年出任玛丽医院行政总监，其后于 2002 年出任香港西联网医院联网行政总监。他在 2004 年 10 月出任卫生福利及食物局局长，并在 2007 年 7 月获委任为食物及卫生局局长。在专业方面，周一岳曾担任香港骨科医学会主席、香港骨科医学院副院长，以及获选为香港医学专科学院院务委员。他现为香港理工大学康复治疗科学系荣誉教授及香港大学医学院荣誉教授。

3. 副局长

梁卓伟于 2008 年获委任为食物及卫生局副局长。在 1999～2008 年期间他曾出任香港大学公共卫生及社会医学教授。他的研究和教学工作专注于香港特区、内地和东亚地区内的公共卫生课题。梁教授是香港社会医学学院前任副院长及公共卫生医学专科学监，曾担任多个国家及国际组织包括世界卫生组织及世界银行的顾问。

4. 政治助理

陈智远：获委任前为行会非官守成员张炳良有份创办的香港城市大学亚洲管治中心任高级研究助理、智库 Roundtable 研究所及其网络的创会成员之一，并兼任香港中文大学政治与行政学系的兼职讲师。

5. 常任秘书长

李淑仪：1974 年 6 月加入香港政府任职行政主任。她 1979 年 8 月加入政务

职系，并于 1999 年 1 月晋升首长级甲级政务官。她先后于 1985~1988 年及 1993~1995 年出任香港驻华盛顿经济贸易办事处参赞（现称副处长）。她近年出任的职位包括民政事务总署副署长（1995 年 9 月~1996 年 3 月）及公务员事务局副局长（1996 年 4 月~1999 年 2 月）。她自 1999 年 3 月起出任香港驻伦敦经济贸易办事处处长。2006 年 5 月~2007 年 6 月出任卫生福利及食物局常任秘书长（卫生福利）。2007 年 7 月至今任食物及卫生局常任秘书长（卫生）。

Ⅳ. 问题及建议

ⅰ. 面对人口急剧老化、医药及科技成本急升，以及公营医疗质素和轮候时间等问题，香港政府在不同时期，都将医疗改革列为施政议题。自 1980 年代开始，政府推出的报告书有：史葛报告、临时医管局报告书、1990 年基层健康报告书、1993 年彩虹报告书、哈佛报告书、2000 年医疗制度改革报告书，以及 2005 年的"创建健康未来"咨询文件。这些报告书及文件皆尝试探讨如何为香港医疗服务的政策、收费及系统作重要的改变，其中心都是环绕着解决政府长远医疗开支承担的课题。但政府的医疗改革政策大多与人口政策脱钩，如低估人口老化的情况及内地来港需求的问题等，令到香港的医疗体制面对更大的挑战，以下是一些总结：

ⅱ. 医疗融资问题：香港现时的政策源于英国的模式，即以税为本，从税收拨出资源分配给公立医院，医院只向病人收取便宜的费用，政府要承担庞大的医疗开支。因此当局现鼓励有能力人士参与自愿医疗保障计划，减轻公营医院的负担。但此计划未必能吸引长者投保，因保费会按年龄增加，而他们可能没有能力供款。

ⅲ. 医院人手及床位不足：在医疗拨款制度方面，现在的做法是政府定期向医院提供固定拨款，与求诊的病人多少没有直接关系。此举造成医院之间的恶性竞争，因为做得好的话，只会吸引更多病人，使医生的工作量更加沉重；做得差就会使求诊的病人减少，连带工作量也一并减低。有社会人士建议政府采用"钱跟病人走"的做法，即一开始不给医院任何拨款，而是根据每段时期各医院病人的病种和数量，给予相应的拨款。不过，政府一直没采纳这一建议，令一些公营医院人手更显短缺。此外，一般私营医院所提供的薪酬比公营医院高出颇多，在工作量大、薪酬却比较少的情况下，不少医疗人员均选择转往私家医院任职。

iv. 由于政府忽略了内地孕妇来港的需求问题，致使妇产科医护的工作压力大增，不少公院的预约都已爆满。医院管理局于2011年表示停收2012年内地孕妇预约，亦大幅减收2013年内地孕妇分娩名额，由1万个大减至3000多个，其中广华、屯门及威尔斯亲王三所医院明年更会拒收内地孕妇预约，但却间接加重了私营医院妇产科的负担。

v. 另一方面，私营医院非妇产科的人手及床位亦已到达临界点。医疗保险日渐普及，愈来愈多的人愿意到私家医院求医。政府确有必要尽快检视香港的人口及医疗政策规划，适时增加服务。

vi. 须增聘医护人员及加强专业培训：为增加人手及为医疗制度的长期可持续性作考虑，医院管理局在过去数年已着手规划增加医生和护士的学额，预计未来数年医生和护士毕业生人数将有所增加。在医生方面，两间医学院的收生名额在2009～2010年及2011～2012年，由每年250名增至320名。医管局亦应采取一系列措施，包括增设额外的晋升职位和加强专业培训等，来挽留公营医院的员工。

B.7

房屋土地

I . 公屋、居屋

1. 公屋简介

ⅰ. 香港公共屋邨（简称公屋）是香港公共房屋最常见的类别，由政府或志愿团体兴建，出租予低收入居民。现时香港提供出租公营房屋的机构有三个，分别是香港房屋委员会（房委会）、香港房屋协会（房协）及香港平民屋宇有限公司。

ⅱ. 现时香港约有 1/3 居民，即 200 多万人居于房委会的 67 万个、房协的 15 万个以及香港平民屋宇有限公司大坑西邨之 1600 多个出租单位。

2. 公屋沿革

ⅰ. 香港很早已有为低收入居民而设的出租房屋，多由志愿团体提供，如 1948 年成立之香港房屋协会（当时尚未成为半政府机构）及 1950 年成立之香港模范屋宇会，政府只提供土地。1954 年，政府开始大量兴建徙置区，在 1960 年代，香港屋宇建设委员会推出廉租屋邨。

ⅱ. 1973 年，为配合"十年建屋计划"，香港房屋委员会（简称房委会）成立并取代香港屋宇建设委员会，徙置事务处则重组成房屋署。房屋委员会接收了 17 个政府廉租屋邨、香港屋宇建设委员会的 10 个廉租屋邨和所有徙置大厦，合称为公共屋邨，由房屋署统一负责管理及规划。

3. 公屋申请资格及租金

ⅰ. 现时，香港居民申请租用公共房屋，需符合以下资格：

- 必须为香港永久性居民；
- 申请人必须年满 18 岁；
- 收入不得超过政府制定之"最高入息及总资产净值限"（视申请人的家庭人数而定）；

表 1 -32　香港政府规定之单身人士及一般家庭入息及总资产
净值限额（2011 年 4 月 1 日生效）

家庭人口	每月最高入息限额(元)	总资产净值限额(元)	可分配单位大小(平方米) *
1 人	9200	193000	16 ~ 17
2 人	14116	260000	16 ~ 17
3 人	16063	341000	35
4 人	19537	397000	35 ~ 44
5 人	22653	442000	35 ~ 44
6 人	26358	478000	44 ~ 80
7 人	28779	510000	44 ~ 80
8 人	30474	535000	44 ~ 80
9 人	33926	591000	44 ~ 80

＊因不同型号居屋设计而有所不同，以下为大约数字。

数据来源：香港房屋委员会及房屋署网页：http：//www. housingauthority. gov. hk/tc/flat – application/income – and – asset – limits/index. html。

表 1 -33　1990 ~ 2000 年代香港兴建的公屋单位面积表

单位类型	面积(平方米)	人数
1P	16 ~ 17	1 ~ 2 人
1B	34. 5	3 ~ 5 人
2B	43. 4	4 ~ 6 人
3B	49. 1 ~ 52. 3	6 人或以上

数据来源：香港房屋委员会及房屋署：《房屋统计数字》，2011；香港地方网页：http：//www. hk – place. com/。

● 有申请入住"居者有其屋"的个人或家庭，与超出"最高入息及总资产净值限"的中产或富裕家庭，不得申请公屋，如居住期间成为富户但未交回单位，则需要缴交至少双倍的租金；

● 一般年龄越低，成功分配公屋的机会率就越低，等候时间也会相对较长。至于年龄超过 60 岁的独居长者可以以"高龄单身人士"而获得优先配位；

ⅱ. 租金方面，一般会占该公屋住户每月收入约 10%，租金亦包括该屋邨之管理费。

4. 居屋简介

ⅰ. 居者有其屋计划（简称居屋计划，Home Ownership Scheme）是香港政府的公共房屋计划之一，由香港房屋委员会兴建公营房屋并以廉价售予低收入市民。计划于 1970 年代开始推行，为收入不足以购买私人楼宇的市民，提供出租公屋以

外的自置居所选择，亦可让收入相对较高之公屋居民加快腾出公屋单位，供有需要人士居住。此计划内兴建的公营房屋称为居者有其屋屋苑，通称居屋。

表 1 - 34　香港政府规定之申请购买居屋资格（2007 年）

家庭人口	每月最高入息限额（元）	总资产净值额（元）	单位大小（平方米）*
1 人	11200	305000	40 ~ 60
2 ~ 8 人	22000	610000	60 ~ 90
9 人	22400	610000	60 ~ 90
10 人及以上	23900	610000	60 ~ 90

＊因不同型号居屋设计而有所不同，以下为大约数字。

数据来源：香港屋网：http://article. 28hse. com/archives/127。

ⅱ．截至 2011 年 7 月为止，香港共有 196 个居屋屋苑，包括香港房屋委员会（房委会）自己兴建的居屋屋苑、私人机构参建居屋计划、可租可买计划、中等入息家庭房屋计划、重建置业计划和出售剩余居屋单位屋苑。

5. 停建与复建居屋

ⅰ．2002 年，特区政府倾向于地产发展商，为扶持楼价，推出"孙九招"（以当时负责有关政策局的孙明扬为名），宣布无限期搁置居者有其屋计划，即不会再兴建新的居屋屋苑。其后，由于楼价不断飙升，2005 年起，多名立法会议员建议政府重新推出居屋，甚至有公屋居民宁愿交出单位，也希望能重新推出居屋，但被政府拒绝。

ⅱ．2010 年夏，特区政府进行资助市民置业的公众咨询，发现大部分市民都希望复建居屋。港府于是在 10 月推出所谓"置安心计划"，计划推出 5000 个单位，但由于数量太少，门槛过低（不少人入息超过上限，但又无能力在私人市场购买房屋），因此要求复建居屋的声音未有停止，楼价更于 2011 年升至历史新高，令市民对政府更加不满。终于，在 2010 年 6 月，行政长官曾荫权宣布再次复建居屋。

表 1 - 35　香港规定之置安心计划购买资格（2011 年建议）

单位：港元

家庭人口	每月最高入息限额	总资产净值限额
1 人	23000	300000
2 + 人	39000	600000

数据来源：运输及房屋局：《置安心资助房屋计划》，http://gia. info. gov. hk/general/201010/13/P201010130272_ 0272_ 70332. pdf。

表 1–36　香港规定之置安心计划单位面积（2011 年建议）

大小	呎数(实用面积)
一房	430
两房	500
三房	670

数据来源：运输及房屋局：《置安心资助房屋计划》，http://gia.info.gov.hk/general/201010/13/P201010130272_ 0272_ 70332. pdf。

6. 小结

ⅰ. 香港地小人多，政府可通过土地供应操控住屋市场，是政府稳定社会、改善市区环境及提高城市竞争力的重要手段。在这个问题上，新加坡政府选择将住屋市场分为两部分：80% 市民的居所由公营部门负责，20% 由市场按需求和负担能力供应。此政策使大部分市民免受地产寡头操纵而得以用合理的入息部分得到合理的居住环境。回归后，香港主要的住屋问题包括：

● 停建居屋是香港房屋主要问题之一。

● 公屋、居屋和置安心计划的申请入息要求太苛刻，不少"夹心家庭"因为收入过高而不能参加这些计划。

● 以上计划（特别是置安心计划）的单位太小，政府每年提供的公屋数量亦远远不够（详见供求问题一节），市民被迫以入息的大部分购买狭小而呎价高昂的私人楼宇，甚或住入"劏房"。

ⅱ. 解决方法：建议政府使 70% ~ 80% 的人口（现时为少于 50%）入住居屋和公屋，剩余的 20% ~ 30% 将会由私人市场负责。公营房屋要放宽申请条件、扩大单位面积和增加单位的数量（下面将会详述）。

7. 内地人入市对公屋和居屋的问题

ⅰ. 2010 ~ 2011 年，国务院推出"新国八条"启动新一轮房地产调控，北京政府对内地楼市作出一系列调控措施，又设限买令，使不少内地楼市炒家转向香港市场。其中资金不足以参与豪宅市场、较熟悉香港情况者更转向公屋和居屋市场。由于政府曾于 2000 年开放部分公屋单位予私人市场，这些单位亦成为内地客的投资目标。某些地区，特别是新界北，已经有越来越多住宅单位被内地客购入。

ⅱ. 2009 年，全年有 29760 个内地孕妇来港产子并打算在港购买房屋，以此取得居留权，他们的父母大多来自大陆富裕家庭，将直接影响香港楼市。

ⅲ. 以上趋势与内地客购入高价豪宅不同，因其直接影响了无能力在私人市场置业（俗称上车）的香港年轻家庭，如政府再以不干预市场为借口，不面对香港市民住屋问题，不对小型单位或居屋、公屋单位实施类似内地的限购令，将可能造成迟婚问题，影响香港人口结构，令市民对政府不满，更令有心人可以此为口实，挑动中港矛盾，长远影响香港市民对中国的归属感及对中央政府的信任。相反，解决中下阶层的住屋问题，或至少消除"内地客"令市民不能"上车"的印象，将对特区及中央政府有利。

Ⅱ. 勾地

ⅰ. 1998 年前的近 140 年以来，政府都以楼价高、多卖地，楼价低、少卖地的原则，通过政府主导市场供应以平抑楼价，使在地少人多的香港，一般市民都有合理置业（或以合理租金解决居住问题）的机会。但自 1999 年，特区政府在没有详细研究和咨询的情况下，宣布停止卖地及取消政府主动拍卖土地政策而代之以申请售卖办法。"申请售卖土地表"，俗称"勾地表"，是特区政府现行拍卖政府土地的一个途径，此制度在亚洲金融危机后（1999 年）推出，在起初几年，它与另一传统的拍卖官地机制——"常规卖地"同时施行。"勾地"就是土地在正式挂牌出让前，由对该土地感兴趣的单位向政府提供报告说明该土地理应出售，表明购买意向，并承诺愿意支付的土地价格。

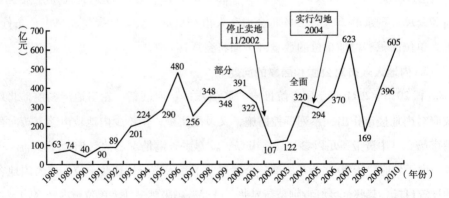

图 1 - 15　香港政府的土地收入（1988～2010）

数据来源：香港政府统计处：《香港统计年刊》，1997～2011。

ii．2003 年，香港地产商见居屋停售，供应减少，即继续推低供应，不购入土地发展，令政府卖地出现"流拍"的人为假象。这样一来，2004 年，政府就有口实全面采用"勾地"机制卖地，变相令发展商有权决定私人市场楼价及供应。

III. 供求变化

i．自 2005 年开始，香港住宅落成量即不断下跌。这是由于特区政府自 2002 年 11 月推出"孙九招"、全面向大地产商倾斜的政策所致，当时政府减少土地供应，并永久搁置资助置业计划（包括居屋、出售公屋、置业资助贷款等）。供求差距日渐加大是近年楼价急升的原因之一。香港住宅的落成量自 2000 年的 96884 个单位，跌至 2009 年的 22546 个，跌幅近 77%。自 2006 年开始，每年住宅落成量均不过 30000 伙，包括私人屋宇及公屋（居屋已停售）。2010 年的房屋供应则为 27110 个单位。公屋方面，1997～2003 年（即五年内）共有 147113 个单位落成，虽然人口一直缓步增加，但 2004～2010 年（即六年内）却只有 94497 个单位落成。以单位总数计算，由于政府停建居屋并大幅减少兴建公屋，令单位总数量不增反减（由于拆卸旧楼缘故）。另一方面，私人市场的单位数量日增。公屋兴建量减少，令居住公屋者占人口的比例明显减少，也就是说，政府将人口赶向他们难以负担的私人市场（不论是买或租）。

ii．从政府每年批准动工的房屋数目可见，在未来数年间房屋的供应将会仍然短缺，虽然公共房屋的建筑数量在 2009 年有所增加，但私人屋宇建筑量则跌至历史新低，只有 6498 个单位。可见供求问题将会继续支持楼价。

iii．需求方面，自 2005 年开始，每年有达逾 4 万名香港市民结婚（2010 年的数字为 52800 名），即有 20000～25000 个新家庭组成。加上每年有约 20000 个中港家庭（即其中一方为港人）组成，令每年的新组建家庭数目达 40000～45000 个，远远高于近年房屋的供应。新组建的中港家庭持单程证来港后未满七年者不能租住公共房屋，因此均需要从私人市场满足住屋需要。另一方面，近年香港每年有近 17000 对夫妇离婚，离婚后亦要分开居住。至于移民方面，政府每年大概发出 12000 个新的工作签证予外来人士，他们亦有住屋需要。未包括本地和内地投资者的需要，香港每年新增的住屋需求约为 60000 个单位以上。

iv．如果减去死亡〔近年的死亡人数为每年 40000 人，假设他们有 95% 都是

来自本地家庭，而且有 16.5% 为单身居住者（这是全港的平均），加上所有因此空置的公共房屋都归还政府〕和出境移民，实际的房屋需求要减去约 10000 ~ 14000，即 40000 ~ 50000 个单位。不过，由于市区老化问题，不少楼宇因楼龄太旧而不能再居住，因此实际房屋需求应该更大。

ⅴ. 内地客大量入市亦是楼价升温的重要原因。2003 年，政府推出投资移民计划，容许内地人在香港投资 650 万港元以上即可全家获居留权。截至 2010 年底，投资移民计划有逾 1.6 万宗申请，其中 8924 人获批来港；在香港投资 633 亿元，其中房地产及指定金融资产分别占 214 亿元及 419 亿元。若以平均住宅单位每个 500 万元计算，共可购买 4280 个单位。单计 2010 年，即有 6706 宗申请，较 2009 年 3391 宗增近一倍，其中有 2971 宗申请获批，投资额逾 212 亿元，当中 90.96 亿元投入房地产（可购 1800 个单位），占 2010 年整体投资额近 43%，超出以往房地产跟指定金融资产三七比例。2010 年大量内地资金涌入，解释了 2010 ~ 2011 年楼市的急升。不过，2010 年 10 月政府提升申请门槛，将房产剔出后，申请急跌 50% ~ 60%。

ⅵ. 2011 年 7 月的一个地产业报告指出，2011 年上半年，内地个人买家占一手私人住宅宗数比重 27.1%，占金额比重 32.4%，分别较 2010 年下半年增加 3 个及 2.3 个百分点，刷新纪录。二手私人住宅方面，上半年内地个人买家宗数比重占 8.1%，金额占 11.6%，较 2010 年下半年分别升 1.6 个百分点及 2.2 个百分点。整体而言，内地买家在上半年占一手及二手香港私人住宅买卖宗数 9.6%，占整体金额比重 15.4%，分别较 2009 年下半年上升 1.9 个百分点及 2.1 个百分点。无论是宗数及金额，所占比重均创有纪录以来的新高。可见，在政府变相鼓励内地人来港炒卖楼市的政策下，房屋已成为香港其中一个主要出口货物，但这是牺牲香港市民的住屋权利换来的。

ⅶ. 香港楼市供求的另一个问题，是大地产商的垄断。有研究发现，1990 年代末期的新落成楼宇的供应 61% 均来自最大的五家地产商，55% 来自最大的四家，46% 来自最大的三家。市场现时高度集中的结果，令这几间公司可以联手操纵市场，以市场为名实行寡头垄断，抬高定价，并不断寻找政府的政策和法律漏洞，兴建诸如发水楼等。特区政府不但没有阻止大地产商的寡头垄断，2002 年 11 月的一系列决定更导致自行放弃以公屋和居屋制衡大地产商垄断的机会，亦造成近年楼价的恶性上升。

ⅷ. 在公屋方面，2012 年首季公屋轮候册上有 15 万人之众，包括 6 万多非长者单身人士，当中有 46% 是 30 岁以下人士。这个数字反映许多时下月入不多的年轻人以单身人士身份去申请入住公屋。他们的居住问题若不及早解决，更易导致社会及政治不稳。

ix. 轮候公屋人数，从 2009 年的只有 11 万多，至 2011 年剧增至 15 万，增幅 30%，一方面反映了香港私人楼市飙升令市民负担不了而转向公共房屋，亦反映了政府的公屋政策及其计划追不上市民的需求。这是因为近年来政府兴建公屋的数量不多所致。未来五年的公屋建筑量虽然逐年增加，但远低于 1997 年前的年度建屋平均数，仍然未能满足需求。

表 1-37　香港按类型及区域划分的永久性屋宇单位总数（1999~2010）

单位：千个

年份	公屋	居屋	私人楼宇
1999	705.8	270.3	883.8
2000	691.1	324.7	910.5
2001	685.2	380.9	940.8
2002	685.5	371.7	1005.2
2003	685.3	396.6	1041.8
2004	691.5	393.2	1071.1
2005	709.2	388.8	1096.5
2006	716.9	391.7	1120.9
2007	717.4	379.6	1136.2
2008	721.6	397	1148.7
2009	741.2	395.8	1158.4
2010	704.0*	376.0	1245.0**

*2009~2010 年牛头角等公共屋村拆卸，单位减少。
**数字包括村屋。
数据来源：香港房屋委员会及房屋署：《房屋统计数字》，2011。

表 1-38　按房屋类别列出的香港人口分布

单位：%

类型 \ 年份	1998	2000	2005	2010
公屋	34.8	35.2	30.1	29.7
居屋	12.2	15.6	18.4	17.8
私人楼宇	50.7	49.2	51.5	52.5
总数(%)	97.7*	100	100	100

*其余为临时房屋。
数据来源：香港房屋委员会及房屋署：《房屋统计数字》，2011。

表1-39　香港的公营房屋建屋量（1992~2010 平均，2011/2012~2015/2016 预测）

年度	公屋单位数	年度	公屋单位数
1992~1997 年平均	20044	2012/2013	15800
1998~2003 年平均	26030	2013/2014	14400
2003~2010 年平均	15842	2014/2015	17700
2011/2012	11200	2015/2016	16700

数据来源：香港房屋委员会及房屋署网页，http：//www, housingauthority. gov. hk/tc/about - us/publications - and - statistics/forecast - public - rental - housing - production/index. html。

Ｘ. 由于供应减少，不少香港市民抱怨楼价过高，不能上车。虽然投资移民减少，而且政府收紧内地人房屋按揭比率，但由于卖地少，多年来供应少，使现货市场成交量在 2006~2010 年仍有 64% 的增幅，数量由 99087 宗增至 162739 宗，可见除一手楼宇外，二手楼的炒风仍然炽热。

ⅺ. 2010 年，政府不理社会反对，宣布《土地（为重新发展而强制售卖）（指明较低百分比）公告》。同年 3 月，《土地（为重新发展而强制售卖）条例》修订通过，50 年以上楼龄，或每户占业权 10% 以上的楼宇，及 30 年楼龄以上工厦，其拍卖门槛由需要超过 90% 业主同意，降至 80% 便可申请统一地段业权。这个做法使发展商更容易收楼、剥夺小业主的议价能力，亦是明显倾斜于发展商的做法，引起社会争议。

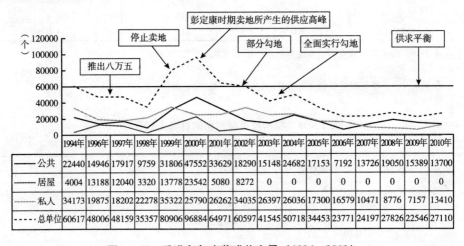

图1-16　香港各年度落成住宅量（1994~2010）

数据来源：香港政府统计处：《香港统计年刊》，1997~2011。

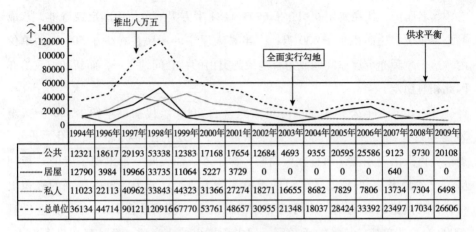

图 1 - 17　香港各年度批准动工兴建房屋数目（1994 ~ 2009）

数据来源：香港政府统计处：《香港统计年刊》，1997 ~ 2011。

	1994年	1996年	1997年	1998年	1999年	2000年	2001年	2002年	2003年	2004年	2005年	2006年	2007年	2008年	2009年
公共	12321	18617	29193	53338	12383	17168	17654	12684	4693	9355	20595	25586	9123	9730	20108
居屋	12790	3984	19966	33735	11064	5227	3729	0	0	0	0	0	640	0	0
私人	11023	22113	40962	33843	44323	31366	27274	18271	16655	8682	7829	7806	13734	7304	6498
总单位	36134	44714	90121	120916	67770	53761	48657	30955	21348	18037	28424	33392	23497	17034	26606

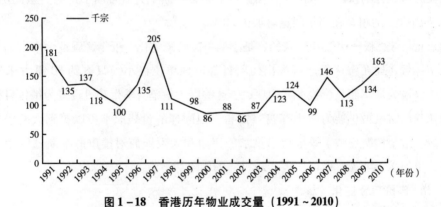

图 1 - 18　香港历年物业成交量（1991 ~ 2010）

数据来源：差饷物业估价署：《物业市场统计资料》，http：// www. rvd. gov. hk/tc/ publications/pro - review. htm。

Ⅳ. 居住条件与价格变化

1. 居住条件

ⅰ. 截至 2010 年，新加坡的领土面积有 710. 2 平方公里，人口 5076700 人，平均每平方呎 7150 人。香港面积则有 1104 平方公里，人口 7055071 人，平均每平方呎 6390 人。据最近《明报》的报道，新加坡平均的组屋（公共房屋）每户

有 3.5 名居民，住在实用面积介乎 699~1184 平方呎的单位内。反观香港，八成的公屋单位实用面积少于 430 呎，一半私人屋宇的居民住在少于 500 呎的单位内。这个差距亦令房屋问题成为香港最为突出的社会问题之一，而新加坡政治亦因此相对稳定。

ⅱ．由于近年公共房屋供应量大减（自 2000 年代初每年约 18000 个减至 2003 年只有 4693 个公屋单位动工），香港低下阶层的住屋状况一直恶化。近年，香港竟再次出现笼屋，而且在大角咀、深水埗、油尖旺一带出现了所谓"板间房"与"劏房"，即把旧式大厦的单位一分为二、二分为四再以极高的呎租出租，其呎租竟比九龙塘、跑马地等豪宅区的租金要贵。在 2006 年，香港已有 30000 个这些单位；虽然缺乏数字，但由于楼市位于高位，而且房屋供不应求，2011 年的实际数字一定更多。这些"板间房"消防设备不足，已导致有家庭在火灾时被烧死的惨剧。且由于整体楼价及租金不断上升，带动了这些"板间房"与"劏房"的租金在两年间竟增加了 20%。

ⅲ．与"板间房"相辉映的，是小型单位的豪宅化。近年，香港地产商，甚至市区重建局在市区重建区推出的项目都出现单位极小（只有约 30 平方米），但装修极为豪华而且价钱极高的现象。这些以内地单身学生和投资者为销售目标的楼盘同时又被包装为"上车盘"出售，但同样的价钱原本可以买到大两倍的单位。这个情况反映了香港楼市供求的扭曲和大发展商对楼市的垄断已颇为严重，更加深了港人对所谓"地产霸权"的印象和不满。

2. 售价租金变化

ⅰ．政府的高地价政策推行以来，自 1991 年至 1997 年的短短六年间，楼价升幅竟达三至四倍。虽然其后由于楼市泡沫爆破令楼价下跌，但跌幅并不及升幅，而且自 2003 年政府停建居屋和开始勾地后即开始不断攀升。整体售价方面，早于 2007 年，楼市已升穿 1997 年泡沫爆破前的高位，在 2009 年更比 2007 年多出 18%。可是，香港市民的收入在同一时段根本没有明显增加。

ⅱ．如以单位大小分类，小型房屋（绝大部分为"上车盘"）的价格指数由 1999 年的 100 升至现时的 189.8，接近一倍。较大单位的升幅更多；虽然豪宅与普通单位属两个市场，但亦带动了整体楼价上升。从下表可见，就算是中低级的房屋，2009~2011 年的楼价亦上升近 40%~80%，首期和月供亦随之增加。以香港家庭平均收入为 18500（2010 年数字）计算，香港房屋根本难以负担。

表 1 - 40   香港近年楼价与供款（2009、2011）

单位：港元

	房屋标准					
	低		中		高	
	新屯门中心		东港城		擎天半岛	
	2009	2011	2009	2011	2009	2011
呎数	455	455	595	595	836	836
呎价	2304	3346	4462	5681	11321	15490
价值	1048320	1830000	2654890	3380000	9464356	12950000
首期(30%)	314496	549000	796467	1014000	2839306	3885000
月供	3236	5650	8197	10436	29223	39985
首期(10%)	104832	183000	265489	338000	946435	1295000
月供	4161	7264	10539	13418	37572	51410

数据来源：中原地产网页。

iii. 整体租金方面，楼价上涨，亦带动租金上升，令未能"上车"的市民，特别是由于入息超过上限而不能申请租住公共房屋的"夹心阶层"，不能以暂时租住房屋来解决住屋问题。

iv. 香港楼价及租金现时已远超市民可以负担的水平。2011 年 2 月，皇家测量师学会 RICS 发布一份名为《亚洲城市房屋负担水平及本港未来 5 ~ 20 年的住屋需求预测》报告，指出香港比较起其他亚洲国家，香港在楼价与收入比率上排行第一。拥有三房或四房的丙、丁及戊级大型单位的平均呎价升幅更远高于一房或两房的小型单位。现时，30% 的香港家庭收入夹在私人住宅及政府的公共屋邨之间，如政府袖手旁观，此趋势将持续 20 年。另外，由于香港大部分工作转为合约制，令市民工作转趋不稳定，因此市民供款能力比以往更差，直接影响市民的社会流动和对未来的信心。

表 1 - 41   国际不同城市的楼价与收入比率（2011）

城　市	楼价与收入比率(PIR)	自有住房率	城　市	楼价与收入比率(PIR)	自有住房率
香　港	22.72	52	新加坡	14.35	89
上　海	20.68	80	东　京	11.64	45
首　尔	16.29	52	台　北	11.50	82
曼　谷	15.96	56	吉隆坡	11.27	80

数据来源："Report on Housing Affordability in various Asian Cities"，http：//www.ricsasia.org/newsDetail.php? id = 305&regionID = 0。

ⅴ. 商业用屋宇方面，租金和售价的升幅自 2003 年起比楼价更高。写字楼租金指数更由（1999 年为 100）2003 年的 74.6 升至 2009 年的 135.7。由于租金暴升，零售店铺的租金亦一直上扬，尤以在大地产商和领汇控制下的商场为甚。2011 年 8 月，天主教劳工事务委员会访问 100 间在中小型商场的经营商户，近八成受访者表示，租金占经营成本的最大比例；超过七成人表示，最低工资没有对成本构成重大压力，租金才是最大问题。租金的不断增加令所有商业活动的经营成本很大的一部分被没有生产功能的租用占去，既赶绝了小业主，亦令有志创业的人和中小企却步，同时又令物价上升，长远窒碍香港经济的多样化和长远发展。

ⅵ. 如市民置业出现问题，而政府又不能提供足够有质素的房屋，将不但窒碍人口增长，令市民对政府不满，更会长远压抑消费及其他投资，迫使市民投入大量资金解决房屋问题（买或租），令其不能投资或创业，阻碍香港经济增长及产业多元化，降低香港市民生活质素，长远会形成社会甚至政治问题。来届的特区政府必须打破成规，不再盲从港英时代不能持续的高地价政策和对大地产商偏袒，而是推行低地价政策，加推土地，并按香港经济转型来计划土地供应，以配合新兴产业（例如六大产业）的需求，阻止垄断土地者向其他行业及市民榨取不合理的利益。

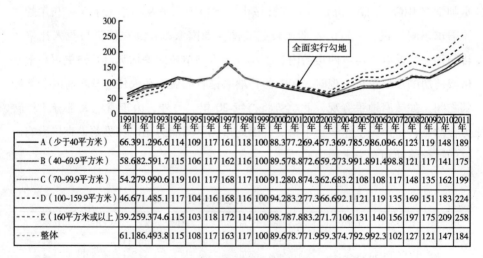

	1991年	1992年	1993年	1994年	1995年	1996年	1997年	1998年	1999年	2000年	2001年	2002年	2003年	2004年	2005年	2006年	2007年	2008年	2009年	2010年	2011年
A（少于40平方米）	66.3	91.2	96.6	114	109	117	161	118	100	88.3	77.2	69.4	57.3	69.7	85.9	86.0	96.6	123	119	148	189
B（40~69.9平方米）	58.6	82.5	91.7	115	106	117	162	116	100	89.5	78.8	72.6	59.2	73.9	91.8	91.4	98.8	121	117	141	175
C（70~99.9平方米）	54.2	79.9	90.6	119	101	117	168	117	100	91.2	80.8	74.3	62.6	83.2	108	108	117	148	135	162	199
D（100~159.9平方米）	46.6	71.4	85.1	117	104	116	168	116	100	94.2	83.2	77.3	66.6	92.1	121	119	135	169	151	183	224
E（160平方米或以上）	39.2	59.3	74.6	115	103	118	172	114	100	98.7	87.8	83.2	71.7	106	131	140	156	197	175	209	258
整体	61.1	86.4	93.8	115	108	117	163	117	100	89.6	78.7	71.9	59.3	74.7	92.9	92.3	102	127	121	147	184

图 1-19　香港住宅楼价指数（1991~2011）

说明：香港住宅楼价指数以每年 6 月为标准。

数据来源：差饷物业估价署：《物业市场统计资料》，http://www.rvd.gov.hk/tc/publications/pro-review.htm。

图1-20　香港楼宇售价指数（1999~2009）

　　说明：香港楼宇售价指数1999年为100。

　　数据来源：差饷物业估价署：《物业市场统计资料》，http：//www.rvd.gov.hk/tc/
publications/pro-review.htm。

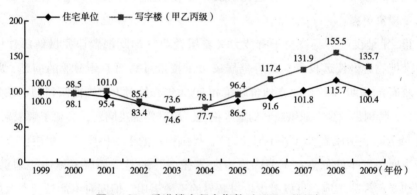

图1-21　香港楼宇租金指数（1999~2009）

　　数据来源：差饷物业估价署：《物业市场统计资料》，http：//www.rvd.gov.hk/tc/
publications/pro-review.htm。

V. 问题与建议

　　i. 官商勾结、大发展商垄断：回归后，政府不断出招"托市"，使本应因
地产泡沫爆破而遭受损失的大地产商不但得以渡过难关，而且可以垄断市场。政
府的做法是过度干扰楼市市场，其结果是将主动权让给大发展商，使地产市场偏
向寡头化，扼杀中小地产商的生存空间。特区政府至今尚未有明确的政策以长远

解决住屋问题，亦未有检讨1999～2004年的重大土地和房屋政策变动对特区的社会、经济、民生以至政治的影响。

ⅱ. 公屋供不应求：香港的房屋问题不只是市场和投资问题，而是民生问题。有很大的一部分香港市民并未有能力亦不应该勉强置业，因此根本不应投入（或被迫投入）私人房地产市场。政府有责任为他们提供合理的居住环境，但近年却大量减少兴建公屋（居屋更已停建）。来届特区政府应效法新加坡，分开由政府为主要供应者的本地人市场和供内外投资者参与的私人市场，其中以前者占大多数（70%～80%）。因此，政府应大量增加公屋和居屋的供应至每年50000～60000个单位，并适量地调整申请公屋和居屋的门槛以协助这些"夹心阶层"解决住屋问题。不过，政府不应以贷款或资助形式协助市民置业，因为置业是市民的长远投资行为，应由市民按照自己的能力自行负责，如以贷款资助供款能力有限的人士置业，楼市波动时可能会适得其反，而提供金钱资助则只会间接补助发展商，令楼价更高。

ⅲ. 土地供应不足：至于有能力又希望置业（即既把置业视做解决住屋需要，又把它看做长远投资）的香港居民由于楼价过高而不能置业的问题，则是由于政府自1990年代初的高地价政策和2003年开始对大地产商倾斜的一系列政策所致，特别是减少土地供应和勾地等措施。政府要解决问题，必须了解未来5～10年的人口和房屋需求（并不时检讨），提供稳定的土地供应，使房屋供应量不至于重回至近年的低点，不能因为短期"托市"的需要而轻易减少土地供应。政府如要更多的土地，可以考虑检讨新界的土地运用，但同时不能被拥有大量新界土地的大地产商影响，令新界"豪宅化"。

ⅳ. 勾地问题：政府的勾地政策令大发展商可以控制香港土地供应，同时赶绝小地产商。政府应从速恢复公开拍卖土地，杜绝大地产商对香港土地和房屋的控制。

ⅴ. 公营机构地产化：地铁私有化后，其管理层和董事局均由金融地产界人士垄断，营运目的由管理交通转向利润最大化。近年，港铁公司不断发展大规模的地铁上盖物业，俨然一个新的地产商。

ⅵ. 楼价超过市民负担：近十年香港市民的人均收入未有显著增长，但楼价已升近数倍。这个现象的成因是以上提及的供求失衡和大地产商垄断所致。特区政府必须照顾香港市民的住屋需求（虽然不一定要照顾香港市民的投资需要）。

加上地铁管理层在政府中的影响力，令政府的交通向铁路严重倾斜，使人流全部（被迫）聚集在铁路线，令地铁旗下的商场物业有借口不断加租。

vii. 内地投资者对楼市影响：特区政府忽视房屋供求的最显著例子，就是忽视内地投资者对香港住宅的需求。外来投资者虽然可以令香港收入增加，但政府忽视本地人住屋需求，同时又任由大地产商操纵市场，终于令香港的楼价不断上升，使资产泡沫化。

viii. 居住条件低落：由于特区政府减少公屋、居屋和土地的供应，现时香港有很大的一部分人口竟然仍要居住在"笼屋"、"板间房"和"劏房"这些环境恶劣而不安全的地方。同时，正如上面提到，在大地产商垄断供应的情况下，新建式小型单位不合理地豪宅化，购买者付出大量金钱却只能买到狭窄的居住环境。与其他亚洲已发展地区相比（特别是新加坡），香港的居住环境（尤其是面积）实在低落。建议政府兴建新公屋和居屋时以 600～1000 呎单位为标准，以提供合理的居住环境。

ix. 未有充分利用新界土地：为何面积较少、人口密度较高的新加坡可以提供更大的居住空间？关键在于土地利用的计划。与占香港近五成面积的保育或农业用地相比，新加坡只有 33.47 平方公里的自然保育区（Nature Reserves）及 27.73 平方公里的国家公园地区（Regional Parks），只占新加坡总面积近 9%。另一方面，据新加坡公园局指出，根据该国政府"城市在花园中的构想"（City in a Garden），现时该国面积的 47% 均为绿化空间（Green Space）。政府在考虑环境保育的同时，亦应充分利用新界丰富的土地资源，以配合未来经济及社会发展的需要。在英国殖民统治时期，香港政府一直将新界视做与内地隔离的缓冲带，除发展新市镇外，并不乐见新界大规模发展。由于政府的集水区、郊野公园及城市扩展等政策，不少新界农地变得不再适合耕种，但政府一方面牢牢控制土地利用，只容许政府改变土地用途，另一方面又以保育为由，令新界大量土地因用途不能转变而成为荒地，或只能成为货柜场、货栈，甚至用以倾倒废物。近年，政府计划冻结禁区土地的发展。在照顾环境的前提下开发这些被浪费掉的土地，将大大有助于解决房屋问题。

x. 地产化令窒碍香港经济发展：香港经济高度受限于地价和租金过高的问题。不但市民难以经营小生意，国际机构亦有可能因为租金不合理而选择以邻近地区为基地。地价地租过高亦打击了中小企业和低技术的产业，令低技术劳工的

就业更为困难，亦影响产业的多样化。同时，香港现时参与地产投机和以地产为生的人（包括经纪、全职的投机者和食租者 rent-seekers）却更越来越多。这些经济活动对香港的生产力少有推动作用，反而减慢了香港产业转向多样化。另外，香港的大地产商（如长实）却将其业务延伸至与市民生活息息相关的零售（百佳、丰泽、屈臣氏）、电力公司（港灯）、电讯公司（电讯盈科和和记）、传媒（新城电台）及楼宇信贷等业务。这些大地产商俨然香港的独立王国，垄断了市民的日常生活，令香港市民丧失选择和议价能力，此情况一直为香港市民所诟病。

xi. 香港市民对地产业为主的经济和大地产商的垄断不满：中大亚太研究所于 2011 年 8 月的调查显示，有 85% 受访者表示听过"地产霸权"的说法，而在听过的受访者当中则有 77.9% 认为香港确实存在"地产霸权"的情况。当那些认为香港存在"地产霸权"的受访者被进一步问及现时的情况是否严重时，73.3% 认为"地产霸权"情况颇为严重。可见"地产霸权"这个想法已深入民心，更已开始成为可以影响政治的想法。

领汇问题

Ⅰ. 沿革

1. 领汇上市

ⅰ. 领汇房地产投资信托基金（The Link Real Estate Investment Trust）是现时亚洲最大的房地产信托基金。领汇的资产是由香港房屋委员会分拆其 180 个商场物业及停车场而成。

ⅱ. 香港房屋委员会（房委会）在 2000 年代初期因实行前特首董建华的"八万五"政策而开支庞大，其后又停售居屋，导致陷入财政困境。2004 年初，房委会决定分拆其商业物业及停车场，使其证券化，并在香港交易所上市，以筹集资金。

ⅲ. 当时，由于公屋商场为房委会主要收入来源，公屋居民担心公屋商场私有化后，将使房委会唯一的盈利收入来源断绝，最终导致公屋租金上升。此外，由于公屋居民中有不少为老弱长者，亦担心公屋商场私有化后以盈利为先，不再提供现有的廉价消费品。他们更认为房委会该行动违反《房屋条例》中，房委会需确保为居民提供生活设施的规定。

ⅳ. 2004 年 12 月 6 日，领汇进行第一次招股，单位的定价在 10.5～10.8 港元，集资 250 亿元，并向散户提供 3% 的折扣优惠。受惠于当时的低息环境及香港的股票炒风，领汇第一次招股时吸引了 51 万名散户认购，冻结资金 2800 亿元，超额认购 130 倍，成为当时冻结资金最多的公司。

ⅴ. 另一方面，公屋居民在立法会议员郑经翰、陈伟业等支持下，于公开发售期间向高等法院提请司法复核，结果因公屋居民继续上诉而使此事件形成公众关注。期间房委会为求令领汇早日上市，曾要求法庭将卢少兰本来 28 日的上诉期缩短到少于 24 小时。但由于终审法院没有权力像高等法院的原讼庭及上诉庭缩短上诉期限，形成领汇的不明朗因素，最终房委会宣布搁置上市。2005 年 1

月，投资领汇的小投资者在香港皇后像广场举行集会，抗议公屋居民被喻为"阻人发达"的行为。

ⅵ. 领汇事件引发香港对公共资产私有化的讨论，2004 年 12 月 130 名学者及民间人士联合发表圣诞宣言，呼吁社会讨论公产私有化，希望各界正视当下的社会不公平及贫富悬殊问题。2004 年 12 月 30 日，超过 30 个民间团体发出联合声明，反对公共资产私有化。

ⅶ. 2005 年 7 月，香港终审法院认为《房屋条例》只要求房屋委员会"确保提供"商场及停车场等设施，并无必须拥有该等设施，判决房委会胜诉。

ⅷ. 2005 年 11 月，领汇再次公开招股，共发行 19.25 亿基金单位，每手 500 个单位，连同经纪佣金等费用，入场费最多为 4940 港元。单位的定价在 9.7 ~ 10.3 港元，散户获 5% 折扣，即 9.22 ~ 9.78 港元。由于投资环境及利息与 2010 年有别，领汇再次招股对公众的吸引力不大。

Ⅱ. 基金持有人结构

ⅰ. 自领汇成立以来，其大股东均全为外国对冲基金或银行。

ⅱ. 2005 年 12 月，领汇的单一最大股东是德意志银行（22.47%），其次是 The Children's Investment Fund Management（TCI）（18.35%）。香港股票市场当时揣测 TCI 购入领汇基金单位的目的，可能会令领汇被狙击，或试图干预领汇的营运决定。

ⅲ. TCI 总部位于伦敦，创立于 2003 年，创办人为霍恩（Chris Hohn），现年 38 岁，于哈佛大学商学院毕业，2005 年初曾经提出推翻德国证券交易所收购伦敦证券交易所的建议。2005 年集中投资香港，除成为领汇大股东外，亦买入新世界发展及百仕达的股份。TCI 在欧洲购入公司股权后，通常会利用其影响力迫使集团作出大规模并购（有时是 TCI 为股东的另一间公司）或强迫其进行改革以增加其收入。2008 年，日本政府禁止 TCI 增持日本电力公司（J-Power）的股份至 20%，当时 TCI 要求日本电力公司增加一倍股息，但被公司拒绝。

ⅳ. 2006 ~ 2010 年，TCI 成为领汇大股东后，即要求领汇加快翻新商场的数目及要求大举加租（有关领汇加租问题，详见下述）。

ⅴ. 2010 年开始，TCI 开始减持领汇，其后的大股东包括美国的黑石基金

（Blackrock）、资本集团（Capital Research and Management Company）、澳洲英联邦银行（Commonwealth Bank of Australia）等。

ⅵ. 2011 年，包括大小投资者，领汇股东有 2.3 万人。

表 1-42　领汇最大股东名单（2006～2011）

年份	公司/基金名称	基金单位数目	百分比(%)	公司国籍
2006	The Children's Investment Master Fund	—	—	英国
2007	The Children's Investment Master Fund	—	—	英国
2008	The Children's Investment Master Fund	392279500	18.35	英国
	UBS AG	224384542	10.39	瑞士
	Deutsche Bank	222316900	10.29	德国
2009	The Children's Investment Master Fund	392279500	18.35	英国
	Franklin Mutual Advisers, LLC	152090463	7.03	美国
2010	Franklin Mutual Advisers, LLC	173702908	8.02	美国
	The Children's Investment Fund Management (UK) LLP	175717738	7.98	英国
	The Children's Investment Master Fund	153989291	6.99	英国
	Commonwealth Bank of Australia	109426192	5.02	澳洲
2011	Blackrock, Inc.	145585013	6.52	美国
	Capital Research and Management Company	135435500	6.06	美国
	Commonwealth Bank of Australia	154310114	6.91	澳洲
	The Bank of New York Mellon Corporation	155104556	6.94	美国

数据来源：《领汇年报》，2006-2011。

Ⅲ. 管理层

ⅰ. 领汇成立以来，管理层混乱，2006～2011 年竟更换了三位行政总裁、两位主席，现时管理层资历全部不足两年。

ⅱ. 2006 年 TCI 成为大股东后，要求大幅加租，当时领汇主席郑明训及行政总裁苏庆和请辞求去。郑明训更直指 TCI 不理解香港的社会及民情，以为入股领汇便可迅速地提高商场价值，若坚持加租，将会制造社会混乱。

ⅲ. 2010 年，领汇五名最高层薪金连分红达 6500 万港元，占整体员工薪酬

开支 1/4。

ⅳ. 现时，领汇主席为苏兆明（Nicholas Robert Sallnow-Smith），英国人，前置地集团行政总裁，现担任领汇房地产投资信托基金主席及渣打东北亚地区行政总裁。

Ⅳ. 领汇与民生

1. 大幅加租，擅改租约

ⅰ. 自领汇上市后，领汇即决定为属下的公共房屋屋邨商场进行大规模翻新，并以此为理由向租户加租。2006 年至今，领汇投入在翻新商场的金额达16.03 亿港元。

表 1-43　领汇资产提升项目状况（2006~2011）

	数目	资本开支（百万港元）
自上市以来已完成的项目	21	1603
进行中的项目	6	780
待相关部门审批的项目	6	497
其他规划中的项目	20+	1500+

数据来源：《领汇年报》，2006-2011。

ⅱ. 同时，领汇又以旗下商场的租金与市场脱节，而且装修后令人流增加为由，每次重订合约时均大幅增加租金。

ⅲ. 2007 年开始，领汇商场与街市的续租租金调整率有增无减，增幅远高于食环署界市及以往房委会时代。2008~2009 年，续租租金调整率竟达 28.5%。平均每年的加租率达 20%，是通胀率及 GDP 增长的 4~6 倍。

ⅳ. 逐年加租令领汇的商场和街市租金收益由 2005 年的 8.98 亿增至 2010~2011 年度的 36.41 亿，增幅达 323%。

ⅴ. 其中，直接影响低下阶层的街市租金收入更由 2005~2006 年的 1.59 亿增至 5.46 亿元。

ⅵ. 虽然领汇的收入激增，但翻新的投入资金却只有 16.03 亿，而支出则没有增加，因此领汇收益每年大幅增长，得以派出大量股息以争取散户及投资者支持。

表 1-44　领汇的历年开支（2008~2011）

单位：百万港元

年份	物业管理、保安及清洁	员工成本	公用事业开支	维修及保养	地租及差饷	宣传及市场推广开支	其他物业经营开支	屋邨公用地方开支	整体
2008~2009	541	166	344	224	115	103	109	96	1698
2009~2010	474	176	316	177	127	80	214	98	1662
2010~2011	428	251	310	222	166	94	137	101	1709

数据来源：《领汇年报》，2008-2011。

vii. 由于领汇年报只有指出每年平均租金加幅及每年平均租金，因此难以从年报中看出领汇加租对小租户以及屋邨消费者（多为中下阶层市民）的压力。

viii. 观察领汇商场的分布，有不少是位于新市镇，其中例如天水围等交通较不方便的地区，居民多碍于交通费而留在本区消费，令领汇变相垄断该地的商场。这些地区的不少居民更是香港收入最低的一群。

ix. 有关领汇加租的压力，可参考天水围颂富商场的例子。该商场是领汇的重点项目，领汇 2009/2010 年报显示，颂富净收入达 1.1 亿元，为领汇旗下项目收益之冠。其估值则排行第二，仅次于乐富广场，达 15.75 亿元，收益率 8.59%。领汇拒绝透露颂富的租金水平，曾有记者以有意承租客人身份致电颂富查询，职员表示，平均呎租 60 元。以此推算，500 方呎铺位月租达 3 万元。过去两年，颂富每年平均加租 15%。同类铺位在邻近颂富商场的房委会天恩商场，则三年来都没有加租。

x. 2010 年，领汇仍然向屯门山景邨商场约 10 个商户续租时加租五成至一倍，令该批商户决定集体结业作无声抗议。2011 年，领汇向沙田新田围街市商户大幅加租二成半，令商户撤出，街市陷于空置状态，迫使居民必须去更远的街市购物。

xi. 2011 年 8 月，公屋联会接连收到领汇商场的小商户投诉，指领汇在未与租户商讨的情况下单方面中止租约。现时商业物业租金暴升，大商家尚且经营困难，小商户更无议价能力，控制政府旗下商场的领汇更不断单方面加租，甚至违约赶走小租户，令政府带头成为"地产霸权"的支持者。

2. 擅自削减居民设施

i. 领汇只为有加租潜力的商场街市进行资产增值，任由影响基层市民日常

香港蓝皮书

生活需要的街市长期空置，没有以减租或增加配套设施等手法去改善营商环境及吸引租客，反而不务正业，局部更改两成街市的用途，例如新田围街市部分档位变成迷你仓，彩园街市则被改作补习社，三圣及环翠街市改成酒楼及茶餐厅，顺天及顺安街市更被改为老人院。

ⅱ. 同时，领汇大量引入大型连锁商店，以寡头垄断取代开放的市场，一方面令商场变得单调，减少市民选择，又令大财团（特别是长实、怡和和大家乐等公司）得以控制物价（例如垄断式经营的超级市场），另一方面亦继续抬高商铺租金，令市民更难创业。

表1-45　领汇10大租户名单（2011）

单位：平方呎

公司名称	租用面积
牛奶有限公司(怡和属下)	736665
屈臣氏集团(香港)有限公司(长实属下)	517921
麦当劳有限公司	193596
大家乐集团有限公司(与大快活创办人同一家族)	192188
宏集策划有限公司(负责管理大部分领汇街市)	175894
美心食品有限公司(怡和、牛奶公司属下)	168698
华润零售(集团)有限公司	149926
日本城(香港)有限公司	148894
大快活快餐有限公司(与大家乐创办人同一家族)	101532
利亚零售有限公司(利丰集团)	86792

数据来源：《领汇年报》，2011。

Ⅴ. 问题与建议

ⅰ. 违反香港房屋政策原意：房委会兴建营运的商场、街市和停车场，原为公营房屋的配套设施，为符合"收入及资产限制"的住户提供非一般市场或商业营利性的服务。但领汇却以"与市场租金看齐"为借口不断加租，违反了公屋为市民提供廉价衣食住行、改善中低收入人口生活的规划原则与营运本意。现时领汇的服务覆盖香港人口达四成，几乎全为中低收入人口，对社会稳定至关重要。

ⅱ．利权外溢：领汇自成立以来，大股东均为英美及欧洲的对冲基金或银行，这些外国基金控制领汇后即不理会香港实际社会和民生情况，投资不多但大幅加租，所得的大量利润除了小部分作为股息派给香港的小投资者外，大部分收益均落入外国大股东及以外籍人士为主的高层手中，使原本可以用以支持房委会运作的收入白白流走，更变相将金钱从香港市民及小商户的口袋中，转移至外国基金。

ⅲ．严重影响基层民生与社会和谐：领汇大幅加租，又引入大企业，更擅自改变商场用途，一方面推高物价，令居住于公共房屋的香港中下阶层生活质素下降，更剥夺了市民选择的权利。这些问题都不能在政府的统计数字中看出，但却切实地影响着香港近半人口（香港近半人口居住在公共屋邨和居屋）的日常生活。

ⅳ．窒碍市民创业：领汇的措施及其对屋邨商场的垄断令市民创业时不但要面对极高的租金，更要面对大企业的竞争，令有意创业者却步。这个情况长远而言不利于服务和商品的多元化，更有利于大企业垄断，窒碍香港经济发展。政府对领汇和地产商的倾斜政策亦反映在市政管理上；近年，特区政府严厉打击市区街边小贩，例如不断向屯门天光墟的小贩罚款，令这些小贩没有生存空间，不能再和领汇竞争。此举不但令香港其中一个地方文化消失，更扼杀了社区互助的发展，亦令希望自力更生的低下阶层市民失去一个谋生的机会。

ⅴ．加剧仇商心态，损害政府威信：近年，领汇形象不佳，除少数拥有其股票的人外，市民大多将其看做"官商勾结"和"地产霸权"的活例子，该公司不断高调加租的做法更使这个印象深入民心；来届特区政府可以靠大力整顿领汇来赢得市民对政府的尊重。

ⅵ．建议：政府应考虑以外汇基金回购领汇股份（领汇现时市值 540 亿元，比 2011 年财政司长派钱的金额要少），撤去现管理层，由独立委员会管理，重新控制领汇旗下的商场的定租制度和条件，设最高租金收入利润为 10% 的上限。短期措施方面，政府应即时阻止领汇对位于收入较低地区商场作超过实际需要的改建并以此作为加租借口，防止出现第二个颂富和乐富商场。政府亦不应将新落成的商场和街市交予领汇控制。政府必须要求领汇（或回购后的机构）对商场和街市作出大规模改建前必须充分咨询当地居民，并提供不同价钱和规划的计划供居民选择，向居民清楚地解释改建对租金和租户的影响，让居民得以参与其每日接触的街市之设计与规划，不得自行改建和滥加租金。政府更应尽快实行公平竞争法，防止大企业全面垄断市民日常生活的各方面。

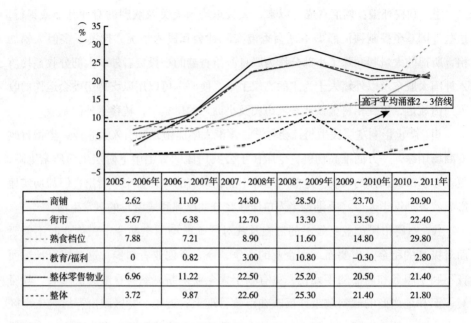

	2005~2006年	2006~2007年	2007~2008年	2008~2009年	2009~2010年	2010~2011年
商铺	2.62	11.09	24.80	28.50	23.70	20.90
街市	5.67	6.38	12.70	13.30	13.50	22.40
熟食档位	7.88	7.21	8.90	11.60	14.80	29.80
教育/福利	0	0.82	3.00	10.80	−0.30	2.80
整体零售物业	6.96	11.22	22.50	25.20	20.50	21.40
整体	3.72	9.87	22.60	25.30	21.40	21.80

图 1-22　领汇按类别划分的综合续租租金调整率（2005~2011）

数据来源：《领汇年报》，2006~2011。

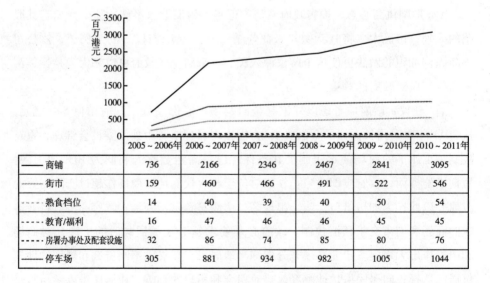

	2005~2006年	2006~2007年	2007~2008年	2008~2009年	2009~2010年	2010~2011年
商铺	736	2166	2346	2467	2841	3095
街市	159	460	466	491	522	546
熟食档位	14	40	39	40	50	54
教育/福利	16	47	46	46	45	45
房署办事处及配套设施	32	86	74	85	80	76
停车场	305	881	934	982	1005	1044

图 1-23　领汇租金收益（2005~2011）

数据来源：《领汇年报》，2006~2011。

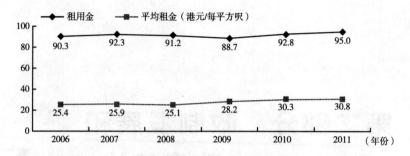

图 1－24　领汇商铺位租用率及平均租金（2006～2011）

数据来源：《领汇年报》，2006～2011。

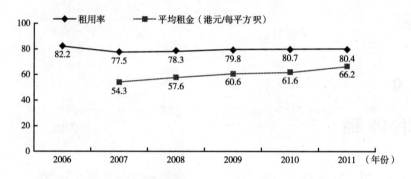

图 1－25　领汇街市档位租用率及平均租金（2006～2011）

数据来源：《领汇年报》，2006－2011。

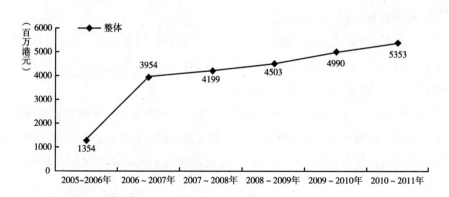

图 1－26　领汇整体租金收益（2005～2011）

数据来源：《领汇年报》，2005－2011。

第二部分 政制发展和政府管治

B.9

政治体制

I. "一国两制"

1. 初期的成功

ⅰ. 香港由英占区，经中英协议及长达 13 年的谈判和安排，终在 1997 年 7 月 1 日回归祖国，按照国家宪法和《香港特别行政区基本法》的规定，在"一国两制"下，成为国家首个特别行政区。

ⅱ. 香港的回归是成功和喜气洋洋的；管治权的交接也十分顺利。特区刚好满五周岁时，总的来说，被全世界接受，在经济上除了跟随亚洲外围波动外，特区内亦没有出现重大问题，社会平稳。成功而祥和的回归得到了特区内外的赞许。

ⅲ. 中央政府和内地各省市对香港的支持，以及恪守"一国两制"、不干预特区内部自治范围内的事务，是特区初年能成功地建立及运作起来的主因。在特区五周年时，江泽民主席在香港发表公开演说，赞扬特区的成就，他说：

今天的香港，"一国两制"、"港人治港"、高度自治方针得到全面落实，原有的资本主义制度保持不变，广大居民继续自己习惯的方式生活。香港仍然保持着自由港的特色和国际贸易、金融、航运中心的地位，继续被公认为亚洲乃至全球最具活力的地区之一。〔江泽民：《在庆祝香港回归祖国五周年大会暨香港特别行政区第二届政府就职典礼上的讲话》，2002 年 7 月 1 日〕

iv. 连一直对"一国两制"和香港特区抱怀疑态度的人士也改变了看法，承认特区的成就：

事实却已表明，"一国两制"已初步落实，其严格执行远超当初我们的预期，这是回归五周年港人感到高兴的正面好事。〔《信报》李行止专栏〕

v. 不过，香港自 1997 年回归至今 15 年，由于本地及国际因素，包括 1997～1998 年的金融风暴，特别是 2003 年的非典型肺炎、2008 年的金融海啸等重大事件及政府政策失当，香港社会日趋不稳，更于 2003 年 7 月 1 日发生反政府大游行，其他的年月不同规模的示威抗议活动日趋频繁，亦愈见激进。15 年来，香港经济起伏不断，以金融和地产为主体的单元经济令香港出现贫富悬殊、分配不均的问题，不但草根生活愈见困难，中产阶级亦怨声载道，批评政府的政策。如何合理、公平地分配社会资源将成为未来特区政府的重要工作之一。同时，面对中国新兴城市的挑战，香港虽然仍享有一定优势，但亦有被边缘化的危机，必须利用其内在优势，例如廉洁高效的公务员体系、完善的司法体系、资讯流通等，加上背靠内地的地缘位置，确立香港作为金融中心的地位，并谋求新的发展路向。在广东蓬勃发展的背景下，香港不但是全国的国际金融中心，亦是大珠三角地区经济的重要组成部分。香港必须凭借其"一国两制"的特殊条件，深化两地合作机制，在谋求自身发展的同时，又能配合国家的新政策，为国家经济发展作出贡献。

vi. 其实经济问题并不是香港的主要问题。国家近 20 年的快速发展，使它已成为经济大国及全球经济增长的主引擎。不但第三世界，欧美大国亦对中国市场众星捧月。香港作为国家的金融中心、物流中心，及总部经济中心，只要政策对头、人才到位，经济必须更上一层楼。香港回归后的主要问题乃政治及政治体

制问题。

2. 深层次问题：殖民管治的持续性

ⅰ. 在"一国两制，五十年不变"的框架下，香港在回归过程中没有经历非殖民化。中央政府以延续管治的统治模式，作为平稳过渡的重要手段。在后过渡期与港英政府激烈的斗争过程中，更是倚重一群殖民统治精英，落实平稳过渡。

ⅱ. 故此，香港传统的政商界精英、公务员的管治队伍、精英决策阶层的政治文化、思维模式、意识形态及亲西方思想等，在政权过渡的过程中没有受到挑战，反而在回归后得到进一步发展。

ⅲ. 有鉴于当时的国内及国际客观环境，此决策是合理的选择。问题是，到回归后的 15 年，国家内和国际环境经历了巨大的变化，当时的权宜之计，到今天已不是保证香港长期繁荣稳定的灵丹妙药。英国殖民统治时代的思维和意识形态，仍然被保留下来，香港回归后不少的政治争拗和管治问题，都反映着这种未能理顺的深层次矛盾。

ⅳ. 更严重的问题是，过去（包括香港及内地）的不少论述，将公务员的角色过度神化。事实上，香港的公务员，薪酬待遇均列世界前茅。然而，纳税人的付出与公务员的产出，不成正比。不少公务员抱着得过且过、不做不错的心态，对香港失缺承担，未能回应市民诉求，带来了更多的管治问题。部分更萌生维护少数利益而斗争，如纪律部队甚至竟曾酝酿罢工，更是典型例子。公务员中来自英国的高层，亦因回归后而不继，本地人才一时难填补，使治港模式经历重大改变，在新体制及人才输送上没有新办法前，香港的长治久安和繁荣稳定须面对严重的障碍。

ⅴ. 在以上的政策及体制下，爱国爱港阵营在政、商、文及教等领域的影响力，回归后无明显的变化，仍然被传统殖民统治精英主导，部分（特别是大专院校）更是呈弱化现象。

ⅵ. 回归 15 年以来，竞选式政党政治逐渐成形，并与香港殖民统治时代的"行政主导"愈见冲突。一方面，在管治不力、国际经济大变动，及非典疫情流行下，社会日益动荡，香港政府的管治威信不断被挑战和削弱；另一方面，香港市民的政治意识日趋浓厚，不再政治冷感，对政府的监督愈见严厉，意见趋向多元化。而且，由于现时政党政治已渐上轨道，因此有必要考虑如何应对此转变，使之成为有助香港稳定发展、符合国家利益的制度。港英时代遗留下来的公务员体系虽然效率理想，但特区政府政务官及高级公务员仍缺乏合适的人才及历练，经过 15 年时间的考验，加上政治的转变，似乎表露出其严重与现实需求的脱离。

vii. 此外，英国殖民统治的遗产，特别是英国在殖民统治时代末期推行的一连串改革，均影响着香港政府和社会，因此必须厘清香港的殖民统治遗产及其影响，才可以作出正确的应对。另外，由于香港是中国的国际都会及大门，一直以来深受外国特别是美国的影响，这些外国力量并通过香港影响着中国内地。

Ⅱ. 落实"一国两制"：香港特区政制的原则与内容。

3. "一国两制"构思

ⅰ. "一国两制"的构思原本是为统一台湾而设。由于英国急于解决香港的"1997 问题"，迫使中方提早提出收回香港的方案。这个方案就是因应香港的特殊历史及中英谈判时的香港现状，对原以台湾为对象的"一国两制"构思的修订。与原"一国两制"最明显的不同地方乃：台湾已是百分之百的"台人治台"，而且一直在本地人管治之下，本地人有足够的能力，在政治、经济及社会上管好台湾；反观香港，至 1993 年（回归前四年），除了港督为英皇委任之外，最高级和最敏感的 20 位官员，都由英国指派。此外，还有 1500～3500 个职位，由英国派出人员出任，后者在回归当年还达 1000 人之多。故此，有人指出香港在 1997 年的确未有条件实行真正意义上的"港人治港"、"高度自治"。

ⅱ. 历史的机遇，使香港成为我国最早实行"一国两制"构思的地区。这个构思的目的乃在维持香港地区在 1997 年回归前长期以来已形成的政治、法律、司法、经济和社会体制不变（除与《基本法》冲突者）的前提下，由英占转变为中国的一个特别行政区，回归祖国大家庭。同时确保香港能以本地居民为主体，实施"港人治港"、"高度自治"，以及维持经济繁荣与社会稳定。《基本法》在序言中明确为下述成文：

> 为了维护国家的统一和领土的完整，保持香港的繁荣和稳定，并考虑到香港的历史和现实情况……设立香港特别行政区，并按照"一个国家，两

种制度"的方针，不在香港实行社会主义的制度和政策。

ⅲ. 按照《基本法》的精神，回归后的香港政治体制，要凸显下列四项原则：

- 香港是国家的一个地方单位；
- 香港要体现国家主权的统一和完整；
- 保持香港的繁荣和稳定；
- 香港体制为行政主导型。

ⅳ. 因此，香港特区的政治体制，虽然要和历史发展而来的回归前体制有很多共通的地方，但因为要体现主权及"高度自治"，还是和过往的体制有明显的差别。在较全面和详细讨论回归后政治体制的变化与发展之前，我们先就三个要项：特首及管治班子、立法会、及地区咨询机构作一回归前后的简单比较。

4. 回归前后的政治体制比较

ⅰ. 回归后的政治体制由《基本法》第四章《政治体制》规范。它共包括六节：行政长官、行政机关、立法机关、司法机关、区域组织和公务人员。

A. 特首及管治班子

ⅱ. 如图2-1所示，1997年前，香港总督由英皇指派，直接向英国负责。上文亦提到，除了总督外，还有不少高层公务员是直接来自英国的。由于香港没有经历过"非殖民地化"的过渡期，回归后的特首，只能由一个有广泛本地各界别及各阶层代表性的选举委员会提名，选出推荐人选，由中央（国务院）实质任命，而且有关选举委员会的构成、大小及提名和投票办法在过往三届特首选举中都有变化。

ⅲ. 此外，行政会议及主要官员的任命，在1997年后因为特首性质的变化，而需要报请中央，由中央任命。在行政会议的构成上，主要官员出任的数目在不同届别亦有变化：如2003年全体局长加入为官守成员，2008年则只有少数局长成为成员，似乎倾向于淡化政策官员参与行政会议的比例。而在非官守成分中也有由过往非政党倾向而迈向谋求政党均衡参与。简言之，从行政会议的发展与问责局长的误解，似乎可以看到一条主线，即在这方面有由行政主导转向咨询与政治平衡的发展方向。

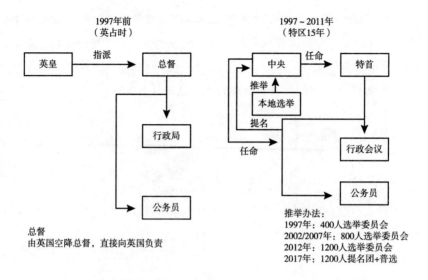

图2-1　特首及管治班子的产生办法

B. 立法会

iv. 图2-2显示回归前六年，即1991年的立法局构成体现了行政主导原则，官守及委任议员占了1/3以上，而直选议员只占1/3以下。在最后总督彭定康的坚持下，回归前的最后一届立法局作出了很大的变动，实质上直选议席（包括超级功能组别）占了一半议席，使这席立法局议员任期只有两年，而不能"直通"至1997年的第一届立法会。亦因为如此，特区筹委会只能临时安插了一个一年期的"临时立法会"。不过彭定康的主要伤害乃在1995年制造了一个近乎全面直选产生的立法会，打乱了人们对"一国两制"及"行政主导"的理解。

v. 另外，由于以"双查方案"为基础的《基本法》立法会部分的写法不实际，亦使特区成立以来的15年间，每届立法会在构成及选举办法上都有所争拗及不同。

vi. 简言之，回归后的立法会由均衡参与的全民民主过渡，使功能构成逐渐让位给地区直选，冲击了分组点票机制及使行政主导的法案草案及立法程序受到冲击。

C. 地区咨询机构

vii. 《基本法》把香港的地区咨询机构放在第四章《政治体制》最短的一节——第五节，全文如下：

第91条　香港特别行政区可设立非政权性的区域组织，接受香港特别行政区政府就有关地区管理和其他事务的咨询，或负责提供文化、康乐、环境卫生等服务。

第98条　区域组织的职权和组成方法由法律规定。

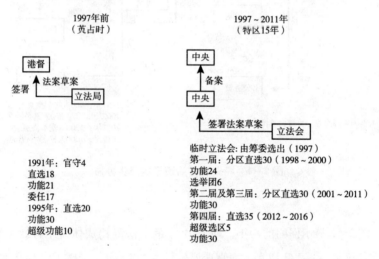

图2-2　立法会的构成及产生办法

ⅷ. 回归后的地区组织变化很大。2003年取消了市政局及区域市政局，提供文化、康乐及环境卫生等服务交由政府行政部门负责。乡议局的地位及其咨询功能基本不变，但乡村选举新采纳了"双村长"制，使非原居民乡村居民可参与乡议局的选举，冲淡了原居民在乡议局的地位。1999年在区议会中改变了彭定康的议员全部直选的办法，恢复了1/5议席（102席），由政府委员强化了"行政主导"及使区议会更能代表各界各阶层的意见，使它恢复更有效的地区咨询功能。然而预期的委任议员再增加至半数的设想并没有实现。2011年委任议员更被削至68人，并已宣告在2015年将取消委任制。同时，2012年立法会选举将增加5位区议会选出的新"功能组别"议员，进一步改变了这个地区咨询机构的性质，使之成为第二级议会。

5. 回归后政制发展的检讨

ⅰ. 总的来说，回归后的政制建立，虽说有彭定康在香港回归前几年的有意不合作、破坏及"埋下炸弹"，回归初期的发展还算顺利及符合《基本法》，达至顺利回归的目的。

1997年前 （英占时）	1997～2011年 （特区15年）
地区咨询机构 ● 市政局、区域市政局 ● 区议会 ● 乡议局	地区咨询机构 ● 市政局、区域市政局 ● 区议会 ● 乡议局

地区咨询机构

● 2003年取消市政局、区域市政局

● 1999年区议会恢复1/5议员为委任议员（102）
  2011年再削减委任议员（68）
  2015年取消委任议员
  2012年增加5位区议会产生的立法会议员

● 双村长制，冲淡原居民在乡议局地位

图 2-3　地区咨询机构的变化

Ⅱ. 特首

1. 回归前的总督制度

（1）总督产生办法

ⅰ. 英国殖民统治时期，香港最高行政首长为总督，全部均由英国殖民地部（后称"外交及联邦事务部"）的官员出任，1971 年以后总督大多是外交官出身（麦理浩勋爵是第一位）；最后一任港督改由保守党要员彭定康出任，他曾任英国保守党主席。

（2）总督职能

ⅰ. 1843 年，英国颁布《英皇制诰》，宣布设置香港殖民地。《英皇制诰》规定英王是香港最高统治者，总督则是英王全权代表兼驻港三军总司令。总督主持香港的行政机关行政局和立法机关立法局，并可以委任两局议员，拥有极大权力（直至 1991 年立法局才第一次以直选选出部分议员）。在 1985 年前，港督除委任立法局所有议员外，局上所讨论的一切议案或法案最终需要得到总督同意并签署才可通过。换言之，总督在所有议案上也有"最终否决权"。香港最高行政权在于总督会同行政局，而行政局与立法局有别，全部议员均由总督委任。两局在总督施政上，只会担任顾问及辅助角色。而总督亦为立法局（至 1993 年止）及行政局主席。

ⅱ. 除两局议员外，总督亦有委派法官和太平绅士的权力和有权对政府所有公务员（除布政司、财政司、律政司和英国驻港三军司令）进行纪律行动（如罚款）甚至解除其公职。此外，总督亦有赦免囚犯（包括死囚）和免除罚款的权力。由于香港作为英国殖民统治区，所有官地属英王所有，而因为总督为英王驻港代表，所以总督有权将官地授予他人及机构（如保良局等）。

ⅲ. 1992 年，港督彭定康上任后大幅改变以往做法，包括不接受爵士封衔，不再兼任立法局主席，取消委任立法局、市政局、区域市政局、区议会议员，又设立立法局答问大会，亲自答复议员质询等，将港督地位降为香港的行政首长。开始推行局部问责，欲渐与英国疏离，改为植根香港本地。

2. 回归后香港特别行政区行政长官产生办法

ⅰ. 第一届行政长官于 1996 年由推选委员会选出，委员 400 人，全部由中央人民政府委任。

ⅱ. 第二届特首按照《附件一》规定，于 2002 年由第一届选举委员会选出，委员增至 800 人。以下为《基本法》附件一所规定的行政长官产生办法：

一、行政长官由一个具有广泛代表性的选举委员会根据本法选出，由中央人民政府任命。

二、选举委员会委员共八百人，由下列各界人士组成：

* 工商、金融界二百人；
* 专业界二百人；
* 劳工、社会服务、宗教等界二百人；
* 立法会议员、区域性组织代表、香港地区全国人大代表、香港地区全国政协委员的代表二百人。

选举委员会每届任期五年。

三、各个界别的划分，以及每个界别中何种组织可以产生选举委员的名额，由香港特别行政区根据民主、开放的原则制定选举法加以规定。各界别法定团体根据选举法规定的分配名额和选举办法自行选出选举委员会委员。选举委员以个人身份投票。

四、不少于一百名的选举委员可联合提名行政长官候选人。每名委员只可提出一名候选人。

五、选举委员会根据提名的名单，经一人一票无记名投票选出行政长官候任人。具体选举办法由选举法规定。

六、第一届行政长官按照《全国人民代表大会关于香港特别行政区第一届政府和立法会产生办法的决定》产生。

七、二〇〇七年以后各任行政长官的产生办法如需修改，须经立法会全体议员三分之二多数通过，行政长官同意，并报全国人民代表大会常务委员会批准。

iii.《基本法》只规定了首两届行政长官的产生办法，声明 2007 年以后循序渐进地最终达至普选。2004 年 4 月 26 日，第十届全国人民代表大会常务委员会第九次会议解释了《基本法》第 35 条，间接否定了 2007 年普选特首的可能。随后政府推出的政改方案因得不到立法会 2/3 的支持而被否决，第三届特首选举方法维持不变。

iv. 香港特区政府于 2007 年发表《政制发展绿皮书》，全国人大常委会确定后，特区政府于 2010 年 4 月 14 日提出《二零一二年行政长官及立法会产生办法建议方案》，该方案于同年 6 月通过。有关 2012 年行政长官产生办法为：

八、根据香港特区政府建议，行政长官选举委员会的人数将由原本 800 人增加至 1200 人，每届任期五年。

九、选举委员会内四大界别（1. 工商及金融界；2. 专业界；3. 劳工、社会服务及宗教界；4. 政界）各增加 100 人，即由原本各 200 人增至 300 人。

十、其中第四界别（政界）的分配为：
- 民选区议员代表 117 席；
- 立法会议员 70 席；
- 全国政协代表 51 席；
- 港区人大代表 36 席；
- 乡议局代表 26 席。

十一、联合提名行政长官候选人的提名门槛：维持原来的比率，即选举委员会总人数的 1/8，惟因选举委员会总人数增加，故提名人数从不少于

香港蓝皮书

100人增加至不少于150人，而现阶段不设立提名人数上限；

十二、行政长官不可属于任何政党的规定暂时维持不变，长远可作检讨。

ⅴ. 根据《基本法》规定，行政长官每届任期五年，可连任一次。如行政长官在任期完成之前因故离职，继任人应在六个月内产生。当出缺（或休假）时，会依次由政务司司长、财政司司长、律政司司长署任。2005年，全国人民代表大会常务委员会以解释《基本法》方式说明补选的行政长官只是完成前任余下的任期。

ⅵ. 行政长官的选举宜达至一个可以长久稳定的制度，使有意贡献者可及早安排和知所适从。

3. 行政长官职能

ⅰ. 与港督相比，行政长官的权力大为削弱，根据《基本法》第48条，香港特别行政区行政长官行使下列职权：

1. 领导香港特别行政区政府；

2. 负责执行《基本法》和依照《基本法》适用于香港特别行政区的其他法律；

3. 签署立法会通过的法案，公布法律；签署立法会通过的财政预算案，将财政预算、决算报中央人民政府备案；

4. 决定政府政策和发布行政命令；

5. 提名并报请中央人民政府任命下列主要官员：各司司长、副司长，各局局长，廉政专员，审计署审计长，警务处处长，入境事务处处长，海关关长；建议中央人民政府免除上述官员职务；

6. 依照法定程序任免各级法院法官；

7. 依照法定程序任免公职人员；

8. 执行中央人民政府就本法规定的有关事务发出的指令；

9. 代表香港特别行政区政府处理中央授权的对外事务和其他事务；

10. 批准向立法会提出有关财政收入或支出的动议；

11. 根据安全和重大公共利益的考虑，决定政府官员或其他负责政府公务的人员是否向立法会或其属下的委员会作证和提供证据；

12. 赦免或减轻刑事罪犯的刑罚；

13. 处理请愿、申诉事项。

ⅱ．第七项功能/职权包括了行政会议非官守成员、各咨询机构及各大学校董会主席和委任区议员的任命。回归后的实践显示，三届特首都在这方面主动削减自己的权力，而这是对行政主导的严重伤害。

Ⅲ. 立法会

1. 沿革

（1）回归前

ⅰ．1843 年定例局成立，成为香港的立法机关。1844 年 1 月，定例局举行首次会议，2 月通过首条香港法例。1845 年 3 月 7 日，定例局根据《1843 年皇室训令》第 6 条，制定并通过首份《香港立法机关会议规则及常规》。

ⅱ．1850 年，港督委任两位太平绅士代表大卫·渣甸及约瑟·艾德格为首两名非官方议员。1857 年，增委两名官方议员及一名非官方议员。1884 年，扩大立法局的成员人数至七名官方议员及五名非官方议员，其中包括一名华人伍才（又名伍廷芳）。1896 年，进一步扩大立法局的成员人数至八名官方议员及六名非官方议员。1929 年，立法局共有十名官方议员及八名非官方议员，其中包括三名华人及一名葡籍人士。不过，由于港督有任免议员和否决草案的权力，定例局只是香港政府的橡皮图章。例如，1902 年占领新界后的土地条例，在非官守议员的强烈反对下，仍被迅速通过。

ⅲ．二战后的 1946 年，港督杨慕琦曾考虑改革政制，但由于内地政权易手，新中国政府又对香港政治改革抱怀疑态度而作罢。1960 年代，香港经历"文革"引发的"六七事件"，政府一方面推出香港节等活动安抚民心，另一方面即有限度扩大代议政制。1967 年，立法局成员人数增至 26 名，官守和非官守议员各占 13 名。1973 年，人数增至 46 名。1980 年，增至 50 名。于 1984 年政府推出《代议政制绿皮书》，详列立法会民主化的过程，正式就立法局引入民选议席咨询公众。

ⅳ．1985 年起，立法局搬到位于中环的旧最高法院大楼，并首次推行间接选举。其后，不少反对派成员都要求政府在 1988 年引入直接选举议席，被称作

"八八直选"。最后政府推出的《代议政制白皮书》，把首次直选的时间订于1991年。1985年，通过《立法局（权力与特权）条例》，提高立法会的权力。1991年，成员人数增至60名。

ⅴ.1991年立法局第一次直接选举举行，香港首个政党香港民主同盟成立。由于联票效应，反对派大获全胜。立法局内非官守议员为对抗竞选出身的议员，成立了今日自由党前身的"启联资源中心"。

ⅵ.1992年，最后一任港督彭定康上任后即推出政改方案，建议1995年的最后一届立法局选举大幅增加直选议席，又新增以全部行业从业员普选为基础的九个功能组别议席（即所谓回归前的"新九组"）。中国政府对此非常不满，认为英方背弃《中英联合声明》，随即宣布放弃"直通车"（即原来中英双方协议，最后一届立法局议员可全数过渡成为香港特区第一届立法会议员），并在香港特别行政区筹备委员会之下成立预备工作委员会，于1996年成立临时立法会（简称临立会），在第一届香港特区的立法会成立前运作，以通过香港特区成立时"必不可少"的法律。临立会于1997年1月25日在深圳召开首次会议，直至1997年7月1日香港特别行政区成立后，才在香港举行会议。

（2）回归后

ⅰ.1997年回归后，立法局改名为立法会。临立会于同年7月1日通过了《香港回归条例》，以进行司法等法律上的衔接，成为香港主权移交后第一条通过的法案。

ⅱ.1998年，首届立法会选举举行。2000年，举行第二届立法会选举。2004年，举行第三届立法会选举，选举委员会在此届起不再选出立法会议席。

ⅲ.2004年，香港为2008年立法会是否实行全面普选争论不休，全国人民代表大会常务委员会对《基本法》的《附件一》及《附件二》进行解释，指出香港要改变行政长官及立法会的选举制度，除要香港特区行政长官、2/3的立法会议员同意外，还要得到全国人民代表大会批准，间接否决了2008年普选的可能。

ⅳ.2007年12月29日全国人大常委会又以全票通过了《全国人民代表大会常务委员会关于香港特别行政区2012年行政长官和立法会产生办法及普选问题的决定》，决定了香港可以最早于2017年普选产生行政长官，另外最早可以于2020年普选立法会。

ⅴ. 2008 年，举行第四届立法会选举。2010 年 6 月，立法会分组点票通过《2012 年香港政治制度改革方案》。

表 2 - 1　立法局/立法会组成（1843~2012）

年份	官守	委任	直选	功能组别	选举团/选举委员会	总数	功能产生办法	直选点票办法/席位
1843	4	0	0	0	0	4	—	—
1850	4	2	0	0	0	6	—	—
1857	6	3	0	0	0	9	—	—
1884	7	5	0	0	0	12	—	—
1896	8	6	0	0	0	14	—	—
1929	10	8	0	0	0	18	—	—
1967	13	13	0	0	0	26	—	—
1973	15	15	0	0	0	30	—	—
1980	27	27	0	0	0	54	—	—
1991	4	17	18	21	0	60	—	—
1995	0	0	20	30	10	60	O**	O**
1997	0	0	0	0	60*	60	O**	O**
1998	0	0	20	30	10	60	—	O**
2000	0	0	24	30	6	60	O**	O**
2004	0	0	30	30	0	60	—	O**
2008	0	0	30	30	0	60	—	—
2012	0	0	35	35	0	70	O**	O**

* 由筹委会员选出。

** O 表示于该年出现改变。

数据来源：立法会网页：http：//legco. gov. hk/。

2. 组织

ⅰ. 1998 年第一届立法会选举中，30 席由功能组别产生，10 席由选举委员会选出，20 席由地方分区直选产生。2000 年的第二届立法会选举，增加由地方分区直选议席，减少选举委员会选出的议席，其中 30 席由功能组别产生，6 席由选举委员会选出，24 席由地方分区直选产生。

ⅱ. 2004 年第三届立法会选举，废除由选举委员会选出议席的制度，将 6 席转由地方直选产生。其中 30 席经地方分区直选产生，其余 30 位经功能组别选举产生。《基本法》第 68 条指明最终目标是全部议席由普选产生。

ⅲ. 2010 年，立法会通过特区政府建议（此即 2010 年政改方案中的立法会部分），立法会议席由 60 个增加至 70 个；其中分区直接选举议席和功能组别议席各增加 5 ~ 35 席；新增的 5 个功能组别议席，以及原来的 1 个"区议会功能界别"议席，全数由民选区议员互选产生，委任区议员不参与互选；民选区议员互选的投票方式，建议采用"比例代表制"；维持现时非中国籍和持有外国居留权的香港永久性居民可参选 12 个功能界别议席的安排。

ⅳ. 相对于行政长官的产生办法及 1896 ~ 1991 年的百年长立法局的组成及产生办法的稳定性，回归后的立法会每四年即大变一次，不但缺乏稳定性，而且使有关议员的素质不断变化，激化各方为争取来届更多席位而将各式议题政治化，而不计较香港的政治、社会和经济的长远利益。

ⅴ. 回归后已 15 年，国家在世界地位崛起，理应要求全体立法会成员由中国籍香港永久居民出任。

3. 选举方法

立法会选举分为地区直选和功能组别两个组别。

ⅰ. 地区直选。1998 ~ 2008 年的立法会选举中，每届有 30 名议员经地区直选选出。2012 年起，地区直选议席将增至 35 席。地区直选将香港分为五大选区，由该区市民投票，以比例代表制/最大余额方法选出议员，即得票达一定比例者即可获得议席（见表 2 - 2）。

表 2 - 2　回归后历届立法会选区议席数量

分 区	1998 年	2000 年	2004 年	2008 年	2012 年
香港岛	4	5	6	6	未定
九龙东	3	4	5	4	未定
九龙西	3	4	4	5	未定
新界东	5	5	7	7	未定
新界西	5	6	8	8	未定
总 数	20	24	30	30	35

数据来源：立法会网页：http：//legco. gov. hk/。

ⅱ. 功能组别。2000 ~ 2008 年的立法会选举中，每届有 30 名议员经 28 个功能组别选出。2004 年，功能界别选民数字为 192374 人。功能组别的选举有三种制度：23 个功能界别采用"最多票数当选法"（First Past the Post），合资格的有选举权的团体代表、公司董事或公会代表的团体以及专业人士如医生、牙医、护士、社工、教师、大专教师、律师、部分法律人员、会计师和资讯科技从业员选出代表的议员；劳工界则使用全票制，每个团体可投三票；乡议局、渔农、保险、航运交通等界则采用"选择消去法"。2012 年起，功能界别议席将增至 35席，新增之 5 席将由现任区议员提名参选，并由没有上述 28 个功能界别投票权的选民以单一选区投票选出，该界别技术上称为"区议会（第二）"，俗称"超级区议员"；原有区议会界别则改名区议会（第一）。

表 2 – 3　29 个功能组别

航运交通界	工业界(第一)	工业界(第二)	纺织及制衣界	批发及零售界
教育界	商界(第一)	商界(第二)	进出口界	资讯科技界
法律界	社会福利界	旅游界	金融界	饮食界
卫生服务界	工程界	地产及建造界	金融服务界	医学界
区议会(第一)	区议会(第二)	建筑、测量及都市规划界	体育、演艺、文化及出版界	劳工界(三个议席)
保险界	渔农界	乡议局	会计界	

数据来源：立法会网页：http：//legco．gov．hk/。

4. 职能

ⅰ. 有关立法会的职权，《基本法》第 74 条规定：

（一）根据《基本法》规定并依照法定程序制定、修改和废除法律；

（二）根据政府的提案，审核、通过财政预算；

（三）批准税收和公共开支；

（四）听取行政长官的施政报告并进行辩论；

（五）对政府的工作提出质询；

（六）就任何有关公共利益问题进行辩论；

（七）同意终审法院法官和高等法院首席法官的任免；

（八）接受香港居民申诉并作出处理；

（九）如立法会全体议员的四分之一联合动议，指控行政长官有严重违

法或渎职行为而不辞职，经立法会通过进行调查，立法会可委托终审法院首席法官负责组成独立的调查委员会，并担任主席。调查委员会负责进行调查，并向立法会提出报告。如该调查委员会认为有足够证据构成上述指控，立法会以全体议员三分之二多数通过，可提出弹劾案，报请中央人民政府决定；

（十）在行使上述各项职权时，如有需要，可传召有关人士出席作证和提供证据。

ii.《基本法》亦规定，立法会议员根据《基本法》规定并依照法定程序提出法律草案，凡不涉及公共开支或政治体制或政府运作者，可由立法会议员个别或联名提出。凡涉及政府政策者，在提出前必须得到行政长官的书面同意。

iii. 根据《基本法》第 50 条，行政长官有权解散立法会，而根据第 70 条，解散后须于三个月内重新选举产生。

5. 立法会委员会

i. 立法会辖下有三个常设委员会，分别是财务委员会、政府账目委员会及议员个人利益监察委员会，履行研究法案、审核及批准公共开支及监察政府施政等职能。内务委员会在有需要时，会成立法案委员会，研究由立法会交付之法案。此外，立法会辖下设有 18 个事务委员会，定期听取政府官员的简报，并监察政府执行政策及措施。

ii. 18 个事务委员会名称如下：司法及法律事务、工商事务、政制事务、发展事务、经济发展事务、教育事务、环境事务、财经事务、食物安全及环境卫生事务、卫生事务、民政事务、房屋事务、资讯科技及广播事务、人力事务、公务员及资助机构员工事务、保安事务、交通事务、福利事务委员会。

iii. 其中负责审议政府拨款的委员会为财务委员会。在刚过去的立法年度，财务委员会共审议 65 个项目，当中只有亚运拨款申请被否决，亦是过去七个立法年度以来，首次政府向财委会申请拨款项目被否决。财务委员会辖下的人事编制小组委员会，过去一年，共审议 19 项建议，当中财经事务及库务局建议开设一个编制外的首长级顶级政务官职位，曾遭否决，政府再提交建议，才获通过。

6. 历届立法会选举数据

表 2 - 4 1995 年香港立法局选举数据

主要政党 得票数据	民主党	民协	民建联	自由党	独立/ 其他	一二三 民盟	街工	职工盟	工联会	港进联
地区直选	385428	87072	141801	15126	90130	0	0	0	0	0
得票率(%)	41.90	9.50	15.40	1.60	9.79	0	0	0	0	0
直选议席	12	2	2	1	3	0	0	0	0	0
功能组别	5	1	2	9	10	0	1	1	1	0
选举委员会	2	1	2	0	3	1	0	0	0	1
所得议席	19	4	6	10	16	1	1	1	1	1

	登记选民人数	投票人数	投票率(%)	最多及第二得票名单
香港(4 个议席)	553509	204820	37.00	民主党(18.33%)、民建联(16.05%)
九龙(7 个议席)	856715	311411	36.34	民主党(10.55)、民协(9.3%)
新界(9 个议席)	1161900	404336	34.79	刘慧卿(9.71%)、民主党(7.37)

数据来源:《1995 年香港立法局选举》,维基百科,http://zh.wikipedia.org/wiki/1995%E5%B9%B4%E9%A6%99%E6%B8%AF%E7%AB%8B%E6%B3%95%E5%B1%80%E9%81%B8%E8%88%89。

表 2 - 5 1998 年香港立法会选举数据

主要政党 得票数据	民主党	民协	前线	民权党	民建联	港进联	自由党	民建联/ 公民力量	新世纪 论坛	工联会
地区直选	634635	59034	187134	39251	316697	0	50335	56731	0	0
得票率(%)	42.87	3.90	12.64	2.60	21.39	0	3.40	4.00	0	0.00*
直选议席	8	0	4	1	4	0	0	1	0	0
功能组别	4	0	0	0	1	1	9	0	0	2
选举委员会	0	0	0	0	2	3	1	0	2	0
所得议席	12	0	4	1	7	4	10	1	2	2

	登记选民人数	投票人数	投票率(%)	最多及第二得票名单
香港岛(4 个议席)	596244	307611	51.59	民主党(46.76%)、民建联(29.31%)
九龙东(4 个议席)	483876	261621	54.06	民主党(55.80%)、民建联(41.78%)
九龙西(4 个议席)	411466	205401	49.91	民主党(55.05%)、民建联(21.73%)
新界东(5 个议席)	595341	330434	55.50	前线(30.81%)、民主党(25.61%)
新界西(5 个议席)	708444	375173	52.96	民主党(39.21%)、民建联(19.35%)

* 该时期工联会的得票,多与民建联重叠。

数据来源:1998 年立法会选举官方网页。

表2-6 2000年香港立法会选举数据

得票数据 \ 主要政党	民主党	民协	前线	民建联	港进联	自由党	新世纪论坛
地区直选	462423	62717	140731	391718	8835	24858	0
得票率(%)	35.04	4.75	10.66	29.68	0.60	1.80	0.00
直选议席	10	1	3	8	0	0	0
功能组别	3	0	0	?	0	8	0
选举委员会	0	0	0	1	2	1	2
所得议席	13	1	3	11	2	9	2

	登记选民人数	投票人数	投票率(%)	最多及第二得票名单
香港岛(5个议席)	627155	260788	41.58%	民主党(35.31%)、民建联(27.85%)
九龙东(4个议席)	518057	229278	44.25	民建联(47.36%)、民主党(45.30%)
九龙西(4个议席)	426288	178199	41.80	民主党(41.27%)、民建联(23.54%)
新界东(5个议席)	692132	307835	44.47	民建联(21.75%)、前线(20.64%)
新界西(6个议席)	791746	343594	43.39	民建联(29.58%)、街工(17.27%)

数据来源:2000年立法会选举官方网页。

表2-7 2004年香港立法会选举数据

得票数据 \ 主要政党	民主党	民协	前线	四十五条关注	四五行动	职工盟	街工	独立反对派	民建联	自由党
地区直选	429908	74671	129756	186296	60925	45725	59033	85051	402420	50335
得票率(%)	24.20	4.21	7.33	10.52	3.44	2.58	3.33	4.80	22.55	2.84
直选议席	7	1	2	3	1	1	1	2	8	2
功能组别	2	0	0	3	0	0	0	0	2	8
所得议席	9	1	2	6	1	1	1	2	10	10

	登记选民人数	投票人数	投票率(%)	最多及第二得票名单
香港岛(6个议席)	618451	354095	57.25	民主党(37.22%)、民建联(21.09%)
九龙东(5个议席)	524896	293986	56.00	前线(24.99%)、民主党(19.21%)
九龙西(4个议席)	420259	227694	54.17	民建联(27.13%)、民主党(26.59%)
新界东(7个议席)	770590	431007	55.93	七一连线(39.17%)、民建联(22.14%)
新界西(8个议席)	873031	463408	53.08	民建联(24.87%)、民主党(13.49%)

数据来源:2004年立法会选举官方网页。

表 2 – 8　2008 年香港立法会选举数据

主要政党 得票数据	民主党	公民党	前线	社会民主连线	民协	职工盟	街工	独立反对派	民建联	自由党
地区直选	312692	206980	33205	153390	42211	42366	42441	347373	65622	86311
得票率(%)	20.63	13.66	2.19	10.10	2.79	2.8	2.80	22.79	4.33	5.66
直选议席	7	4	1	3	1	1	1	7	0	2
功能组别	1	1	0	0	0	0	0	3	7	2
所得议席	8	5	1	3	1	1	1	10	7	4

	登记选民人数	投票人数	投票率(%)	最多及第二得票名单
香港岛(6 个议席)	627657	314870	50.17	公民党(26.35%)、汇贤(19.49%)
九龙东(5 个议席)	540649	237936	44.01	民建联(22.63%)、工联会(21.30%)
九龙西(4 个议席)	440335	207765	47.18	民建联(18.89%)、社民连(18.18%)
新界东(7 个议席)	820205	362959	44.25	民建联(28.38%)、民主党(12.24%)
新界西(8 个议席)	943161	400719	42.49	民建联(23.11%)、民主党(11.49%)

数据来源：2008 年立法会选举官方网页。

Ⅳ. 政党政治

1. 各政党的发展、政治取向及实力

（1）民建联

ⅰ.1992 年成立，主要以亲北京人士为骨干。创党会员中，有工联会成员（包括谭耀宗、陈婉娴）、亲中中学老师及校长（马力、曾钰成、程介南、叶国谦），旨在与 1991 年立法局选举中大胜的香港民主同盟抗衡。1995 年，首度参选立法局选举。随后北京于 1996 年设立临时立法会，并在主权移交初期运作，令民建联在立法机关的影响力大大增加。主权移交后，谭耀宗被行政长官董建华委任加入行政会议。

表 2 – 9　香港回归前民建联在立法局及临时立法会选举结果

	1995 年立法局	临时立法会议员
地区直选得票	141801	—
地区直选得票率(%)	15.40	—
地区直选议席	2	—
功能组别议席	2	—
选举委员会议席	2	—
所得议席	6	9

ii．回归后"新九组"改为其他功能组别，地区直选则改用比例代表制，使民建联长期以来因整体知名度较低而不能多取议席的情况改变。自 1998 年起，民建联即一直在立法会拥有 10 个议席。地区工作方面，由于民建联区议员在要求政府或公共机构改善服务或进行小型工程时比其他政党占优，因此在历届区议会选举中得票数量有所增加。

iii．不过，由于民建联的亲中、亲政府立场，该党不时需要支持受争议的政府政策，有时更被迫跟随政府突然转变立场，因此而受到质疑。此亦是民建联虽有一定影响力及支持，但发展始终停滞的原因。2003 年，其民望跌至低点，此亦反应在 2003 年区议会和 2004 年立法会的选举结果中。该党由于宣传技巧生硬而千篇一律，难以赢得大部分年轻选民欢迎。近年，该党尝试招揽年青一代参加并出选区议会和立法会（例如陈克勤、李慧琼等），努力寻求改变。在香港最大社交网站 Facebook（有逾 350 万个香港会员）中，一个以"我相信可以召集 10 万个厌恶民建联的人"为名的群组在 2011 年 7 月有 100395 个成员，是所有有关香港政治的群组中最多的一个。然而，这个数字对民建联的得票未造成影响。

iv．2005 年 2 月，民建联与香港协进联盟（简称港进联）合并，改名为民主建港协进联盟，简称仍为民建联。2007 年，民建联会员人数达 8643 人；2010 年达 2 万人，成为香港各党派中会员人数最多的政党。

v．2008 年开始，曾荫权政府继承董建华政治委任制，其中民建联副主席苏锦梁被任命为商务及经济发展局副局长（2010 年底接替因病离职的刘吴惠兰成为局长）、前深水埗区议员，民建联中央委员张文韬被任命为发展局政治助理，青年民建联副主席徐英伟被任命为民政事务局政治助理。可见该党政治地位日渐提升。

vi．民建联按党员来历可分为以下七大派系，来自社会不同阶层，虽然主要领导是香港传统的左派，实际上是代表香港整体的政党：

①工联会，以谭耀宗、陈婉娴、王国兴为代表；

②乡事派，以张学明为代表；

③福建派，以蔡素玉为代表；

④前港进联成员，以谭惠珠、刘汉铨为代表；

⑤教联会，包括曾钰成、马力、程介南、叶国谦、杨耀忠，均出身自教联会

及为爱国学校教职员；

⑥地方人士，以刘江华为代表；

⑦商界，以蒋丽芸、黄士心为代表。

ⅶ. 2011 年的区选大胜，更显示民建联的深度社区及社会阶层的压力。15 年来已发展成为最有影响力的第一大党。

表 2 - 10　香港回归后民建联在立法会选举结果

	1998 年	2000 年	2004 年	2008 年
地区直选得票	316697	391718	402420	347373
地区直选得票率(%)	25.23	29.68	22.55	22.79
地区直选议席	5	8	8	7
功能组别议席	3	2	2	3
选举委员会议席	2	1	—	—
所得议席	10	11	10	10

表 2 - 11　香港回归后民建联在区议会选举结果

	1999 年	2003 年	2007 年	2011 年
地区直选得票	183608	—	288613	282119
地区直选得票率(%)	22.49	—	25.12	23.46
地区直选议席	83	62	107	136

（2）自由党

ⅰ. 自由党创立于 1993 年，前身为 1991 年成立的启联资源中心，创党主席为时任立法局及行政局首席议员的李鹏飞。初期党员主要由商人、企业家及专业人士组成，被认为是亲商界的资产阶级政党。李鹏飞曾于 1995 年立法局选举中首次循直选取得立法局议席，后于 1998 年香港立法会选举中落败并辞任主席，由田北俊接任。

表 2 - 12　香港回归前自由党在立法局及临时立法会选举结果

	1995 年立法局	临时立法会议员
地区直选得票	15126	—
地区直选得票率(%)	1.60	—
地区直选议席	1	—
功能组别议席	9	—
选举委员会议席	0	—
所得议席	10	9

ⅱ. 回归后，自由党在直选议席中只取得过最多 2 个议席，但由于功能组制度，自由党在立法会能取得与民建联、民主党鼎足而三的局面，从而发挥影响力。由于自由党在 2003 年反对为《基本法》第 23 条立法，在 2004 年香港立法会选举中，主席田北俊及周梁淑怡分别在新界东及新界西直选中当选。该年，自由党取得 10 个香港立法会议席，成为立法会第二大党。2004 年，该党建立自由论坛，成为香港首个由政党建立、任公众自由参加的网上论政平台。自由党在 2003 年后发起"旗彩招募行动"招揽各阶层入党，尝试令党员成分多元化，但成效有限。2011 年 8 月，自由党、经济动力、专业联盟及工商界功能组别共 12 名立法会议员，合组工商专业联盟。

ⅲ. 该党主张自由市场经济，减少政府干预，要求政府提高透明度，严格控制政府收入和开支，包括税收和福利。

表 2-13　香港回归后自由党在立法会选举结果

	1998 年	2000 年	2004 年	2008 年
地区直选得票	50335	24858	50335	65622
地区直选得票率(%)	3.40	1.80	2.84	4.33
地区直选议席	0	0	2	0
功能组别议席	9	8	8	7
选举委员会议席	1	1	—	—
所得议席	10	9	10	7

表 2-14　香港回归后自由党在区议会选举结果

	1999 年	2003 年	2007 年	2011 年
地区直选得票	27312	—	49419	23408
地区直选得票率(%)	3.34	—	4.30	1.95
地区直选议席	15	—	14	9

（3）工联会

ⅰ. 香港工会联合会于 1948 年成立，简称工联会，现时有 221 间属会和赞助会，涵盖行业主要分为汽车铁路交通业、海员海港运输业、航空业、政府机构、公共事业、文职及专业界、旅游饮食零售业、服务业、制造业、造船机械制造业、建造业等，属会会员人数约 30 万，为目前香港会员人数最多的劳工团体，以爱国爱港为政治立场。回归前，先后由谭耀宗、郑耀棠、陈婉娴等进入立法局，近年力量渐见增加，现任立法会议员包括黄国健、王国兴、潘佩璆、叶伟明，其中前两人是透过地区直选中胜出，后两人是通过劳工界胜出。

ⅱ. 回归后，工联会在1998年和2000年的立法会选举中均与民建联合作，在九龙东选区获得一定的选票。工联会自回归后一直在功能组别劳工界获得议席。自会长郑耀棠于2002年成为行政会议成员后，该党在政府高层的影响力亦相应增加，功能组别中的劳工界席位，三取其二。由于该会近5年来在东九龙及新界西的地区工作取得成绩，工联会在2008年首次在地方直选中赢得议席。

ⅲ. 工联会宗旨为"爱国、团结、权益、福利、参与"。该党虽然没有详细政治纲领，但对低下阶层民生问题颇为重视，在最低工资、标准工时、香港经济多元化和反对外佣拥有居港权等问题上多有建树。工联会在2008年后已成功地成为以劳工及低下阶层为主要服务对象的政团。2011年区议会选举，工联会派出48人参选，最终取得29席，成为拥有区议会议席第三多的政团。

表2-15　香港回归后工联会在立法会选举结果

	1998年	2000年	2004年	2008年
地区直选得票	0	0	—	86311
地区直选得票率(%)	0	0	—	5.66
地区直选议席	0	0	—	2
功能组别议席	2	2	2	2
选举委员会议席	0	0	—	—
所得议席	2	2	2	4

表2-16　香港回归后工联会在区议会选举结果

	1999年	2003年	2007年	2011年
地区直选得票	1074	—	6453	79022
地区直选得票率(%)	0.1	—	0.5	6.57
地区直选议席	1	—	10	29

（4）民主党

ⅰ. 民主党前身为李柱铭、司徒华、刘千石、张文光、何俊仁、文世昌、李

永达、陈伟业、吴明钦、黄匡忠、刘江华等人因应 1991 年直选而创立的"港同盟"。该党在 1991 年与刘迺强、杨森、张炳良、陆恭蕙等人创立的"汇点"共赢得 18 个直选议席中的 14 个，拥有超过九成得票率，在立法局影响力颇大。1994 年，"港同盟"与"汇点"合并，成为民主党。1995 年，该党在立法局选举中赢得 19 席，成为立法局内的最大党。

ⅱ. 民主党建党初期以集合本地反对派为目标，成员中有不少人原来都是其他压力团体的成员。政纲方面，除了支持推动普选，也着重推动环保及监察政府。及后不少前学生会干事加入民主党，使党内形成三股不同势力：相对比较保守和右倾的原"港同盟"人马、中间偏左的前"汇点"成员，以及激进偏左的学生势力。

ⅲ. 民主党在纲领中指出支持香港回归中国、"一国两制"、高度自治及港人民主治港。政治方面，民主党认为"必须加速民主政制发展，并同时巩固现有保障自由、人权及法治的制度，及进一步改革其不足之处"。经济方面，民主党认为香港要维持一个公平竞争和自由运作的市场体系，就需要适当的监管、合理和稳定的税制，健全的法制及廉洁的政府。社会方面，民主党倾向增加社会福利，主张维护社会公义及消除任何歧视，并建立健全教育、医疗、房屋、劳工、社会福利和社会保障制度，促进个人平等的机会以发展个人潜能及社会参与。

表 2 –17　香港回归前民主党在立法局及临时立法会选举结果

	1995 年立法局	临时立法会议员
地区直选得票	385428	—
地区直选得票率(%)	41.90	—
地区直选议席	12	—
功能组别议席	5	—
选举委员会议席	2	—
所得议席	19	0

ⅳ. 民主党在回归前是立法会第一大党，亦是民调支持度最高的政党，但随着发展，党内渐渐陷入派系及路线之争。1998 年，党内少壮派借换届选举，推举刘千石取代"汇点派"的张炳良成为党副主席。1999 年，就应否将"支持设

立最低工资"纳入党纲,少壮派再与主流派激烈辩论;2000 年立法会选举中,又因资源分配、选举名单排名令少壮派不满,数名党员退党。2000 年 6 月刘千石因同时持有民主党和"前线"的会籍,遭民主党革除党籍;2001 年 1 月冯智活退党,与陈国梁等组织"社会民主论坛",其余少壮派开始酝酿退党;2002 年 2 月"汇点派"张炳良、冯炜光等成立"新力量网络",为日后张炳良退党埋下伏笔;2002 年 4 月,有参与"社会民主论坛"等 10 多名少壮派党员包括陶君行、梁永权、徐百弟等正式退党转投另一政治组织"前线";同年 12 月,陈伟业因不满杨森接任党主席而宣布退党;2004 年 10 月,创党副主席张炳良退党。

v. 自 2003 年"七一游行"之后,民主党与其他反对派经常合作,多次选举均有配票安排,例如 2007 年区议会选举"泛民区选联盟",立法会选举港岛区补选和大部分反对派人士联合推举陈方安生,特首选举支持公民党梁家杰,2004 年立法会选举新界东的反对派"钻石名单"及"1 + 1 = 4"等。整体而言,民主党和其他反对派政党/人士关系不俗,直至 2010 年政改争议时民主党与公民党及社民连就普选问题出现分歧时为止。

vi. 回归后,由于立法会选举由单议席单票制改为比例代表制,民主党在直选议席中得票率 43%,但只取得了 13 个议席,仅占总议席 22%。2000 年举行的第二届立法会选举中,60 个议席中只占 12 个。在 2003 年"七一大游行"之后,民主党的支持度再次上升。在 2003 年的区议会选举中取得大胜,取得 95 席。

vii. 在 2004 年香港立法会选举中,虽然于分区直选中得票比第一、二大党自由党及民建联多,但基于比例代表制及功能组别选举,民主党在立法会的议席比上届少了 3 席,降为第三大党。2004~2006 年,民主党屡受丑闻困扰。李永达亦因此不再竞逐连任主席,两派对立风波中何俊仁以大比数胜出另一派系的陈竟明,接任主席。

viii. 由于党内不时出现丑闻及派系冲突,民主党领导层更替缓慢,加上 2005 年后新党林立,不少更由于理念相近而与民主党直接竞争(同时亦有不满民主党与政府妥协者),令民主党近年的影响力稍为减弱,选票及议席均逐届减少。2007 年香港区议会选举,民主党总共派出 108 人参选,竞选口号就是"坚定可信民主党 敢言拼搏为街坊"。民主党仅获取 59 席(其后因谭月萍早逝而减少至 57 席），成功率只有 55%。在 2008 年立法会选举中，民主党成功取得教育界功能组别和地方直选的 7 个议席。2010 年民主党支持政改方案后再次分裂，包括以郑家富为首的民主党新界东核心成员退党，另组"新民主同盟"。

ⅸ. 2008 年 11 月，民主党邀请全体前线成员加入，两党名义上合并。前线主席刘慧卿于 2008 年 12 月成功当选成为民主党副主席。民主党至此完成了较中间及平稳路线的转变，以争取中产及商界的参与。

表 2-18　香港回归后民主党在立法会选举结果

	1998 年	2000 年	2004 年	2008 年
地区直选得票	634635	462423	429908	312692
地区直选得票率(%)	42.87	35.04	24.20	20.63
地区直选议席	8	10	7	7
功能组别议席	4	3	2	1
选举委员会议席	0	0	—	—
所得议席	12	13	9	8

表 2-19　香港回归后民主党在区议会选举结果

	1999 年	2003 年	2007 年	2011 年
地区直选得票	199860	223675	173968	205716
地区直选得票率(%)	24.47	20.96	15.14	17.11
地区直选议席	85	95	59	47
所得议席	85	95	59	47

（5）民协

ⅰ. 香港民主民生协进会（民协）成立于 1986 年。民协原是地区压力团体，自成立至 1990 年代中，以九龙西地区工作为主。全盛时期是 1995～1997年，当时在立法局中共有 4 席，包括循地方直选的冯检基及廖成利，以及选举委员会的副主席罗祥国和市政局功能组别的黄大仙区议员莫应帆。直至 1997年，原 4 名立法局议员被选为临时立法会议员，促使组织由地区压力团体正式转为政党。

ⅱ. 民协的纲领是"促进民主、改善民生"，主要就中下阶层民生和地区议题发表意见，政治上是反对派中的温和派。

表 2 - 20　香港回归前民协在立法局及临时立法会选举结果

	1995 年立法局	临时立法会议员
地区直选得票	87072	—
地区直选得票率(%)	9.50	—
地区直选议席	2	—
功能组别议席	1	—
选举委员会议席	1	—
所得议席	4	2

iii. 回归初期的 1998 年香港立法会选举中,民协未能取得任何议席。到了 2000 年选举,冯检基重回立法会,并于 2004 年选举和 2008 年选举中成功连任,保有一席位置,但在选票及影响力方面均未有太大进展。该党在西九龙及油尖旺地区的地区优势,近年亦随着其他党派染指西九龙而日渐削弱。该党虽然在 1999 年的区议会选举获得 19 席,并借着 2003 年"七一效应"赢得 25 个区议会席位,但其后于 2007 年即跌至只有 17 席。

iv. 自前民协主席冯检基在加入临时立法会时提出"又倾又砌",民协一直抱持温和路线。2010 年,民协与民主党一样,未参与"五区总辞",民协亦于该年支持特区政府的政改方案。

v. 民协保持其为地区性的基层政党的特点,但亦一直发挥其小党的利用机会,联结大党以达致影响决策的目的。

表 2 - 21　香港回归后民协在立法会选举结果

	1998 年	2000 年	2004 年	2008 年
地区直选得票	59034	62717	74671	42211
地区直选得票率(%)	3.90	4.75	4.21	2.79
地区直选议席	0	1	1	1
功能组别议席	0	0	0	0
选举委员会议席	0	0		
所得议席	0	1	1	1

表 2 - 22　香港回归后民协在区议会选举结果

	1999 年	2003 年	2007 年	2011 年
地区直选得票	35946	—	57853	45453
地区直选得票率(%)	4.40	—	5.04	3.78
地区直选议席	19	25	17	15

（6）前线

ⅰ. 前线（The Frontier）成立于 1996 年 8 月，组成时主要以五位当时的立法局议员：刘慧卿、李卓人、刘千石、梁耀忠及黄钱其濂为号召。创会时定位为一个非政党的参政团体，成员来自各界，包括商业金融界（如曾任制衣买手的何秀兰、证券行董事蔺常念）、政界（时任屯门区议员的陈立信、黄大仙区议员罗照辉等）以及基层劳工（职工盟的刘千石、李卓人、蔡耀昌及街坊工友服务处的梁耀忠等）和学界（如前学联秘书长陈小萍等）。部分前线成员为前蚁联成员，包括罗沃启及政府前高官黄钱其濂。前线成立早期，成员有跨阶层的倾向。

ⅱ. 前线的纲领为：争取普选、捍卫人权、全民制宪、维护法治。

ⅲ. 前线在 1998 年的回归后首次立法会选举中的地区选举中赢得 4 个议席，得票 18 万，有一定影响力。不过，该党随即在不断内耗中失去方向，亦失去选民支持。2002 年，由于民主党内部分裂，民主党成员陶君行、陈国梁、冯智活、林森成、梁永权、徐百弟、符伟乐、刘山青、黄仲棋等合共 50 人加入前线。虽然前线成员人数增加，但亦令前线分成两派，分别是创会成员派与前民主党少壮派。

ⅳ. 2004 年，领汇事件令前线内讧浮上台面。部分成员强烈反对领汇上市，但引起前线内部部分支持自由市场经济的会员不满。2006 年，前民主党成员陶君行等再次离开前线。由于多次的内部冲突，前线拥有的立法会议席，已由高峰期的 4 席缩减至刘慧卿的 1 席，区议员席位亦减少。2007 年香港区议会选举，前线共派出 15 人参加区议会选举，最终只得到 3 席，成为区议会议席数量最小的政党。

表 2 – 23　香港回归后前线在立法会选举结果

	1998 年	2000 年	2004 年	2008 年
地区直选得票	187134	140731	129756	33205
地区直选得票率(%)	12.64	10.66	7.33	2.19
地区直选议席	4	3	2	1
功能组别议席	0	0	0	0
选举委员会议席	0	0	—	—
所得议席	4	3	2	1

表 2 – 24　香港回归后前线在区议会选举结果

	1999 年	2003 年	2007 年
地区直选得票	8215	—	16292
地区直选得票率(%)	1.06	—	1.42
地区直选议席	4	—	3
所得议席	4	—	3

ⅴ. 2008 年 12 月，前线与民主党合并。一批未加入民主党的前线成员，于 2009 年 5 月重新组成新执委会，至 2010 年 9 月再次以前线名义注册。执委会由甄燊港任召集人，以"抗争为主，选举为副"，并设"争取民主、维护法治、捍卫人权、服务社会"四大纲领，现有 66 名会员。

ⅵ. 新组织的前线将会派出约 12 人参选 2011 年香港区议会选举，该党声明不会刻意追击民主党，但将与人民力量合作。

ⅶ. 前线执委陈之望在 2005 年曾参选台北中国国民党中央委员。前线一直是较激进和似乎有外力影响的政党。

（7）公民党

ⅰ. 公民党（Civic Party）成立于 2006 年 3 月。创党主席为香港中文大学政治系教授关信基，党魁为来自四十五条关注组的立法会议员余若薇，创党成员逾百人。现任主席是香港浸会大学政治及国际关系学系副教授陈家洛，党魁则是九龙东民选立法会议员、回归后首位有政党背景的行政长官选举候选人、资深大律师梁家杰，外务副主席为长春社前主席黎广德，内务副主席为身兼法律界立法会议员的大律师吴霭仪，秘书长则是在香港明爱服务的注册社工赖仁彪。

ⅱ. 公民党的主要成员来自四十五条关注组，主要成员还有以黎广德为代

表、活跃于公民社会的非政府组织成员、大学学者，另加上数名香港专上学生联会（学联）成员及立法会议员筹组而成。成员包括 5 名立法会议员、7 名区议员，党员人数约为 300 多人，为立法会第三大党。

iii. 公民党的党纲包括争取普选、争取立法保障市民获取资讯自由、推动政党政治、赞成各行各业全面设立最低工资及最高工时，并以发展成执政党为目标。由于该党以专业人士（特别是法律界人士）为核心，在政治议题上立场较民主党激进，强调社会公义，因此颇得香港中产及高等教育人士支持。在 2004年及 2008 年的立法会选举中，均成为得票第三多的政党，并成为港岛区得票最多者。党员梁家杰曾参加 2007 年行政长官选举，但最后败给曾荫权。2011 年中，公民党接连被发现在港珠澳大桥司法复核案、外佣争取永久居留权案中扮演主动角色，其中前者令公帑损失超过 65 亿，而后者更可能引发超过 40 万外佣取得居港权，引起社会强烈争议。在当年的区议会选举中，公民党派出 41 名候选人出选，最后只取得 7 席。

iv. 公民党由 11 个支部组成，其中 5 个支部为"地区"支部，另外 5 个为"政策"支部，以及 1 个名为"青年公民"的支部。地区支部分别为港岛区支部、九龙东支部、九龙西支部、新界东支部、新界西支部；政策支部分别为宪制及管治、经济及公共财政、环境及可持续发展、健康及生活质素和社区及社会发展。

v. 对外联络方面，该党 2006 年首次外访考察，前往台湾，访问当地朝野官员及议会代表。2011 年 7 月，公民党党魁梁家杰参加美国传统基金会主办的一个有关中港民主化的论坛。公民党是以旧民主党分出的、以专业及中产人士为主的政党，较近于美国的主流政党。

表 2 – 25　香港回归后公民党在立法会选举结果

	1998 年	2000 年	2004 年	2008 年
地区直选得票	—	—	186296	206980
地区直选得票率(%)	—	—	10.52	13.66
地区直选议席	—	—	3	4
功能组别议席	—	—	3	1
选举委员会议席	—	—		
所得议席	—	—	6	5

表 2 - 26　香港回归后公民党在区议会选举结果

	2007 年	2011 年
地区直选得票	50216	47603
地区直选得票率(%)	4.37	3.96
地区直选议席	8	7

（8）社民连/人民力量

ⅰ. 社会民主连线（简称社民连；League of Social Democrats，LSD）于 2006 年 10 月成立，由议员、社运人士及基层市民等组成。直至 2011 年为止，该党的核心成员为黄毓民、梁国雄、陈伟业及陶君行。黄毓民毕业于早年被视为亲台的珠海书院，取得文学硕士，后活跃于亲台团体。

ⅱ. 社民连以香港反对派左翼政治光谱为号召，走基层路线，持反政府立场。该党口号包括"济弱扶倾，义无反顾，没有抗争，哪有改变"、"基层主导、民主企硬，旗帜鲜明的反对派"。除政治改革议题外，社民连倡导扩大福利制度及政府适当介入市场。

ⅲ. 由于社民连强调反对民主党等温和反对派与政府妥协、大企业垄断及官商勾结，而且其手法效法台湾政党，重视动员，因此颇受年轻中下层选民欢迎，特别是青年网络群体。另外，由于不少市民认为其成员在议会内外的政治姿态无建设性，因此其影响力的发展亦遇上瓶颈。

表 2 - 27　香港回归后社民连在立法会选举结果

	1998 年	2000 年	2004 年	2008 年
地区直选得票	—	—	—	153390
地区直选得票率(%)	—	—	—	10.10
地区直选议席	—	—	—	3
功能组别议席	—	—	—	0
选举委员会议席	—	—	—	—
所得议席	—	—	—	3

ⅳ. 社民连成立后亦不断受内部冲突的问题困扰，其中以黄毓民、陈伟业与陶君行之间的倾轧最为严重。党内的斗争在 2011 年 1 月表面化，黄毓民及陈伟业连同社民连 200 多名党员退党，并成立政治组织"人民力量"，令社民连在立

法会议席由3席减为1席，区议会议席亦减为3席。2011年区议会选举，全军覆没。

ⅴ. 社民连代表了激进的反对派。以过激的行动获取知名度及让一些对政府政策不满人士可借此宣泄。

表2－28　香港回归后社民连在区议会选举结果

	1999 年	2003 年	2007 年	2011 年
地区直选得票	—	—	33317	21833
地区直选得票率(%)	—	—	2.9	1.82
地区直选议席	—	—	6	0

（9）香港职工会联盟

ⅰ. 职工盟成立于1990年7月，前身是由基督教工业委员会的属下不同组织组成，自称独立工会，然而长期是亲西方国际自由劳联（International Confederation of Free Trade Unions，ICFTU）、现称为国际职工盟（International Trade Union Confederation，ITUC）的中国地区附属工会，至今已有超过70个属会，代表超过17万名会员，包括城巴有限公司职工会、香港教育专业人员协会（教协）、港九劳工社团联会（劳联）及电视广播有限公司职员协会等，为香港第二大劳工联合组织。职工盟创会主席是刘千石，现任主席为代表教协会的潘天赐，立法会议员李卓人为秘书长。前总干事为李卓人妻子邓燕娥，现任为蒙兆达。邓燕娥于2011年被调任为国际食品劳联（International Union of Food，Agricultural，Hotel，Restaurant，Catering，Tobacco and Allied Workers' Associations，IUF）属下国际家务工网络（International Domestic Workers Network，IDWN）执行干事，专门组织外佣在各地的维权工作。此外，李卓人同时是"支联会"及工党主席。

ⅱ. 职工盟的宗旨为推动劳工权益，改善雇员生活质素，具体工作包括处理劳资纠纷、宣传工会意识、争取立法保障、组织独立工会等。职工盟亦积极参与香港民主运动，认为可以透过争取民主保护工人利益。职工盟提倡的政策包括集体谈判权、最低工资、最高工时及全民退休保障等。

ⅲ. 职工盟与香港民主党派包括民主党及前线有密切关系。1998年，职工盟成员李卓人以前线身份参选立法会，赢得46696张选票及一个议席。

ⅳ. 职工盟地区活动较少，主要依赖劳工运动和新界西的票源竞选立法会议席，在该区的得票率维持在 10%～15%。由于新界西竞争激烈，工联会在该区影响力亦日增，因此职工盟的得票有下降的趋势。2011 年区议会选举前仍然大力支持外佣拥有居港权，在是次选举中，3 名候选人包括李卓人，全军尽没。在2011 年区议会结束、2012 年立法会选举前夕，李卓人以及何秀兰、张超雄等前身是前线、公民党等的非工会出身成员，成立工党以便扩大政治参与和便利选举进行。

表 2-29　香港回归前职工盟在立法局及临时立法会选举结果

	1995 年立法局	临时立法会议员
地区直选得票	—	—
地区直选得票率	—	—
地区直选议席	—	—
功能组别议席	1	—
选举委员会议席	—	—
所得议席	1	0

表 2-30　香港回归后职工盟在立法会选举结果

	1998 年	2000 年	2004 年	2008 年
地区直选得票	46696	52202	45725	42366
地区直选得票率(%)	3.1	3.9	2.58	2.8
地区直选议席	1	1	1	1
功能组别议席	0	0	0	0
选举委员会议席	0	0	—	—
所得议席	1	1	1	1

（10）汇贤智库/新民党

ⅰ. 汇贤智库（Savantas Policy Institute）是智库组织，于 2006 年 7 月成立，创会主席为前保安局局长叶刘淑仪。该智库的成立，始创于叶刘淑仪与陈岳鹏对香港问题的讨论，并吸引到其他在美国生活和留学的香港人参与，汇贤智库主要目标票源为中产、专业、工商服务界及公务员。

ⅱ. 新民党（New People's Party）则成立于 2011 年，由汇贤智库主席叶刘淑仪牵头，核心成员包括医生史泰祖、前九铁主席兼自由党成员田北辰、应科院前行政总裁余衍深，以及前消防处救护员会主席屈奇安、入境处前副处长周国泉、入境处前助理处长蔡炳麟、邮政署前署长谭荣邦及厂商会前会长尹德胜等。政党顾问包括钟逸杰、盛智文、罗范椒芬、邝其志等人。该党于 2010 年 12 月 15 日举行首次会员大会，选出叶刘淑仪为主席，史泰祖及田北辰为副主席，余衍深为行政总裁。

iii. 2007 年开始，智库开始参选区议会和立法会议席，并于香港岛选区获得一个议席（主席叶刘淑仪）。当时，该会得到 61073 票，成为该区得票第二多的政治团体（得票最高为公民党，82600 票；第三为民建联，60417 票）

iv. 汇贤智库的纲领，是促使香港成功转变为知识型经济体系，提倡公众对知识型经济的认知，以及认识长远投资于知识、创新、科技和由专才推动持续发展的重要性。汇贤智库的另一个目标是深入研究公共政策，并加深了解民主理想、价值、文化和制度。

v. 从组成和人员背景看，新民党较多成员来自"海归"大学生。2011 年 8月，该党核心成员曾往北京拜会港澳办主任王光亚，讨论释法问题。

表 2-31   香港回归后汇贤智库在立法会选举结果

	1998 年	2000 年	2004 年	2008 年
地区直选得票	—	—	—	61073
地区直选得票率(%)	—	—	—	19. 49*
地区直选议席	—	—	—	1
功能组别议席	—	—	—	0
选举委员会议席	—	—	—	—
所得议席	—	—	—	1

*新民党在港岛区的得票率，这亦是该党唯一参选的地区。

表 2-32   香港回归后汇贤智库在区议会选举结果

	1999 年	2003 年	2007 年	2011 年
地区直选得票	—	—	2126	11568
地区直选得票率(%)	—	—	0.01	0.96
地区直选议席	—	—	2	4

(11) 工商专业联盟

ⅰ. 2011 年 8 月，自由党、经济动力、专业联盟及工商界功能组别共 12 名立法会议员，合组工商专业联盟，成议会第一大党派。工商专业联盟由自由党、经济动力、专业会议，加上中总的商界立法会议员黄宜弘筹组而成，其中黄宜弘、自由党荣誉主席田北俊及乡议局主席兼经济动力成员刘皇发，一同成为联盟的荣誉主席。经济动力林健锋为召集人，自由党主席刘健仪和专业会议何钟泰则为副召集人。

ⅱ. 联盟认为近年民粹主义抬头，欧美国家的经济发展倒退，金融不稳定，导致失业率上升，社会分化，政局不稳。他们认为政府的施政必须平衡各方利益，促进社会和谐。联盟的宗旨是以香港未来的发展为基础，以香港长远利益为大前提。

ⅲ. 联盟指其成员将会在立法会中有一致的投票立场，也会在未来的选委会、行政长官和立法会选举中作统一部署。

表 2 – 33　香港工商专业联盟核心成员一览（均为现任或前任立法会议员）

姓 名	政团/团体	姓 名	政团/团体
林健锋	经济动力	梁刘柔芬	经济动力
刘健仪	自由党	梁君彦	经济动力
何钟泰	专业会议	刘秀成	专业会议
刘皇发	经济动力	梁美芬	专业会议
田北俊	自由党	石礼谦	专业会议
黄宜弘	中 总	方 刚	自由党
张宇人	自由党		

数据来源：《香港文汇报》、《明报》。

2. 政党表现、性质

ⅰ. 爱国阵营发展受到局限。从 1995 ~ 2008 年的历届立法会、区议会选举的结果中可以看出，传统爱国阵营（即民建联、工联会和自由党）的发展一直面临瓶颈。自 1998 年以来，这三个党派在直选中的得票率一直只有大约三成，或 40 万 ~ 50 万票，在立法会的影响力一直依赖功能组别的席位（大多是自由党的席位）。尤其近年，自由党由于形象欠佳，直选舞台已甚难胜出。

ⅱ. 反对派支持度随经济和重大政治事件变化。另一方面，虽然反对派阵营在历次选举的得票率一直比爱国阵营为高，但从数据上可以看出反对派的支

持度与社会和经济问题有密切的关系。例如，1998 年正值金融风暴和资产泡沫爆破，政府当时被指无所作为，适逢该届又是直通车结束后的第一届立法会直选，令该年的投票率高达 52.95%，比上届高出逾 17%，反对派的得票亦高达 92 万票，足有爱国阵营的一倍之多。可是，2000 年经济稍为恢复，当年的投票率即下跌至 43.19%，反对派的得票更跌至 66 万票，只比爱国阵营多出 50%。至 2003 年，虽然经济持续恢复，但由于第 23 条及"七一游行"这两个政治因素，令投票率再次升逾 60%，而反对派更获得过百万票，再次超过爱国阵营一倍。2008 年，由于经济状况良好，投票率又下跌，连带反对派的得票亦相继下跌。

iii. 市民普遍对立法会议员不信任。近年，由于议会和政党之间各不相让，难以在长远政策中取得共识，令香港市民对立法会议员（不论属于何党）普遍持不信任的态度。2011 年 3 月，香港大学的民意调查发现市民对立法会议员整体表现的满意率只有 13%，是历来的低点。市民近年对政党政治的普遍厌倦，加上现时经济基调仍好（与前几年相比），可能令来届（2012）的立法会选举出现低投票率的情况。虽然港人对政府不满，但亦对议员蓄意令政府和社会不能运作的举动反感；2011 年立法会否决政府的临时预算案，几乎令香港政府不能运作。当时部分反对派议员希望借此推倒财政司长曾俊华，动员发动游行，但只有数百名市民参加。

iv. 爱国阵营与政府的张力。近年，政府不时推出政策但又突然改变（例如 2011 年的财政预算案），令爱国阵营亦要被迫"今日的我打倒昨日的我"，影响爱国阵营形象。政府拟订政策前，既未全面征求民意，又未向爱国阵营详细沟通，推出政策后又寄望爱国阵营支持通过，令爱国阵营难以选择立场。

v. 反对派持续分裂，激进力量出现。虽然爱国阵营的发展遇上瓶颈，但反对派同时内讧不断，令香港的政治结构在近年未有太大变化。上面已提到，回归后，前线、民主党、社民连等党派均曾发生大规模的分裂，原因多与党内激进路线的少壮派与领导政党的核心成员发生冲突（前线、民主党），亦有为争夺党内领导权而起（社民连）。这些事件令某些反对派政党逐渐失去影响力（如前线），亦令反对派内部分裂（例如民主党和社民连、人民力量的对立），更有众多小势力出现令反对派力量更为分散（如现时所谓选民力量等标榜激进但缺乏整体纲领的政党）。这些小党派大多为（至少是表面上）不满反对派大党的"妥协"政策, 标榜年轻和激进, 但现时仍处于崇尚口号、缺乏实干的阶段, 虽然以代表市民和基层自许, 但争取到的支持似乎有限。在2011年区议会选举中, 社民连和人民力量合共派出共83人出选, 最后只有一名前亲台人士当选, 多名现任议员寻求连任失败, 标志着激进政治遭遇挫折。

vi. 地区工作与政党支持度的关系。由于区议会制度与立法会挂钩, 政党逐渐渗入区议会, 加上2010年政改后推出的五个超级区议员席位, 令区议会政治化, 原有的地区咨询角色则减退。地区工作在将来会继续成为各政党的主要工作之一。较专注地区工作的政党(例如民建联、民主党、工联会和民协)在每次立法会和区议会的选举中都会有一定数量的"铁票"。

vii. 2011年, 已登记选民达355万, 较2007年升约8%。值得注意的是18~20岁的新登记选民的人数在2007~2011年由7万人增至逾14万人。这可能意味着拥有较多年轻候选人的政党将会在2011年的区议会和2012年的选举中占优。

表2-34 香港历届立法局/选举爱国阵营和反对派表现 (1995~2008)

	爱国阵营(直选)			反对派阵营(直选)		
年份	得票	得票率(%)	议席	得票	得票率(%)	选举团
1995	156927	17.00	3	472500	51.40	14(2)
1998	423763	28.79	5	920054	62.01	13(4)
2000	425411	32.08	8	665871	50.45	18(4)
2004	457266	25.42	11	1071365	60.41	18(8)
2008	499306	32.78	11	833285	54.97	19(7)

	爱国阵营(功能)			反对派阵营(功能)		
年份	功能	选举团	总议席	功能	选举团	总议席
1995	11	2	16	6	3	23
1998	13	8	26	4	0	17
2000	10	6	24	3	0	21
2004	19	0	30	7	0	25
2008	26	0	37	4	0	23

注: 亲建制包括民建联、工联会、自由党等。
反对派包括民主党、公民党、前线、民协、职工盟、街工等。

表2-35　香港历届区议会选举爱国阵营和反对派表现（1999~2007）

年份	亲建制（直选）			反对派阵营（直选）		
	得票	得票率（%）	议席	得票	得票率（%）	议席
1999	252330	30.90	134	264002	32.33	118
2003	266593*	25.00*	107	533186*	50.00*	153
2007	377491	32.85	193	402290	35.01	119

年份	亲建制（委任）		反对派阵营（委任）	
	委任	总议席	委任	总议席
1999	31	165	0	118
2003	23	130	0	153
2007	41	235	0	119

　　*由于实际票数不明，此数字为根据当时报道的估计。

　　数据来源：1999年区议会选举官方网页，http://www.elections.gov.hk/elections/dcelect99/；2003年区议会选举官方网页，http://www.elections.gov.hk/elections/dcelect03/；2007年区议会选举官方网页，http://www.elections.gov.hk/elections/dcelect07/；2011年区议会选举官方网页，http://www.elections.gov.hk/elections/dcelect11/。

B.10
咨询机构

I . 行政会议

1. 沿革

ⅰ. 英国殖民统治时期,行政局(成立初期称为议政局)由香港总督主持,邀请知名社会人士担任成员(当时称为议员),通常有 10 多人。重要决策均需由总督会同行政局通过后才能执行。行政局有 4 名当然议员,包括驻港英军三军司令(至 1991 年)、布政司、财政司和律政司,其余由总督委任,分为"官守"和"非官守"两类。

ⅱ. 1997 年回归后,行政局改称行政会议;大致沿袭其职能,但不设当然成员,所有成员任免皆由行政长官决定。前行政长官董建华于 2002 年 7 月推行"高官问责制"以后,在行政会议中,司局长往往占绝大多数(3 位司长加上 11 位局长的官守成员合共 14 位,而非官守成员只有 5 ~ 7 人)。

ⅲ. 2005 年曾荫权当选行政长官后,在《施政报告》中宣布增加行政会议非官方成员的人数。行政会议的官守成员除了曾氏和三位司长会出席所有会议外,其他官守成员(即各决策局局长)可以选择只在会议涉及本身负责的事务时才出席。

ⅳ. 行政局议员需遵守和英国内阁相同的"保密制"及"集体负责制":政策未决定前所有议员均需保密;政策决定后各议员对外均需支持该政策。

2. 职能

ⅰ. 主权移交前,行政局用以酝酿政策,总督在重要决策或向立法局提交法案前均先由港督会同行政局通过。虽然在 1991 年前立法局议员大多数均由港督委任,而且不少立法局议员均兼任行政局议员,但如果港督不同意行政局大多数人决议时,他需要把原因交往英国外交部备案,因此行政局对港督决策能有相当大的影响力。

ⅱ．主权移交后，行政会议只向行政长官一人负责。根据《基本法》第 56 条，"行政长官在作出重要决策、向立法会提交法案、制定附属法规和解散立法会前，须征询行政会议的意见，但人事任免、纪律制裁和紧急情况下采取的措施除外"。2002 年前行政长官董建华推行主要官员问责制前，只视行政会议为智囊，令行政会议失去影响力。问责制推行后，所有问责局长皆成为行政会议成员，令行政会议变相成为内阁，但由于行政会议并不是以少数服从多数的准则来做决定，而且行政长官如不同意行政会议大多数人的决议时，只需将理由记录在案，所以即使大部分成员反对，最后的决定权仍在行政长官手上。

3. 成员

根据《基本法》，行政会议并不如主权移交前的行政局般有当然议员。行政会议所有成员任免皆由行政长官决定；他们可以来自行政机关的主要官员、立法会议员和社会人士，而任期不得超过任命他们的行政长官的任期。

4. 行政会议组织不宜时常变更，成员要以专才为主不宜全由商人包揽

ⅰ．现时，行政会议 14 名非官守成员当中，除了工联会会长郑耀棠、民建联副主席刘江华、民主党前副主席张炳良、律师胡红玉、医生梁智鸿外，全部由商人担任，其中更有多人有财经背景。这些人物多与社会大众的生活脱节，因此除商界（特别是金融和地产界外）的声音外，难以达到反映社会诉求的效果。

ⅱ．回归后行政会议组成多次大变动，但主要成员纷纷出任立法会、政党及各重要咨询机构，变更了其咨询角色，被质疑已成为交换政治利益的场所。

Ⅱ．市政局和区域市政局

1. 沿革

ⅰ．市政局本名为洁净局（Sanitary Board），于 1883 年 4 月 18 日成立，当时的目的是整治香港的卫生和食水设施。1935 年，立法局通过《1935 年市政局条例》，才正式于翌年成立市政局，负责卫生事务，并拥有小规模地区建设的财政权。第二次世界大战后，港督杨慕琦曾考虑扩大市政局权力，使之成为真正的市议会，但该计划由于英国政府反对而不了了之。1960 年代，港督戴麟趾成立地方行政政府工作小组，该小组曾于 1966 年发表报告，建议成立多个地方市议会或区议会，加强其行政与咨询职能，并大幅增加议会内的民选议员数目。与此同时，市政局地方政制委员会亦发表地方政制改革报告书，建议扩大市政局的职权范围并增加民选议员数目。另外，新界乡议局反对另行建立市政局的计划，反建议将乡议局改组和升格为新界的市政局。可是，由于"1967年暴动"，三个计划都未实现。

ⅱ. 直至1973年，市政局才开始改革。当年的改革将议员数目定为24名，民选议员增加至12人，并取消官守议员。自此，差饷、牌照费、租金和各类市政收费成为市政局的财源，而市政事务署则成为市政局的执行部门，处理卫生、文康等事宜。以往市政局主席由市政事务署（市政总署前身）署长兼任，改革后则由议员互选产生。

ⅲ. 1982年和1989、1991、1995年，市政局均进行改革，包括容许所有21岁以上居住香港逾10年以上的市民选出议员。议员的人数则逐次增加，最后于回归前共有41人。

ⅳ. 1985年4月，在乡议局的支持下，政府成立"临时区域议局"，职权与市政局相同，但服务范围则是新界。1986年4月1日，区域市政局正式成立，初期由12名直选议员、9名由新界区议会选出的代表，及3名来自乡议局的当然议员及12名委任议员组成。

ⅴ. 自1985年开始，立法局56名议员中，12名是由市政局、区域市政局及区议会全体成员组成的选举团选出。1991年的政改后，市政局则转为功能界别，选出一名成员进入立法局。港督彭定康在任期间，民选议员数量大幅增加，另外投票年龄亦由21岁降低至18岁。

2. 成员

ⅰ. 战前，市政局有两名民选议员，但战争期间市政局中断。战后直到1952年才恢复两名民选议席。1953年，民选议员增加至4位，3年后再增到8位，同时任期改为4年，1965年则增加至10名。

ⅱ. 1983年，市政局议员数量增加至30名，包括15名民选和15名委任议员。1989年，除民选和委任议员外，另外加入10名区议会兼任议员，令议员数增至40名。1995年彭定康政治改革，则大幅增加地区直选的市政局议员至32名，而委任则只有9人，共41人。

3. 解散临时市政局和临时区域市政局

ⅰ. 1997年回归后，由于中英两国取消了直通车的安排，因此市政局和区域市政局在回归后均被解散，其成员由特区行政长官委任出任临时市政局和临时区

城市政局议员。其后，董建华政府鉴于地方咨询机构重叠，于 2000 年解散两局，其职务转交环境食物局及原有的民政事务局负责。

Ⅲ. 乡议局

1. 沿革

ⅰ. 新界乡议局（官方称为乡议局，英文：Heung Yee Kuk）是香港新界 700 条原居民乡村的咨询及协商的法定组织，成立于 1926 年。该局的职能，受到 1959 年订立的《香港法例》第 1097 章 "乡议局条例" 及《香港基本法》第 40 条所确立。

ⅱ. 乡议局的前身为 "新界农工商业研究总会"，由荃湾的杨国瑞、粉岭的李仲庄及元朗的邓伟棠于 1923 年发起组织，对政府拟推行之建屋补价政策提出反对，最终迫使政府终止有关政策。

ⅲ. 1926 年，香港总督金文泰为改善政府与原居民的关系，饬令 "新界农工商业研究总会" 易名为乡议局，并赋予更多权力，成立初期连一般民事案件也会交由乡议局办理。1959 年，《香港法例》第 1097 章 "乡议局条例" 实施，乡议局也成为香港法定机构之一，并与当时的新界民政署保持密切联系。

ⅳ. 虽然随后区议会及区域市政局先后成立，作为地区性事务的咨询及管理议会机构，但乡议局至今仍然有一定的地位，并分别于香港区议会（27 名委任议员）及香港立法会拥有当然议席及功能界别议席（1 席）。

2. 职能

根据《香港法例》第 1097 章 "乡议局条例"，乡议局有以下职能：

- 促进新界居民之间的合作及了解；
- 作为香港政府与新界居民的沟通桥梁；
- 就新界的社会及经济发展向香港政府提供意见；
- 鼓励遵守新界居民的传统风俗和习惯；
- 执行行政长官邀请的职能。

3. 成员

乡议局现有 154 名议员，其组成如下：

- 69 名当然执行委员；

- 15 名普通执行委员；
- 15 名增选执行委员；
- 39 名当然议员；
- 16 名特别议员。

4. 影响力

ⅰ. 现时乡事委员会主席是区议会的当然议员，而由于乡村的动员能力较强，不少乡事委员或村代表都从民选途径进入区议会。因此乡议局在新界的区议会有一定的势力。另外，乡议局在政府各个土地咨询委员会中（例如城市规划委员会和土地及建设咨询委员会）均有其代表，可见乡议局对政府的公共政策有一定的影响。

ⅱ. 不过，该局在20世纪90年代因男女平权和《城市规划条例》等问题而形象受损，现时被占人口绝大多数的市区人口看成是新界土地阶层的俱乐部。政府有时亦利用市区人口对乡议局的成见来对乡议局施压。例如，2011年有关清拆村屋僭建的讨论中，政府即不断强调市区和乡郊地区的一致性以强行清拆新界所有违反《建筑条例》的村屋僭建部分。

表 2-36 香港乡议局当然执行委员的其他职务（2011）

职　务	人　次	职　务	人　次
行政会议成员	1	前人大成员	1
立法会议员	8	政协成员	5
区议会议员	45	前政协成员	2
人大成员	1		

Ⅳ. 区议会

1. 沿革

ⅰ. 1982年，政府在各区成立区议会，并于同年举行首届区议会选举。当时区议会的官守议员和非官守议员人数相若，民选议员和委任非官守议员人数也接近。在港九地区，市政局议员出任市区区议会议员，乡事委员会主席则出任新界区议会议员。

ⅱ. 1985 年 9 月，立法局 56 名议员中，12 名是由市政局、区域市政局及区议会全体成员组成的选举团选出。区议会的成员组合维持不变，民选议员和委任议员的整体比例仍然维持 2：1。

ⅲ. 1989 年，市政局议员停止出任区议会当然议员，每个市区区议会各选出一名成员出任市政局议员。1993 年起，区议会负责监督社区会堂的管理工作及推荐有关人士担任所属地区多个组织的职务。1994 年的区议会选举中，除 27 名乡事委员会主席保留新界区议会当然议席之外，373 名议员几乎全部由地方选区以"单议席单票制"和"票数领先者取胜"的方式选出。投票年龄由 21 岁降低至 18 岁。

ⅳ.《基本法》第 97、98 条只是简单地提到特区政府可设立非政权性的区域组织，并且说明它是地区事务咨询性质的组织。

ⅴ. 回归后，政府在 2000 年进行区域组织改革，取消原有的市政局、区域市政局及两个市政总署。近年来特区政府有意扩大区议会功能并且逐步迈向最终取消委任议员，使区议会成为一个近似第二级议会，不但将香港推向政治化，亦为反对派提供更大活动空间及经费来源。

ⅵ. 2011 年 9 月，政府宣布进一步减少区议会的委任议员人数，由 2007 ~ 2011 年的 102 席减少 1/3，至 2011 ~ 2015 年度的 68 席，并向市民咨询取消其余区议员的时间表及办法。政府又指出将于最迟 2020 年全面取消委任区议员。

2. 组成

ⅰ. 第三届区议会共有 534 名议员，可以分为三类：

ⅱ. 民选议员：透过地区直选而选出的议员。根据《区议会条例》，民选议员数目由选举管理委员会制定，而 2008 ~ 2011 年度区议会民选议员的数目以每17000 人设一议席的比率为基础，共有 405 个议员。

ⅲ. 当然议员：新界的各区区内乡事委员会的代表，共有 27 名议员。

ⅳ. 委任议员：1998 年起，政府恢复委任区议员。根据法例，委任议员人数平均应占议会人数约 1/5。2007 ~ 2011 年，区议会的委任议员人数为 102 席；2011 年 9 月，政府宣布新一届区议会的委任议员人数为 68 席。

3. 选举方法

ⅰ. 区议会选举分为 18 个选区，分别为：

ⅱ. 香港岛 4 区：中西区、湾仔区、东区、南区。

iii. 九龙 5 区：油尖旺区、深水埗区、九龙城区、黄大仙区、观塘区。

iv. 新界 9 区：葵青区、荃湾区、沙田区、西贡区、大埔区、北区、元朗区、屯门区、离岛区。

表 2 - 37　1991 年以来香港区议会议席变化

议席 \ 年份	1991	1994	1999	2003	2007
当 然	27	27	27	27	27
委 任	140	0	102	102	102
直 选	274	346	390	400	405
总 数	441	373	519	529	534

4. 职权

i. 区议会的职能如下：

ii. 就以下项目向政府提供意见：

● 影响地区人士的福利的事宜；

● 区内公共设施及服务的提供和使用；

● 政府为各区制订的计划是否足够及施行的先后次序；

● 各区就地区公共工程和社区活动获得的拨款的运用。

iii. 在就有关目的获得拨款的情况下，承担：

● 区内的环境改善事务；

● 促进区内文娱康乐活动的工作；

● 区内的社区活动。

iv. 2000 年政府取消市政局、区域市政局及市政总署时，曾向区议会承诺增拨资源、增加其职责，以鼓励市民参与地区公共事务。此后，区议会英文名称改为 "District Council"，以示区议会享有 "立法议会"（Council）的地位。不过，区议会议员普遍认为政府未实现承诺，让区议会承继两个市政局及总署原有的权力。由于没有立法和审批政府公共开支的权力，区议会权力有限，但仍是政党发展地区工作的平台。

v. 区议会按其成立原意及《基本法》相关条文，应属特区行政部门的咨询机构，并不是次级议会，因此，区议会未来的功能应以咨询为主，不应有太多权限，以免令地区行政过分政治化。

表 2 - 38 香港历届委任议员背景 (1998 ~ 2007)

来源 年份	民建联	工联会	九联、 新论坛	港进联	乡议局	自由党	不明/ 其他
1998	19	0	6	11	11	9	29
2003	9	1	5	5	11	8	59
2007	13	3	6	0	7	9	55

V. 咨询委员会

1. 咨询委员会人事重叠，商界声音明显过大

ⅰ. 现时香港有 300 多个政府咨询委员会，全部附属于各政府部门，就有关社会各项事务向政府提供专业意见。不过，现时有不少特定专业人士（地产商、商人或医生）或"富二代"多包揽大量重要，有些甚至与其专业无关的咨询委员会席位，使咨询委员会未能有效成为政府探知民意和寻求专业意见的平台。

ⅱ. 一方面，不少咨询机构成为商人和"富二代"建立个人网络的平台；另一方面，一些咨询机构亦渐被政府忽视。例如，社会福利咨询委员会在 2008 年以前每年和政府开会 5 ~ 6 次，但 2008 年后则每年只有两次会议。曾被董建华重视的策略发展委员会，影响力已大不如前。

ⅲ. 政府咨询委员会人事重叠情况最严重者，要数有关房屋地政的咨询委员会。市区重建局、地铁董事局、房屋委员会、房屋协会、土地及建设咨询委员会、城市规划委员会的成员出现大量的重叠，这些被重复委任的人士大多有地产、测量等所谓"专业"背景。大地产商即透过这些貌似专业的委员会对政府的公共政策施加压力。1993 年，长实为大股东的 Hilder Company Limited，以 460 多万购入塱原一大片农地，由于该地一直被划为农地，不易更改用途；2003 年，塱原湿地的生态价值因受社会关注，此地更被列为"十二幅须优先加强保育的地点"。2010 年，规划署却推出了"新界东北新发展区"规划咨询，不但将塱原"开放发展"，更巧合地将长实的"农地"规划成"住宅发展用地"；换言之，长实无须申请改变土地用途即可以发展土地。

ⅳ. 香港的铁路事业本应以服务市民为本，但 2003 年政府将地铁上市后，地铁的董事局成员几乎全为银行家垄断。9 名非官守董事中（另有 3 名官守董事），竟有 5 名有银行背景，其中 3 人来自或曾服务于汇丰银行。这亦有助于解释近年地铁服务效率日渐低落却不断"地产化"，盲目追求利润的问题。同时，地铁公司透过这些有影响力的董事，对香港公共政策的影响力日益加深。最明显的例子是香港政府的交通规划明显向铁路倾斜，并遏抑其他交通工具（诸如小巴等）的发展（运输署经常否决小巴线路的申请，理由是新路线会与铁路竞争）。2004 ~ 2009 年，地铁乘客由 833550 人增至 1315732 人，增幅达 57.8%；同时，小巴乘客只增加了 17%，巴士乘客则减少了 7%。香港市区过分集中于维港两岸，加上政府倾向铁路的政策，令现时列车挤迫问题其实颇为严重。2011 年新加坡大选，反对党其中一个有力的口号即是其捷运系统日益挤迫。这个与市民生活有直接关系的问题其实不能忽视。

ⅴ. 政府有关教育的咨询委员会则存在科学家和商人垄断的问题。大学教育资助委员会的名单中，少有人文学科背景的教授，但却有不少外国大学的科学家、本地医学院的医生、商科教授及商人和银行家。我们选出了全港最重要的 19 个咨询委员会的最近两届主席名单，发觉共涉及 22 人而已，而同时亦是全国人大和政协者只有 5 人。

表 2 – 39　香港近年出任 19 个重要委员会的人大或政协名单

姓　名	咨询机构职务	人大、政协职务
李宗德	公民教育委员会	第九至十一届全国人大港区代表
田北俊	香港旅游发展局	第九至十一届全国政协委员
苏泽光	香港贸易发展局	第十一届全国政协委员
马逢国	香港艺术发展局	第十至十一届全国人大港区代表
胡定旭	医院管理局	第十一届全国政协委员

Ⅵ. 中央政策组

1. 组织沿革

ⅰ. 中央政策组（简称中策组；英文：Central Policy Unit，CPU）是特区政府辖下的部门，专责研究政策。该部门成立于 1989 年，当时香港仍处于殖民统治时期，由英国自 1962 年来港的顾汝德出任首席顾问，向港督、辅政司及财政

157

司提供管治意见及政策意见，起草港督施政报告及财政预算案，为政府物识及笼络人才以出任各咨询机构成员及政府部门首长。顾汝德在回归后离港一年，之后返港。其后，他一直在港继续接触政府官员、政党人士及各界人士，并在2010年出版有关回归后香港政治、经济、社会状况及政策失衡的评论专著，顾汝德目前仍在香港大学香港人文社会研究所以访问学者身份滞港。1997年香港主权移交后中央政策组被继续保留，向行政长官、政务司司长及财政司司长提供意见。回归后第一任首席顾问及公务员萧炯柱，第二任为官场外人士郑维健医生，现任中央政策组首席顾问为从香港中文大学转聘的刘兆佳教授。

2. 职能

ⅰ. 目前的中央政策组的工作表面上包括各项政府政策的研究，协助行政长官起草编写每年的施政报告，其实其主要工作已转为通过进行民意调查、小组讨论、建立社会网络和对话交谈等方式协助政府了解及分析社会各界民意，并为政府与广东省合作的粤港合作高层联席会议属下粤港发展策略研究小组工作，及为策略发展委员会提供秘书服务。另外，继承回归前习惯，通过非全职顾问的任命，为政府物识咨询机构成员。

ⅱ. 自2004年起，每年特区拨款2000万元，由中央政策组外判政策研究，但它却将这款项转由香港大学教育资助委员会安排，结果是所支持的项目基本上都是学术研究，对政策决定帮助不大。而中央政策组自己的财政，主要用在人员工资福利上，外判研究经费紧绌。

ⅲ. 中央政策组非全职顾问，每两星期一次会议，它的组成反映出特区政府欲培养的治港人才的方向。

𝔹.11
政府体制及公务员体系

I. 回归前沿革

ⅰ. 港英政府沿袭英国殖民统治的传统，公务员行列由香港布政司（即现时的政务司司长）统领，仿效英国文官制度，职权按《英皇制诰》和《皇室训令》，任命和升迁由港督决定。在1917年公布的《殖民地规例》有更详细的规定。

ⅱ. 1970～1980年代公务员因应香港的社会和经济发展而急剧增长；1982～1991年，公务员人数的增长率达每年2.4%。至1991年，公务员人数达20万。彭定康时代，财政收入大增，香港政府自1994年起再次增加公务员人手，公务员数字再次增至近20万，令政府公务员开支继续增加。

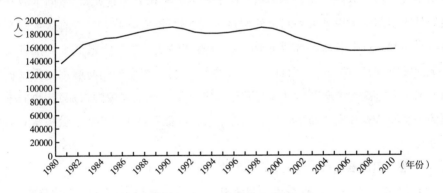

图2-4　香港公务员人数变化（1980～2010）

II. 回归后发展

1. 整体变动

ⅰ. 回归后，公务员体制大致延续，问责局以下的公务员须遵守政治中立的原则，效忠中华人民共和国及香港特别行政区，同时亦不受政治委任官员变动影响。公务员是香港特别行政区政府常规雇佣关系雇员，根据《基本法》第101条，特区政府可以任用"持有香港特别行政区永久性居民身份证的英籍和其他外籍人士担任政府部门的各级公务人员"，除各司司长、副司长，各局局长，廉政专员，审计署审计长，警务处处长，入境事务处处长，海关关长外。后者须是特区永久居民中的中国公民，而且不能拥有外国居留权。他们的任命要经中央政府实质的批准。

ⅱ. 在1999年3月，政府发表《公务员体制改革咨询文件》，推行公务员体制改革，重点包括制定新入职制度与聘用条款及服务条件、取消长俸制度、推行自愿退休计划（共有13100人参与）、减薪、削减津贴、精简纪律处分程序等。

ⅲ. 直至2002年，公务员体系中最高职位为政务司司长，实行主要官员问责制后降至各问责局的常任秘书长（详见下面公务员问责制专项）。

ⅳ. 近年，政府不断削减公务员开支，令公务员人数跌至1980年代初的水平。不过，这种做法既令公务员的工作量大增（政府职责不断增加），又打击公务员士气（因为薪酬津贴皆不如前，而且比私人机构差距日大），不断削减开支又迫使不少部门大幅增加外聘合约制员工（2011年最低工资实施前达4万人）。这些员工都以价低者得的原则聘用，不但要忍受低工资（在最低工资推行前几乎无保障可言）、长工时，而且合约制和缺乏工会组织令他们与雇主毫无议价能力，大量利益流入中介公司（见财政预算案中部门开支一项的增加）。政府未必因为外聘而节省开支，却导致政府成为带头剥削低层员工及福利、公务员队伍出现断层的祸首。

2. 公务员减薪事件

ⅰ. 2002年5月，行政会议通过立法，按照薪酬趋势调查结果，分高、中、低三级公务员减薪，减幅介乎1.58%～4.42%。7月，近4万名公务员游行抗议立法减薪，并有个别公务员及团体先后入禀法庭控告政府的减薪方案违反《基本法》。

ⅱ. 2003年，6月高院指立法减薪没有违反《基本法》，判政府胜诉。2004年11月，上诉庭裁定公务员就政府立法减薪司法复核上诉得直，并指立法减薪违反《基本法》。

ⅲ. 另外，2002 年 12 月，政府提出公务员减薪幅度为 6%，并于 2003 年 2 月立法会通过"0 + 3 + 3"减薪方案，即再削减公务员薪酬 6%，该财政年度不执行，2004 年 1 月 1 日和 2005 年 1 月 1 日分两次各减薪 3%，立法会多个政党和多个工会均接受"0 + 3 + 3"方案，但认为要与立法减薪分开处理。

ⅳ. 2004 年 3 月，在立法减薪事件中曾控告政府的律政司高级助理法律政策专员单格全（Michael Reid Scott），再度入禀控告政府的"0 + 3 + 3"方案违法。

ⅴ. 2005 年 7 月，终审法院作出终级裁决，就政府两次立法减薪的合法性，一致裁定立法减薪没有违反《基本法》，判定政府的上诉得直。裁决指《基本法》第 100 条保障公务员薪酬福利不低于回归前，但没有禁止不可以有任何改变，而政府亦有权就特殊情况就公务员的薪酬进行立法。

表 2 - 40　香港公务员最多的 12 个部门（2011）

部 门	实际人数	占公务员总数比例(%)
香港警务处	32704	20.8
食物环境卫生署	9845	6.3
消防处	9522	6.1
房屋署	7567	4.8
康乐及文化事务署	7502	4.8
惩教署	6459	4.1
入境事务处	6360	4.1
香港海关	5459	3.5
卫生署	5383	3.4
教育局	5133	3.3
邮政署	5119	3.3
社会福利署	5089	3.2
其他部门	50744	32.3
总数	156886	100

数据来源：公务员事务局：《公务员人事资料统计数字》，http://www.csb.gov.hk/tc_chi/stat/quarterly/539.html

表 2 - 41 1997 年香港回归后决策局变迁

政策范筹	1997 年 7 月 1 日	1998 年 4 月	2000 年 1 月 1 日	2002 年 7 月 1 日	2007 年 7 月 1 日
教育	教育统筹局			教育统筹局	教育局
劳工				经济发展及劳工局	劳工及福利局
福利	卫生福利局			卫生福利及食物局	劳工及福利局
医疗卫生					食物及卫生局
食物环境卫生	市政局/区域市政局		环境食物局		食物及卫生局
环境	规划环境地政局			环境运输及工务局	环境局
规划地政			规划地政局	房屋及规划地政局	运输及房屋局
房屋	房屋局				运输及房屋局
运输	运输局			环境运输及工务局	发展局
工务	工务局				发展局
工商	工商局			工商及科技局	商务及经济发展局
广播	文康广播局	资讯科技及广播局		工商及科技局	商务及经济发展局
经济	经济局			经济发展及劳工局	
财经事务	财经事务局			财经事务及库务局	
库务	库务局				
民政	民政事务局		民政事务局		
康乐文化	市政局/区域市政局				
政制	政制事务局				政制及内地事务局
保安	保安局				
公务员	公务员事务局				

Ⅲ. 问责制

1. 简介

ⅰ. 主要官员问责制（俗称高官问责制，英文名称是 Principal Officials Accountability System，POAS），于 2002 年 7 月 1 日推行，是香港特别行政区行政长官董建华于连任第二届任期时期的改革。

ⅱ. 问责制将所有司长和局长职级由公务员职位改为以合约方式聘任，并须为过失负政治责任；局长向司长负责的制度改变为直接向行政长官负责；政务司司长只负责行政长官直接委派的工作（曾荫权上任后改回旧制）；原有公务员局长改称"常任秘书长"，职责是带领属下公务员执行问责局长决策。但为平息公务员疑虑，规定公务员事务局局长须由公务员转任，而且委任期满后可返回公务员岗位（即俗称"旋转门"）。

iii. 虽然《基本法》规定司局长需由中国国籍并无外国居留权的人士出任，并且要报请中央实质批准，体现特区地方官员与中央的从属关系，但各决策局的首长自 2002 年改称为"常任秘书长"后则无需由中国国籍人士出任亦无需中央批准，至于属下的署长亦无需为中国籍〔现时运输及房屋局常任秘书长（房屋）/房屋署署长柏志高、大学教育资助委员会秘书处秘书长史端仁、海事处处长谭百乐均为英籍〕。

iv. 2005 年，曾荫权当选行政长官后，宣布各问责局长可以选择不出席行政会议的会议，使非官守成员参与制定政策的空间增大。但由于非官守成员不是全职，亦难以掌握不同的资料及发展方向，使特首在重要决策时，失去局长团队的意见，亦少了行政会议这个综合资料及辩论平台的裨益。

2. 影响

i. 违反了《基本法》的原意，既将中央与公务员各局的实际领导官员的关系取消，亦由有外国居留权的中国籍及非中国籍人士出任要职。

ii. 为额外支付 12 名问责局长每年数千万港元薪酬及其他开支而不增加政府支出，有大量公务员职位被削减；公务员最高职位由政务司司长降为各政策局的常任秘书长；政务司司长的权力被削减，统领众局长的权力被削去。

iii. 问责制实行后，政府将局的数目由 16 个合并至 11 个，并不再分为"决策局"和"资源局"，统称"决策局"。2007 年 7 月 1 日，第三届特区行政长官曾荫权把问责局增加至 12 个，并把部分问责局改组。

3. 成效与评价

i. 自问责制实施后，只有三位高级官员在极特殊情况下而不是因被指犯错而自动辞职。三位下台的官员分别是财政司司长梁锦松、保安局局长叶刘淑仪和卫生福利及食物局局长杨永强。

ii. 各局的协调和政策沟通有明显问题，政府施政屡现问题。政府曾委任局长（例如委任职业生涯中大部分时间处理土地问题的孙明扬出任教育局局长）

出任与其专业无关的局长职位。另外，虽然情况比数年前略为改进，但不少决策局所掌管的事务过多，令局长分身不暇，根本无力处理。

ⅲ. 委任局长与公务员出身的常任秘书长的关系亦必须厘清。

表 2 -42　香港政府历任问责局长列表（2002～2011）

名称及职位	任期
政务司司长	
曾荫权*	2001 年 5 月 1 日～2005 年 5 月 25 日
许仕仁*	2005 年 6 月 30 日～2007 年 6 月 30 日
唐英年	2007 年 7 月 1 日～
财政司司长	
曾荫权*	1997 年 7 月 1 日～2001 年 4 月 30 日
梁锦松	2001 年 5 月 1 日～2003 年 7 月 16 日
唐英年	2003 年 8 月 5 日～2007 年 6 月 30 日
曾俊华	2007 年 7 月 1 日～
律政司司长	
梁爱诗	1997 年 7 月 1 日～2005 年 10 月 20 日
黄仁龙	2005 年 10 月 20 日～
教育局局长	
李国章	2002 年 8 月 1 日～2007 年 6 月 30 日
孙明扬*	2007 年 7 月 1 日～
卫生福利及食物局局长	
杨永强*	2002 年 7 月 1 日～2004 年 10 月 11 日
周一岳*	2004 年 10 月 12 日～
经济发展及劳工局局长	
叶澍堃*	2002 年 7 月 1 日～2007 年 6 月 30 日
工商及科技局局长	
唐英年	2002 年 7 月 1 日～2003 年 8 月 3 日
曾俊华	2003 年 8 月 4 日～2006 年 1 月 24 日
王永平*	2006 年 1 月 24 日～2007 年 6 月 30 日
劳工及福利局局长	
张建宗*	2007 年 7 月 1 日～
商务及经济发展局局长	
马时亨	2007 年 7 月 1 日～2008 年 7 月 11 日
刘吴惠兰*	2008 年 7 月 12 日～2011 年 4 月 12 日
苏锦梁	2011 年 6 月 28 日～
环境运输及工务局局长	
廖秀冬	2002 年 7 月 1 日～2007 年 6 月 30 日
环境局局长	
邱腾华	2007 年 7 月 1 日～
房屋及规划地政局局长	
孙明扬	2002 年 7 月 1 日～2007 年 6 月 30 日

续表

名称及职位	任期
卫生福利及食物局局长	
发展局局长	
林郑月娥	2007 年 7 月 1 日 ~
运输及房屋局局长	
郑汝桦	2007 年 7 月 1 日 ~
财经事务及库务局局长	
马时亨	2002 年 7 月 1 日 ~ 2007 年 6 月 30 日
陈家强	2007 年 7 月 1 日 ~
民政事务局局长	
何志平	2002 年 7 月 1 日 ~ 2007 年 6 月 30 日
曾德成	2007 年 7 月 1 日 ~
保安局局长	
叶刘淑仪	1998 年 8 月 31 日 ~ 2003 年 7 月 25 日
李少光	2003 年 8 月 4 日 ~

* 自毕业后即于政府工作。

Ⅳ. 副局长及政治助理

1. 简介

ⅰ. 2007 年 10 月 17 日香港政府发表《进一步发展政治委任制度报告书》，建议设立副局长及政治助理等政治委任职位，协助局长处理政治事务。建议于立法会通过，并于 2008 年开始进行委任。

ⅱ.《进一步发展政治委任制度报告书》表示，副局长等政治委任制度的目的是进一步发展 2002 年开始实行的主要官员问责制，训练政治班子，补充香港政治人才的欠缺。其新设的副局长和政治助理职位类似英国的政务次官，进一步迈向英式执政党及国会体制。

ⅲ. 2008 年 5 月 20 日，行政长官公布 8 位副局长名单，获委任的副局长来自金融界、法律界、医学界、学术界和传媒等多个专业，其中亦有一位政务主任。5 月 22 日公布首批 9 位政治助理，政治助理是在问责制下按非公务员条款获委任，任期至 2012 年 6 月 30 日。

2. 评价

ⅰ. 副局长及政治助理推出初期受到大部分市民的怀疑和反对，认为他们角

色不清而且薪酬过高，只是曾荫权政治酬庸的产物。

ⅱ．副局长及政治助理理论上属于《基本法》内的主要官员，是它的一部分，应要中央批准。

ⅲ．经过近三年时间，市民对副局长和政治助理的认识仍极为有限，只有个别副局长（梁卓伟、苏锦梁）等获市民、公共团体和议员认同他们曾尽力发挥其职务功能。不过，他们仍被指薪酬过高，而且他们因为没有实权，既不能像局长一样决定或修改政策，又不能像常任秘书长一样以行政措施弥补不足，只能负责游说和收集意见。

ⅳ．不过，其余的副局长及政治助理的表现均乏善可陈，其中更有副局长（环境局副局长潘洁）被揭发寓所僭建。在推行重大而富争议性的政策时，这些政治委任官员几乎完全不能影响事态发展。例如，政府强行推出立法会议员替补机制时，政制及内地事务局副局长黄静文并未能发挥游说和探听民意的角色，又不能影响政府内部取消这个令大部分市民反对的安排，令政府因被迫延长咨询而非常尴尬。

ⅴ．现时，副局长和政治助理的权责仍然不明，特别是政治助理，而且其薪金及筛选条件亦一直被市民怀疑。如何检讨这项制度，成为下届政府的工作之一。

ⅵ．有评论认为问责制的进一步发展背离《基本法》中的行政主导精神，将香港推向英式政制。

表 2－43　香港政府历任副局长及政治助理列表（2007～2011）

名　称	职　位	委任前职业	备　注
副局长			
陈维安（2008 年 7 月 24 日～　）*	教育局副局长（薪酬：223585）	香港赛马会马场事务总监	普林斯顿大学机电工程理学士、哈佛大学应用数学硕士，以及宾夕法尼亚州大学沃顿商学院工商管理硕士。2000 年加入香港赛马会，获委任前为马场事务部总监。曾为师训与师资咨询委员会成员，并于 1998～2000 年出任中央政策局非全职顾问。曾与陈德霖于智经研究中心共事。（委任前薪酬：约 200000）
梁卓伟（2008 年 9 月 18 日～　）	食物及卫生局副局长（薪酬：208680）	香港大学公共卫生及社会医学教授	哈佛大学公共卫生硕士及香港大学医学博士；1999 年加入香港大学医学院，2006 年晋升为公共卫生及社会医学教授。曾担任多个国际组织如世界卫生组织及世界银行的顾问。拥有加拿大国籍，已放弃。（委任前薪酬：约 100000）

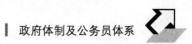

续表

名 称	职 位	委任前职业	备 注
苏锦梁(2008 年 6 月 2 日~2011 年 6 月 27 日)	商务及经济发展局副局长（薪酬：223585）	律师事务所高级合伙人，民建联副主席	于加拿大接受教育，1997 年返港，曾任律师事务所高级合伙人，后加入民建联做幕后工作，曾出任青年民建联第一届总监。1999 年拥有加拿大国籍，已放弃。曾被委任为黄大仙区区议员；此外亦成为慈云山分区委员会委员。苏锦梁获委任前为医院管理局成员、岭南大学校董会成员及策略发展委员会成员。（委任前薪酬：约 200000）
潘洁(2008 年 7 月 10 日~)*	环境局副局长（薪酬：208680）	理工大学应用社会科学系讲师	1982 年随家人移居香港，先后在《明报》、《亚洲周刊》担任记者七年。1989 年到美国攻读政治学，毕业后又在美国哥伦比亚大学修读国际事务硕士，并获美国国籍。1997 年在香港中文大学获政治及行政学博士学位。曾任香港理工大学应用社会科学系助理教授、中国发展及研究网络研究员。1989 年间曾任《亚洲周刊》驻北京特派员。2006~2007 年为中央政策组非全职顾问，仍未放弃美国国籍。丈夫为中山大学教授甘阳。（委任前薪酬：约 60000）
邱诚武(2008 年 8 月 15 日~)*	运输及房屋局副局长（薪酬：208680）	《香港经济日报》执行总编辑	香港中文大学毕业。1989 年往英国深造，获伦敦大学伦敦政治经济学院法律学士，任职香港电台新闻部及英文《虎报》。1992 年回流香港并加入《香港经济日报》，2000 年晋升至该报章的执行总编辑。（委任前薪酬：约 100000）
梁凤仪(2007 年 8 月 4 日~)*	财经事务及库务局副局长（薪酬：223585）	金融管理局助理总裁	香港中文大学毕业，并在哥伦比亚大学取得新闻硕士学位。曾于亚洲《华尔街日报》任职 10 年，1994 年加入香港金融管理局，2000 年 4 月升为金融管理局助理总裁（当时陈德霖任金管局副总裁）。现时亦为香港贸易发展局财经事务咨询委员会成员。曾拥有居英权，现已放弃。（委任前薪酬：约 200000）
许晓晖(2008 年 10 月 13 日~)*	民政事务局副局长（薪酬：223585）	渣打银行东北亚业务策划及发展主管	香港中文大学毕业，2002 年加入渣打银行，2007 年升为该银行东北亚地区业务策划及发展主管，曾出任香港银行公会秘书、香港总商会财经事务委员。曾为香港总商会中国委员会召集人及中央政策组非全职顾问。（委任前薪酬：约 100000）

名　称	职　位	委任前职业	备　注
谭志源(2008年6月2日~2009年8月2日)*	政制及内地事务局副局长（薪酬:208680）	民政事务局副秘书长	香港大学毕业,1987年加入政务职系,2007年4月晋升至香港政府首长级乙级政务官。曾在中央政策组、前政制事务局、财政司司长办公室、行政长官办公室、香港驻日内瓦经济贸易办事处及政府新闻处工作。获委任前任职民政事务局副常任秘书长。2009年底转任行政长官办公室主任。曾拥有居英权,现已放弃。（委任前薪酬:约150000）
黄静文(2009年11月2日至今)*	政制及内地事务局副局长（薪酬:197455）	民政事务总署副署长	公务员出身,1990年加入政务职系,曾任职于政务司司长办公室、前工商及科技局、前贸易署、前工商科及前经济科,获委任前任职民政事务总署副署长。曾拥有居英权,现已放弃。（委任前薪酬:约100000）
政治助理			
叶根铨*	财政司司长政治助理(薪酬:134150)	马会公共事务经理	2007年加入香港赛马会工作,职位是公共事务经理(对外事务);活跃于香港传媒的评论专栏,自1992年至2007年曾于香港多份主要报章担任编辑及主笔;其妻是《苹果日报》执行总编辑萧炜春。（委任前薪酬:约60000）
杨哲安*	教育局局长政治助理(薪酬:134150)	物流公司经理	立法会议员兼前国泰航空公司高层杨孝华之子;自由党党员;拥有居英权,但表明不会因为担任政治助理而放弃。（委任前薪酬:约30000）
蔡少绵*	环境局局长政治助理(薪酬:149055)	香港迪士尼乐园政府事务总监	1998年出任香港政府政务主任职系,于2004年转任《南华早报》编辑。2007年加入香港迪士尼乐园任职政府事务总监。（委任前薪酬:约100000）
陈智远*	食物及卫生局局长政治助理(薪酬:134150)	香港城市大学亚洲管治中心任高级研究助理	智库Roundtable研究所及其网络的创会成员之一,其后加入行会非官守成员张炳良有份创办的香港城市大学亚洲管治中心任高级研究助理,并兼任香港中文大学政治与行政学系的兼职讲师。（委任前薪酬:约30000）
徐英伟*	民政事务局局长政治助理（薪酬:134150）	青年民建联副主席	曾为恒生银行投资事务经理,青年民建联副主席兼委员,拥有加拿大国籍,但在出任政治助理前自行宣布放弃。（委任前薪酬:约100000）

名　称	职　位	委任前职业	备　注
莫宜端*	劳工及福利局局长政治助理（薪酬：134150）	智经研究中心研究总监	记者出身，并曾任无线电视台驻北京记者。2004年于香港政策研究所担任研究经理，其后于智经研究中心担任研究总监，曾是三十会活跃成员。（委任前薪酬：约80000）
卢奕基	保安局局长政治助理（薪酬：134150）	退休	退休助理警务处处长，拥有居英权，未放弃。
张文韬	发展局局长政治助理（薪酬：134150）	执业大律师	前民建联深水埗区议员。（委任前薪酬：约100000）
伍洁镟*	财经事务及库务局局长政治助理（薪酬：163960）	香港美林证券公司法律部门总监	新加坡籍，八珍国际有限公司董事总经理伍锦康之女，曾于2005年行政长官选举及2007年行政长官选举为曾荫权担任监察主任（办公室主任为陈德霖）。（委任前薪酬：约200000）

　*与传媒及外国关系密切者。

V. 主要官员能力与民望

　　 ⅰ. 香港市民对政府信心不断下跌。回归后，香港市民对特区政府的信任随着政局和经济因素有所增减，但总体在下跌的趋势。2005年曾荫权上台时，港人对政府的信心已经颇低，满意度只有33.5%，其后随着楼市、经济（如拒建居屋和财政预算案派钱）和政治问题（如替补机制），加上政府施政继续与董建华时代一样缺乏方向，令港人近年对特区政府的信心跌至低点。2011年1月，港人对政府的满意度只有18.1%。

　　 ⅱ. 主要官员民望普遍低落。除了政府（具体而言应为特首及各司、局长在内的决策层）施政缺乏方向、朝令夕改外，政府个别官员的处事方式亦不能获得市民认同。

　　 ⅲ. 市民对中央政府的信任度与政治改革的关系。回归后，港人对中央政府的信任度时增时减，但整体的趋势是逐渐向上。回归后由于全国人大于1999年因香港永久居民在中国内地所生子女的问题而解释《基本法》，对港人对中央信心有所影响。2003年年底，全国人大否决2007年普选行政长官，亦令港人失望，但未令港人信任度大减。其后中央政府的一系列对香港有利的经济措施更令港人对中央政府的信任升至 2008 年的最高位，达 57.7%。不过，2010 ~ 2011 年本地媒体报道内地政府接连打压维权人士和异见者，令信任度跌至近十年来的新低，只有 33.5%。虽然如此，亦可见港人对中央政府的信任程度与对香港政府的满足度不太相同，较受本地媒体和政治发展的影响，不是完全依照当时的经济状况。

VI. 历届"七一游行"

ⅰ. 2003 年开始的每年"七一游行"可以视做香港社会不满程度的一个指标。2003 年，由于 SARS 事件和政府为第 23 条立法时手法不当，使市民因不理解而产生忧虑，令香港有 35 万 ~ 50 万市民上街游行。当年的口号为"反对廿三，还政于民"。其后每年均有数千至数万人游行，但在经济较好的 2007 ~ 2008 年显然人数较少。不过，由于政府忽略房屋问题和大地产商的垄断，虽然经济在 2011 年未算太坏，但 2011 年"七一游行"的人数却是历年第三多（不论是警方或民阵的数字）。游行人数的多寡主要会由内部和外部因素共同引发。争取普选虽然是恒常口号，但除了每年必定参加的核心人士外，本港政制的发展并非参加人数多少的最主要原因。

ⅱ. 每年负责主办"七一游行"的民间人权阵线是在 2002 年 9 月 13 日成立，其后成立"民生及民权小组"（俗称两民小组）以及"人权小组"。民间人权阵线旗下共有 56 个团体。

ⅲ. 现时民间人权阵线的召集人为李伟仪，曾任社民连的内务副主席和秘书长，2011 年为人民力量执行委员会委员。她毕业于香港中文大学，亦是中文大学人类学哲学硕士、浸会大学青年辅导学社会科学硕士、中文大学性别研究课程博士候选人。现时亦为香港性学会主席、专栏作家和大学讲师。

ⅳ. 虽然香港市民每年的"七一游行"均非常和平（香港大部分游行示威直至现时为止均属和平性质），但近年核心及部分示威者的激进趋势升温。2011 年的"七一游行"，便有数千名人民力量的支持者或并不属于人民力量（包括激进团体"社会主义行动"的青年）的示威者企图阻塞中环和铜锣湾两地的路面，并与警察爆发冲突。当晚共有 231 人被拘捕。"七一游行"已发展

至一个分水岭，未来会成为社会的不稳定因素，极可能破坏香港的国际形象和
营商环境。

表2-44　香港民间人权阵线旗下团体

民主党	彩虹行动	葵涌邨基督徒基层团体
公民党	人权监察	新妇女协进会
香港职工会联盟（职工盟）	香港记者协会	基督徒关怀香港学会
街坊工友服务处（街工）	香港教育专业人员协会	性权会
香港民主民生协进会（民协）	香港社会工作者总工会	中华基督教会深爱堂社关团契
四五行动	香港专上学生联会	牛棚书院
香港民主之声	中大学生会	姊妹同志
七一人民	草根文化中心	亚洲专讯资料研究中心
民主动力	深水埗社区协会	先驱社
香港市民支援爱国民主运动联合会（支联会）	紫藤	香港女同盟会
关注香港前途小组	香港基督教工业委员会	香港人权联委会
社会民主连线（社民连）	香港天主教正义和平委员会	新蒲岗工友小组联席
香港性学会	香港天主教劳工事务委员会	立法会陈伟业议员办事处
香港非正规教育研究中心	香港政策透视	北区区议会岑永根议员办事处
基督徒学生运动	香港妇女基督徒协会	西贡区议会范国威议员办事处
香港基督徒学会	香港融乐会	中西区区议会何秀兰议员办事处
民主救港力量	中国民主党香港支部	中国社会民主党香港分部
中国工党香港分部	中国劳工通讯	中国人权香港办公室
中国民主联合阵线香港分部	各地营救王炳章大联盟	

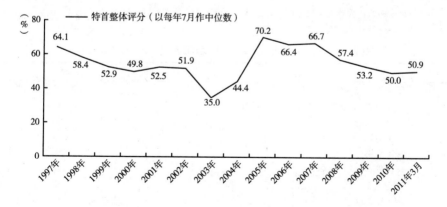

图2-5　香港历任特首整体评分（1997~2011）

数据来源：香港大学民意研究计划网页，http://hkupop.hku.hk/。

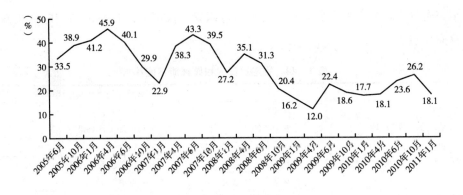

图 2-6　港人对特区政府满意度（2005～2011）

数据来源：香港大学民意研究计划网页，http：//hkupop. hku. hk/。

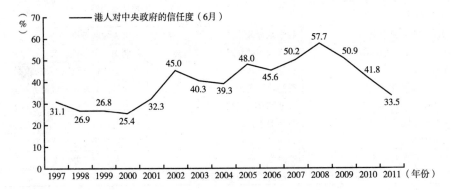

图 2-7　港人对中央政府的信任度（1997～2011）

数据来源：香港大学民意研究计划网页，http：//hkupop. hku. hk/。

表 2-45　各政治团体 Facebook 群组人数（2011 年 8 月）

名称	人数
我相信可以召集 10 万个厌恶民建联的人！	100395
我相信有 10 万人不想梁美芬再当选议员	27952
社会民主连线	7566
人民力量	4049
选民力量	2554
新民党	697
社会主义行动	555
青年民建联	399
民主党青年委员会	187
香港使用 Facebook 人数	3673600

$\mathbb{B}.12$
法　治

Ⅰ. 人大释法

ⅰ. 全国人大常委会释法（简称人大释法）指中华人民共和国全国人民代表大会常务委员会（全国人大常委会）对《香港特别行政区基本法》（《基本法》）的立法原意作出解释。根据《基本法》第 158 条，全国人大常委会拥有对《基本法》的最终解释权。

ⅱ. 香港回归后，全国人大常委会曾先后四次对《基本法》作出解释。

表 2-46　人大历次释法表

事件	解释	结果
第一次释法（提请人:行政长官会同行政会议）		
1999 年 1 月 29 日,香港终审法院就"吴嘉玲案"宣判,指出所有香港永久居民在中国内地所生子女,不论有否单程证,不论婚生或非婚生,不论出生时父或母是否已经成为香港居民,均拥有居港权。时任保安局局长叶刘淑仪估计在 10 年内会有 167 万人可从中国内地移居香港,这将会为香港社会带来沉重人口压力。1999 年 5 月行政长官会同行政会议决定提请第一次人大释法。虽然依政府推断数字,两代非婚生子女高达 116 万人,但考虑到中港两地法律都不歧视非婚生子女,都视非婚生子女与婚生子女有相同法律权利,所以不把"非婚生"纳入解释范围。	1999 年 6 月 26 日,人大常委会对《基本法》作出解释,指出只有获批单程证香港永久居民在内地所生子女才享有居港权,及出生时父或母仍未成为香港居民的则没有居港权。	有权来香港的人数减至 27 万。

续表

事件	解释	结果
第二次释法（提请人：十届全国人大常委会第八次会议通过）		
2003 年年尾，第三届行政长官的产生办法成为一个争拗话题。根据《基本法》第 43 条，特首的产生办法最终会由普选产生，但并未明确地订立具体的方案和时间表。不过，《基本法》附件一第七节亦说明了选举条例可以在 2007 年或以后被修改。	2004 年 4 月 6 日，第十届全国人大常委会第八次会议通过，对《基本法》附件一和附件二作出解释，当中涉及有关修改"行政长官及立法会产生办法和法案议案表决程序"的规定。其中最重要一项订明，所有修改建议除了原有规定的"须经立法会全体议员三分之二多数通过，行政长官同意，并报全国人大常委会批准或者备案"这三项法律程序之外，在展开这些法律程序之前还需要另外两项程序，即：（1）行政长官就是否需要进行修改向全国人大常委会提出报告，及（2）由全国人大常委会依照《基本法》第 45 条和第 68 条规定并根据香港的实际情况和循序渐进的原则予以确定。	2007 年第三任行政长官选举不实行普选，及 2008 年第四届立法会选举中功能团体和分区直选产生的议员各半的比例维持不变。
第三次释法（提请人：行政长官曾荫权）		
2005 年 3 月 12 日，行政长官董建华因病辞职。各界为下一任行政长官的任期争论。政府、内地学者及亲政府阵营提出下一任行政长官应该继续董建华余下任期，并提出《基本法》中有相关立法原意。而反对派则普遍认为下一任行政长官应该根据《基本法》及普通法原则所示开展新一个五年任期及要求 2005 年特首选举全面普选，并指责政府强定两年是不合理、不合法的做法。	2005 年 4 月 27 日，全国人大常委会对释法问题进行表决，全体委员一致通过补选的行政长官任期为前任余下的任期。	第三届行政长官任期为前任余下的任期。
第四次释法（提请人：终审法院）		
刚果民主共和国向中国中铁批出开矿权，期望换取中国中铁对国家的基建投资，被一间美国基金公司以债权人身份，要求截取中国中铁投资的 1.02 亿美元作为抵债。刚果民主共和国以"绝对外交豁免权"图阻基金公司追债，被香港法院上诉庭裁定败诉，该国不服判决，要求终审法院就外交豁免权提请人大释法。释法请求获终院同意，本次释法是首次由司法机构提出的。	2011 年 8 月 26 日，十一届全国人大常委会第二十二次会议通过决议，因香港的对外事务由中央人民政府负责，故此香港特区须跟从中央人民政府，对刚果民主共和国实施"绝对外交豁免权"。	终审法院算判刚果民主共和国胜诉

iii. 小结：回归后在旧有司法系统有意以英国普通法的理解和习惯凌驾《基本法》，更从无考虑与立法原意有关的官方文件，以字面一般意思曲解《基本法》关键条文的原意，成为回归后政治社会不稳定的又一重要原因。这些风波，最终都因全国人大常委会的释法而平息。

II. 司法复核

1. 简介

i. 司法复核（Judicial Review），又译上诉审查，是上级法院对管辖权内的下级法院所作出的判决的复核，见于英美法系通行的地区。传统上，英式法院透过司法复核用作审核政府或公共机构的决定的合法性的法律程序。

ii. 在香港，一般所谓的"司法复核"全称为"高等法院司法复核程序"，针对的主要是政府行政部门的决定或行为合法与否（是否超越法律赋予的权力、有否履行法律赋予的责任、有否善用法律赋予的酌情权、有否违反法律原则等等），而非正确与否。

iii. 表 2 – 47 是有关司法复核的数字：

表 2 – 47　香港历年司法复核数目（1997～2010）

年	司法复核申请数目 （不包括与居港权有关）	司法复核申请数目 （包括与居港权有关）	总数
1997 *	—	—	112
1998 *	—	—	105
1999 *	—	—	147
2000 *	—	—	2752
2001	116	3732	3848
2002	102	102	204
2003	125	6	131
2004	146	4	150
2005	149	6	155
2006	132	0	132
2007	143	0	143
2008	147	0	147
2009	144	0	144
2010	134	0	134

* 没有相关分类。

数据来源：法律援助署提供。

2. 事例

ⅰ. 领汇事件。领汇的资产是由香港房屋委员会分拆其商场物业及停车场而成。曾经在2004年12月进行公开发售，但由于房委会没有在招股书中披露法律风险，以卢少兰为代表的公屋居民，认为房委会这一行动违反《房屋条例》中香港房屋委员会需确保为居民提供生活设施的规定，在立法会议员郑经翰、陈伟业等的支持下，于公开发售期间向高等法院提请司法复核，结果因公屋居民继续上诉而使此事件形成公众关注。其间房委会为求令领汇早日上市，曾要求法庭将卢少兰本来28日的上诉期缩短到少于24小时。但其后支持卢少兰的议员突然转向，向卢少兰施压要求她停止上诉，而且停止支援她，卢少兰最终在无代表律师的情况下在上诉庭败诉。但是由于终审法院没有权力像高等法院的原讼庭及上诉庭缩短上诉期限，形成领汇的不明朗因素，最终房委会宣布搁置上市。2005年11月，领汇重新接受公众认购。

ⅱ. 港珠澳大桥环评报告事件。一名居于东涌、领取综援的66岁妇人朱绮华，于2011年经公民党籍律师黄鹤鸣向法律援助署入禀司法复核，指控环境保护署署长2009年10月23日批准港珠澳大桥香港口岸、港珠澳大桥香港接线两份《环境影响评估报告》的环境许可证不合法和不合理，借着司法复核推翻有关决定。高院判案件获胜，法官认为工程的空气质素影响评估，环评报告应该同时评估工程前及工程后的情况，并提出舒缓措施，报告欠缺对技术备忘的分析，因此法官更下令撤销该"环评报告"。被判败诉的环保署表示会研究有关判词，并就下一步行动征询法律意见。运输及房屋局指会研究判词及其影响，再决定如何根据法例的要求，尽快处理程序问题，并强调大桥主桥工程已经展开，政府会继续推展香港境内各项工程的前期工作，并会研究在工程上应该怎样推进，例如分期进行工程、分期落成等，以争取配合大桥于2016年完工通车的目标。最后特区政府获胜诉，但因此而引起的工程延误费用高达65亿元，却由纳税人承担。

ⅲ. 外籍家庭佣工成为香港永久居民事件。2010年底，公民党籍资深大律师李志喜协助3个菲律宾家庭申请法援，入禀香港高等法院申请司法复核，要求推翻《入境条例》对于在香港连续工作满7年的外籍家庭佣工不能成为香港永久居民的限制，案件于2011年8月开审。根据《入境条例》第2条（4）（a），在任何期间内，非法入境者、违反任何逗留条件者、难民、被羁留者、政府输入雇员计划下受雇为外来的合约工人、受雇为外来家庭佣工、领馆人员、香港驻军及以订明的中央人民政府旅行证件持有人身份而留在香港者，不得被视为通常居于香港。虽然有外佣组织指外佣对本港发展有贡献，理应可成为香港永久居民，促请政府不要在法庭判决后提请人大释法，亦有报道指特区政府估计如果政府败诉，会有 10 万外佣符合成为香港永久性居民的资格，加上子女合计有 40 万人符合申请居留权的资格，另外政府估计当中约有 20 万人会领取综援。不过案件的关键乃上述《入境条例》是否违反《基本法》，案件仍在进行中。

3. 问题

ⅰ. 司法复核能成为一个有效监察政府的平台，但亦可能令政府的工程和政策受阻，损害香港的利益及其经济发展，港珠澳大桥的司法复核便是一例。而外佣居港权的案件，亦显示出司法复核虽能为社会上某些人士争取其利益及权利，但亦可能会为香港各方面带来负担。因此此制度有利有弊，一旦被滥用，将会对社会造成一定影响。

Ⅲ. 法援

1. 简介

ⅰ. 法律援助署成立于 1970 年 10 月 28 日，回归后原隶属政务司司长办公室，2007 年 7 月 1 日决策局重组后划入民政事务局。

ⅱ. 法律援助是为经济能力有限的市民，在民事或刑事诉讼中提供代表律师或大律师的服务。只要申请人的财务资源符合法定规定，而案情又具充分理据提出诉讼或抗辩，便可获法律援助。

ⅲ. 法律援助主要适用于在区域法院、原讼法庭、上诉法庭及终审法院审理的案件。此外，亦适用于裁判法院聆讯的交付审判程序。

ⅳ. 法援署主要提供以下三方面的法律援助计划：

①普通法律援助计划。普通法律援助计划的范围，包括在区域法院、原讼法庭、上诉法庭及终审法院展开的民事诉讼等。

②刑事诉讼法律援助。法援署会为申请人提供一名律师，并在有需要时提供一名大律师，代表被告人在法庭进行诉讼。援助范围包括在裁判法院进行的交付

审判程序、就裁判法院的案件提出的上诉、在区域法院及高等法院原讼法庭审理的案件，以及向高等法院上诉法庭及终审法院提出的上诉。

③法律援助辅助计划。根据1984年7月通过的《法律援助（修订）条例》，法律援助署设立"法律援助辅助计划"（Supplementary Legal Aid Scheme）。计划是为那些财务资源超出普通法律援助计划限额，却又没有能力独自负担高昂法律费用的"夹心阶层"人士，提供法律援助。

Ⅴ. 法援资格：法律援助署在决定申请人是否有资格接受援助时，将会考虑及通过两项要点。其一是案件的情理，其二是申请人的经济状况。通过了这两方面的审理，申请人才可以获得援助。香港的法律援助分为普通、刑事和辅助计划，具体申请条件如下：

①普通法律援助

a. 案情审查：申请人必须提出充分理由，证明他/她的案件，值得采取法律行动，提出诉讼或抗辩。然而，法援署署长可以根据《法律援助条例》第10条订明的各项理由，拒绝给予申请人法律援助。

b. 经济审查：申请人须证明其总收入及资产，经扣除某些费用后，数目并没有超过169700元的规定限额。

②刑事法律援助

a. 案情审查：法援署不会为刑事案件进行案情审查，对于刑事上诉案件，申请人必须令法律援助署署长信纳他具备充分上诉理由及具有相当的成功机会。

b. 经济审查：审核申请人的财务资源不超过申请法律援助所规定的限额，即港币169700元。然而，为维护司法公正，即使申请人的财务资源已超过港币169700元，法律援助署署长仍可以运用酌情权，批准给予申请人法律援助。

③法律援助辅助计划

法律援助辅助计划的申请人必须同时通过经济审查及案情审查。要通过经济审查，申请人必须证明其财务资源高于港币169700元，但并未超逾港币471600元。这计划在财政上属于自给自足，经费来自透过诉讼替申请人讨回的赔偿金中扣取的分担费。申请人提出申请时须缴交港币1000元，而接受法律援助后，须再缴交港币1000元。如获判胜诉，受助人须向计划支付一笔分担费，数额等于讼案的全部讼费或法援署代其支付或需支付的费用，另加讨回的赔偿金的15%。如败诉，受助人则无须缴付任何分担费用。

2. 法援审查程序

ⅰ. 法援申请需经过"经济审查"和"案情审查",由法援署申请及审查组负责,但法援署可在作决定前先征询私人执业大律师或律师的意见。"案情审查"的考虑因素包括申请理据、胜诉机会,以及批出法律援助的决定是否合理。如署长认为裁决无法执行,亦可拒绝批出法律援助,例如:

①对讼一方并无投购保险,又没有有价值的资产;

②对讼一方下落不明;

③由于案件性质或胜诉也只会获得些微益处,一般人根本不会自行延聘律师代其提出诉讼。

ⅱ. 受助人获批法律援助后,法律援助署署长可以透过署内律师代表受助人。如署长不代表受助人行事,他或受助人可另选一名律师或大律师作为代表。署长可根据备存的大律师名册及律师名册找出律师。

ⅲ. 截至2010年6月15日,在法律援助律师名册内的律师和大律师分别有2115人和815人。

3. 数据

ⅰ. 近年,法律援助的申请个案没有增加的趋势,维持于大概20000宗。由于最近一两年调解服务的普及,申请民事诉讼的法律援助个案有减少的可能。至于刑事案的法律援助则一直保持稳定。

ⅱ. 政府有关法律援助的支出虽然有上升趋势,但仍然有限,而且申请宗数未见大幅增加,可见法律援助尚未被大规模滥用。

表 2-48 香港历年法援申请数目及批准数 (1991~2010)

年份	法援申请数目	批准数
1991	22340	7970
1992	21519	8086
1993	24309	9552
1994	25257	10369
1995	25606	10502
1996	30114	12053
1997	31943	18205
1998	30013	12709

年份	法援申请数目	批准数
1999	35790	12623
2000	26074	11548
2001	25263	11968
2002	30402	12868
2003	26161	13574
2004	22206	12045
2005	21126	11407
2006	21201	11713
2007	19363	10444
2008	18727	9748
2009	21173	11831
2010	20031	11003

数据来源：法律援助署提供。

表 2 - 49　香港历年法援收入与开支（2006 ~ 2010）

单位：千港元

年度	收入	开支
1990/1991	38456	189223
1991/1992	42146	222491
1992/1993	50291	255498
1993/1994	68164	324125
1994/1995	79742	376835
1995/1996	91039	425699
1996/1997	128839	516451
1997/1998	197160	602437
1998/1999	222169	741676
1999/2000	321088	804591
2000/2001	293157	706012
2001/2002	266927	722026
2002/2003	222374	717972
2003/2004	232360	669311
2004/2005	200313	627253
2005/2006	189041	608027
2006/2007	187428	628845
2007/2008	188573	646780
2008/2009	196498	661163
2009/2010	191239	715522

数据来源：法律援助署网页，http：//www. lad. gov. hk/index. html。

4. 潜在问题

ⅰ. 目前实际执行上，不少有关人权案件出现如下之漏洞：

ⅱ. 评审这些申请者均为少数人权律师（主要属两家洋人律师行，其中一家的主要合伙人潘希被指是"反共"立场鲜明的律师）担当。

ⅲ. 案件亦同时由法援处交由这些律师行负责聘请，他们通常聘请反对派背景大律师如何俊仁、李志喜、余若薇、梁家杰等，使他们加大政治知名度外，也得到生意，被质疑是严重利益输送；同时，亦使在排队的大律师（尤其是年轻大律师）很难轮上，甚为不公。

ⅳ. 这是以"法治"为口实破坏行政效益的大问题，需要急速处理。

Ⅳ. 执法 / 人员

1. 简介

ⅰ. 根据《基本法》，法官是由香港特区行政长官按照司法人员推荐委员会的建议而任命的。该委员会是根据"司法人员推荐委员会条例"（《香港法例》第 92 章）设立的一个独立法定组织，由本地法官、法律工作者及其他知名人士组成，由行政长官委任。所有法官和裁判官必须具备香港或另一普通法适用地区的法律执业资格，并有丰富的法律专业经验。

ⅱ. 而大部分的非全职法官都是原讼法庭的暂委法官、区域法院的暂委法官和裁判法院的暂委裁判官。暂委和特委法官（特委法官制度让大律师行业内的资深成员由律政司委任出任临时法官）大部分皆非全职法官，其全职工作是执业律师或大律师。但有一些暂委法官是由下一级法庭的全职法官出任的，如由全职的裁判官出任区域法院暂委法官。非全职的暂委法官的任期通常是四星期，但可延任至数月到半年。其管辖权和权力与同级的全职法官是一样的。与全职法官不同，各级的非全职暂委法官并不是由行政长官按独立的司法人员推荐委员会的推荐来任命，而是由终审法院首席法官依各相关法例授权而任命的。

2. 数字

近年，全职原讼法庭法官是 24 名，每月平均有 10 名非全职原讼法庭暂委法官在原讼法院审理案件。全职区域法院法官是 30 名，而每月平均有 10 名非全职区域法院暂委法官审理案件。参照 2006 年 6 月 23 日香港法院的审讯案件表，在

当天的原讼法庭，有 15 名全职原讼法庭法官、11 名全职原讼法庭暂委法官及 1 名非全职原讼法庭特委法官审理案件。在区域法院，有 8 名全职区域法院法官、13 名全职区域法院暂委法官及 1 名非全职区域法院暂委法官审理案件。在各裁判法院中，有 38 名全职裁判官及 11 名非全职暂委裁判官审理案件。从这些数字中，我们可以看到香港法院在相当大的程度上依靠非全职法官审理案件，而在下级法庭的情况尤其明显。由非全职的暂委法官来审理案件的好处是这种安排能以更有经济效益的方法来处理积压的案件，因聘用非全职法官较全职法官不用那么多资源，而且聘用非全职法官的程序较全职法官快得多。

3. 潜在问题

ⅰ. 委任非全职法官有弊端如下：

a. 有意见认为非全职法官在经验及能力上都不及全职法官。

b. 非全职法官任期及免职都没有法律保障，那会使人产生怀疑他们会否为了得到续任而不会作出独立公正的判决。问题并不是他们实质上是否有这样做，而是公众会否有这样的合理怀疑。

c. 执业律师或大律师在担任非全职法官期间，很可能遇上合作伙伴当上辩护或控方律师的案件，在此情况下，该名法官有机会偏袒同一间事务所或律师行同事的那一方。

d. 2006 年终审法院首席法官李国能发出《非全职法官参与政治活动指引》，该指引虽限制非全法官担任政团职位，但并不排除参与政党工作和活动，也承认政团身份无碍担任非全职法官。另外，《法官行为指引》明确规定全职法官应避免加入任何政治组织。也就是说全职法官是不可以加入政党的。此政策引起非全职法官政治中立的问题。

ⅱ. 这些问题，均使人怀疑暂委法官能否独立公正地审理案件。因此，从制度的层面去看，司法机构可能要在任命暂委法官的制度上，增加更大的透明度，加进更多保障司法独立的机制。

ⅲ. 另外，一般律师亦没有意愿当全职法官，令香港的司法机构少了选择及潜在的人才。主要原因在于双方的身份差异所致，律师是自由职业者，而法官却具有公务员的性质，加之律师的薪俸亦高于法官。要改变这种现状，必先加强法官的职业保障制度建设，为法官创造良好的工作和生活条件，提高其社会地位，保障审判能真正独立，以彰显此职业的社会价值。

B.13

最新选情

I.2011 年区议会选举

ⅰ. 第四届区议会选举,由 839 名候选人,角逐全港 336 个议席（应选民选议员人数为 412 人,余数是因无竞争而自动当选）,而全港选民人数为 2898180。除约 66 万名选民因候选人自动当选而毋须投票外,是次选举投票率为 41.4%,较上届高 2.6 个百分点,比率上虽不及 2003 年的 44.1%,但投票人数达 120.2 万,是历史新高。

ⅱ. 今次区选,虽与历次选举前一样交织众多政治和社会事件,但其复杂程度远较过去更甚。例如,自 2008 年社民连三人进入立法会后,议会暴力、街头抗争愈趋激烈,甚至出现言语、行动攻击官员或其他议员,包围立法会禁止官员、议员离开,以致阻塞交通要道、与警察在街头"打游击战"等。而为抗议 2010 年政改方案的通过和企图对中央造成压力,社民连与公民党一起上演一出立法会议员辞职、再参选、再当选的"变相公投"。最后,投票率低,却讳败为胜。激进政治势力在 3 年间一发不可收拾,现有法律又缺乏制衡机制,民怨因而累积。

ⅲ.2010 年政改方案通过后,民主党、职工盟李卓人进入中联办商讨改良政改方案。最后,中央接纳增加 5 席通过直选产生的区议会功能组别议席方案,以换取民主党代表及职工盟投赞成票。社民连黄毓民等人坚持一步到位、全面普选,因而选择以更激进的手法进行对抗,并曾誓言派出百人"追击"民主党代表及职工盟的候选人,反对派至此分裂。最后,从社民连分裂出来的人民力量,合共派出 62 人"追击"民主党代表及职工盟、民协的候选人,引发其支持者倾巢而出保护其政治代表,令总投票人数升至历史新高。

ⅳ. 此外,向来强调法治、法律专业、争取中产的公民党,被揭发在多宗涉及重大公众利益的案件,包括港珠澳大桥司法复核案,以及外佣争取永久居港权案中扮演主导角色。当中,前者被发现公民党籍律师黄鹤鸣协助公民党义工"朱婆婆"

申请法援，就港珠澳大桥案申请司法复核，使横跨港、珠、澳三地的亚洲最大型基建停工多时，令香港纳税人直接经济损失多达65亿。后者被发现公民党籍资深大律师李志喜，协助与职工盟有密切关系的外佣组织申请法援，向法院司法复核外佣永久居港权。据特区政府保安局数字，案件牵涉外佣人数多达40万。纵使公民党不断强调，捍卫人权法治是理所当然，社会付出成本也是无可避免；但市民大众对这两宗官司的认知和判断，与公民党少数人存在差距。公众对公民党接连损害港人利益的行为，感到反感；亦对其过去温和、理性形象背道而驰，感到失望。

ⅴ. 2011年中，壹传媒老板黎智英，被揭发多年来在其集团长期亏损的情况下，仍以数以千万计，接连向包括天主教香港教区前主教陈日君、前政务司司长陈方安生、公民党、民主党、社民连等反对派人士输送政治献金。案情曝光，社会哗然，令公众一再失望。

ⅵ. 今次区选，各党派尤其重视的，是2012年立法会选举新增的5席"区议会超级议席"的有意竞逐者，必须透过2011年取得区议员身份才获得参选资格，故纷纷部署参选。其中，反对派中现任立法会议员而从不参与区选的职工盟李卓人、公民党汤家骅，以及过去已经放弃连任的民主党涂谨申、单仲偕等，纷纷空降各区，企图取得入场券资格。故此，是次选举亦被视为"民主星光 VS. 地区耕耘"之争。

ⅶ. 最后，是次区选最终结果，被指是爱国阵营重挫反对派。然而，实情是，全港412个民选区议员中，爱国阵营主要政党合共夺得161个议席，民建联有136席，占总议席超逾三成，较上届增加21个议席。民建联总得票约35.3万，得胜率高达74.7%；工联会则有接近8万票，约六成得票率；两党合共取得全港超过43万票，较2007年少约10万票，主要原因是两个政团的自动当选议员的数目，由上届的12人，大幅增加至今届36人。而自由党取得9席，约有23400票；新民党则取得4席，约15600票。

ⅷ. 反对派整体取得超过80席，其中民主党取得47席，民协取得15议，公民党仅有7个议席，职工盟及社民连则全军覆没，包括职工盟秘书长李卓人和社民连主席陶君行。而派出62人参选、主力狙击民主党的人民力量，只有1名无间断在地区工作的候选人成功连任。然而，街工以及从民主党新界东支部分裂出来的新民主同盟，议席数和得票数都有所上升，分别是6人参选5人胜出，以及10人参选8人胜出，分别新增3席和1席，被誉为反对派中务实政治的佼佼者。民主党的票数由上届的17.3万票，增至20.6万票，增加3.3万票。上届获得

3.4万票的民协，今年票数增加至4.6万。

ix. 整体而言，今次区选结果，爱国阵营议席总数、得票俱升（包括自动当选因素）；而反对派是出现折将失议席情况，但整体得票依然上升。只能说，投机政客操作激进政治基本失败，地区政治工作回归实干为民生的基本面。

表 2-50 2011年香港区选爱国阵营得票情况

	民建联	工联会	自由党	新民党
参选人数	182	48	24	12
当选人数	136	29*	9	4
得票率(%)	74.7	60.4	37.5	33.3
总得票数	353716	79022	23408	15568

*工联会当选人士中，部分人士因有双重身份的关系，人数会与民建联部分有所重叠。

表 2-51 2011年香港区选反对派得票情况

	民主党	公民党	民协	新民主同盟	人民力量	社民连	街工
参选人数	132	41	26	10	62	28	6
当选人数	47	7	15	8	1	0	5
得票率(%)	35.6	17.1	58	80	1.6	—	83.3
总得票数	205716	47603	46501	25437	23000	21659	14364

Ⅱ. 2012 年行政长官选举

ⅰ. 第四届香港行政长官选举于2012年3月25日举行，3位成功取得足够提名的合资格候选人分别为前行政会议召集人梁振英、立法会议员何俊仁，以及前政务司司长唐英年。在1132位按界别分组选举产生的选举委员进行的投票下，梁振英以689票当选香港第四届行政长官，于2012年7月1日正式上任。

ⅱ. 此次选举牵起一连串的风波，是一场激烈的选战。唐英年一直被外界视为被中央栽培的特首接班人，亦获得大地产商、商会及政界人士支持；他于2011年9月28日辞去其政务司司长职位，宣布考虑参选。梁振英亦于9月份表示准备参选，由他组成的竞选团队，在他宣布参选后马不停蹄出席各界活动，争取支持，又频频落区，了解民意。而何俊仁于10月宣布有意参选，他得到民主

党和部分反对派的支持，他指用意在于"对抗'小圈子'制度"，有说他是为了2012年立法会"区议会超级议席"热身。

iii. 唐英年在备选初期，被传出有婚外情，传闻受传媒追访，后更指他有私生子。为免阻外选情，他坦承曾有感情缺失，但已成过去，并得到太太原谅。虽然梁振英于同期亦被传媒质疑，他与另一名女子的关系，然而，梁立即出来澄清，民望并未如唐英年般受影响。唐英年为挽回严重失落的民望，邀请前金融管理局总裁任志刚山任其竞选顾问，更于12月举办一场大型造势会，使支持度由不足两成，急升至接近三成。

iv. 2012年2月，梁振英被指于2001年西九龙填海区概念规划比赛担任评审时，漏报其所属公司戴德梁行与一家参赛公司的关联，该公司其后亦因而被取消参赛资格。梁振英受"西九事件"打击，被媒体穷追猛打，而立法会亦决定成立专案委员会，于行政长官选举投票前夕传召梁作供。部分立法会议员认为，现届政府在这事件中只披露片面事实的做法，对候选人造成不公平。然而，梁振英于作供时积极应对，使他的民望未受太大冲击。

v. 紧接于2月中期，传媒获得一份唐英年位于九龙塘约道7号大宅的图则，揭发唐大宅设有面积达2250平方呎的僭建地库，违反当局规定。僭建事件曝光后，唐未即时承认，引致连日来全港传媒蜂拥采访，更以多部吊臂车试图拍摄唐宅内部情况。唐延至事件曝光后四天，才再与妻子一同会见传媒，指僭建工程是妻子的意思。虽然唐称事件会一力承担，但此举仍被批评为推卸责任，其诚信亦被严重质疑，令市民对唐的管治能力失去信心，民望因而大幅下跌。屋宇署亦展开调查，不排除提出刑事检控。

vi. 当唐英年受僭建风波打击、外界要求他退选的声音四起时，立法会主席曾钰成、新民党主席叶刘淑仪，公开表示有意加入竞选。最后，曾钰成最终决定不参选，而叶刘淑仪亦未能于提名日期前取得足够提名票，未能加入选战。何俊仁首先以188个提名递交提名表格，而唐英年与梁振英亦分别以390个及305个提名，于2月29日成为有效的行政长官选举候选人。

vii. 3月6日，支持梁振英的全国政协委员刘梦熊，被传媒刊登与一江湖人物聚会的照片，出席者还包括梁振英竞选办人员以及多名乡议局选委；刘梦熊事后承认，与有关人士会面是为了收集打击对手的黑材料。此"江湖饭局"被指是"黑金政治"，梁振英民望因而下跌。

viii. 虽然如此，相比另外两位候选人，民意还是比较偏向梁振英。3月初，国务院总理温家宝表示，只要香港依照法律程序办事，定能选出一位为多数香港人拥护的行政长官。

ix. 在3月16日首个电视直播的候选人辩论会上，唐英年指梁振英于过去的政府高层会议上，建议缩短商业电台续牌的时间，打压言论自由，及提出以武力镇压反对廿三条立法的示威人士，引来公众哗然。梁立即否认指控。唐英年的行为，被指涉及行政会议的保密原则，泄露政府机密，违反身为官员该有的基本政治守则。与此同时，反对派不停地指梁为"地下共产党员"，如果当选将威胁香港核心价值。在争执不断、谣言四起的情况下，自由党部分人士、反对派等倡议投白票，不希望任何一位候选人当选，流选传闻四起。

x. 3月25日选举当日，梁振英于早上9时~11时的首轮投票，以689票，即超过《选举条例》指定的600票过半数，当选香港特别行政区第四任行政长官。而如何修补选举过程中的裂痕、再次凝聚社会大多数，都是社会大众关心的问题。

梁振英以非资深公务员及非香港传统大家族身份当选，以其是出身基层的专业人士，又长期以来参与香港回归及内地建设的实际工作，为香港特区的来年发展，揭开了新的一页。

表2-52 2012年第四届香港行政长官选举投票结果

总投票人数：1193人

有效票数：1050张

候选人	得票总数	得票率
梁振英	689	65.6%
何俊仁	76	7.2%
唐英年	285	27.1%

资料来源：香港政府新闻网。

表2-53 民调对香港历届即将就任行政长官的信心度

行政长官	就任期(月/年)	当选后对香港前途增加信心的比率(%)	认为会较前任表现好的比率(%)
梁振英	07/2012~	20	47
曾荫权	06/2005~06/2012	52	81
董建华	07/1997~03/2005	12	40

资料来源：香港大学民意研究计划。

第三部分　结论与建议

$\mathbb{B}.14$

隐　忧

ⅰ. 香港现时的社会问题盘根错节，大部分问题均有相互关系。因此，解决香港问题必须要有全盘的计划，不能抱着头痛医头、脚痛医脚的态度，而且不能短视地只关注眼前的问题而不理长远发展，亦不应抱残守缺，用过时的办法面对问题。例如，董建华政府为救楼市，贸然更改土地房屋政策，向大地产商倾斜，是现时房屋问题的根源；曾荫权上任初期后以依从市场经济原则为口实，延续和强化了董建华时期的政策，未有拨乱反正，反而继续减少政府的房屋供应，令房屋问题恶化成社会以至政治问题。

ⅱ. 回归后，特区政府有意将香港政治推向英式议会体制，倾向西方民主、人权等价值，为特区未来发展埋下不安定的伏笔，使其脱离《基本法》的规定。

ⅲ. 亲中力量未够与时并进，领导力和洞察力仍待加强，与市民和各行业雇员的关系仍欠密切。

ⅳ. 以下各点均为在可见将来影响到香港繁荣稳定的隐忧，来届特区政府有必要正视者。

I . 特区政府欠缺有为，外国政治势力介入

表面上香港政治势力分散，利益团体众多而多样化，社会似乎难以凝聚共识。以往港英政府力量一枝独秀，通过咨询政治的模式至少在表面上收集了民意，因此少有对特定政策大规模的不满和反弹。可是，回归后英国势力没有退下，加上美国亦会全面介入，董建华和曾荫权政府却经常在没有充分咨询的情况下强行推出政策（如最近的递补机制、派发六千元等），或以行政手段实行重大政策（如停止卖地、勾地、停建居屋等一系列措施），同时也绑架亲中政团及社会团结，使它们付出沉重和不必要的社会及政治代价。外力有意营造反对派走向多样、多元化，表面上在意见众多的社会氛围下，政府高高在上的态度更会令市民更加不满，不但影响政府施政，也使他们倾向支持反对派。不少问题需要解决。

II . 行政立法关系紧张

回归后，立法会的组成经常是以 60/40 的比例，即由亲中或建制派和功能组别议员占多数，大部分为民选的泛民议员占少数的局面。在 15 年内特区政府造成表面的行政立法关系紧张，使它往往能强迫建制派议员支持其政策。虽然碍于民意，建制派有时会出现倒戈的情况。另外，泛民议员故意在表面上与政府关系不睦以换取政治筹码。如在 2010 政改通过期间民主党得分，但其后双方关系仍迅速"恶化"。行政立法关系"恶化"的结果，是推动市民接受由立法会主要党派推选特首或普选特首的西方民主制度的发展前景。

III . 激进政治抬头

香港政治近年未能出现英美双方期望双普选的"闷局"，加上经济愈趋寡头化，令激进政治开始抬头。这些激进者多为对现实不满的年轻人，以网上讨论区平台，认为街头抗争是改变香港政治经济的出路。不过，他们近年的活动（如 2011 年"七一游行"时的阻街行动）并未得到市民的同情。一些激进者开始反

思其手段和缺乏纲领等问题，但同时亦明显有人在加强利用这些激进势力增加有关外力及个别个人政治的影响力（例如人民力量和选民力量等动员式政治运动）。

IV．"80后"及"本土意识"

特区成立以来，在1980年后出生的（"80后"）年青一代之间蔓延着对本地社会建制的不满情绪，但同时却存在着对国家不理解和不重视，事事以香港为本的倾向。有论者认为，这完全是因为年轻人就业、生活和置业等问题得不到满足所致。亦有论者认为这只是代表香港年青一代比上一代不能挨苦，只会抱怨，将责任推回年轻人。以上的说法都未够全面。其实，不少年轻人不用面对困苦的生活，有稳定可敬的工作，但仍然对香港社会及政府不满。这很大程度是外力及主要传媒在推动"本土意识"。回归后企业等趋向寡头、地产化，缺少职业、选择居住困难等成为重要的背因。他们容易认为政府倾向大地产商的政策使香港成为一个缺乏特色、难以培养归属感的城市。来届特区政府施政时，必须设法了解香港年轻市民对其城市在国家定位的想像与他们面对的实际生活与工作需求，同时亦和加强对国家的了解结合。这亦是特区后续稳定发展的基础问题。

V．地产商垄断

香港的大地产商在政府的扶助下已俨然成为垄断势力，控制着市民所有的衣、食、住、行。另外，香港的公营机构自从上市（包括领汇与港铁）后，其行径亦与大地产商无异。这些原本为民众服务的公共事业现已与其他利润为本的私人机构无异，成为市民不满特区政府的重要原因之一，亦使他们对行政主导不信任，甚至对"一国两制"失去信心。

VI．产业过于单一

近年，香港产业单一化的趋势比以往更为严重。金融和地产，在经济活动所占的份额愈来愈多，投身经纪和金融服务业的人亦逐年增加。地产化的结果是租金暴涨，令其他产业和中小企业的经营环境日益困难。过高的租金现在已是香港产业多元化发展的绊脚石，将损害香港的长远竞争力。来届特区政府要解决香港经济单一化的问题，不能像以往特区政府般，只有口号式和头痛医头的解决方法（其中诸如数码港等计划更被"地产化"），而是要有详细、长远的规划，而且要强调中港两地的合作。

VII. 民生困苦

虽然经济环境近年不算太差，但香港市民近十年来的生活似乎未有寸进（特别是和内地大城市比较）。楼价、通胀在 2008 年后开始升温，近一两年已达高峰。由于大地产商或大企业的垄断，市民无从选择，无议价能力，加上收入近年少有增加（除了因为最低工资而有所增加者），负担却日重。无物业、无置业能力和未被安排入住公屋的市民更要被迫住进"劏房"、"板间房"的不人道的居住环境。香港民生近年的困苦，是市民对特区政府和现行政治制度不满的最大原因。

B.15
机　遇

Ⅰ．中国发展

ⅰ．近年，中国经济持续急速发展，GDP 在 2000～2010 年未因为世界经济波动而受停滞，仍然获得近四倍增长。2000 年，中国 GDP 为 99214 亿元，至 2005 年达 184937 亿，2010 年更达 397983 亿元（见表 3－1）。

表 3－1　中国历年 GDP（2000～2010）

单位：亿人民币

年份	GDP	年份	GDP
2000	99214	2006	216314
2001	109655	2007	265810
2002	120332	2008	314045
2003	135822	2009	340506
2004	159878	2010	397983
2005	184937		

数据来源：中华人民共和国国家统计局：《统计年鉴》。

ⅱ．中国的经济持续增长，加上国人生活水平逐渐提高，令中国的进出口数字逐年上升。2000 年，中国的总进口额达 1658 亿美元，出口为 1949 亿美元；2010 年，这两个数字已上升至 9543 亿美元和 12040 亿美元（见表 3－2）。虽然人民币有升值的压力，但整体经济的状况仍然良好，而且贸易顺差的情况亦会在可见的将来延续。

ⅲ．由于连年的经济增长和贸易顺差，中国亦累积了大量的外汇储备，成为举足轻重的金融大国。中国的外汇储备由 2000 年的 1655.74 亿美元增至 2011 年6 月的 3 万多亿美元，增长了 19 倍多（见表 3－3）。在"后金融海啸"时期，中国的金融影响力显著增加，不只是依赖出口的"世界工厂"。

表 3 - 2　中国历年进出口额（2000～2010）

单位：10 亿美元

年份	进口额	出口额	顺逆差
2000	165.8	194.9	29.1
2001	197	232	35
2002	268.6	312.8	44.2
2003	295.3	325.6	30.3
2004	397.4	436.1	38.7
2005	552.4	583.1	30.7
2006	631.8	752.2	120.4
2007	777.9	974	196.1
2008	904.6	1220	315.4
2009	1074	1435	361
2010	954.3	1204	249.7

数据来源：中华人民共和国国家统计局：《统计年鉴》。

表 3 - 3　中国历年外汇储备（1997～2011）

单位：10 亿美元

年份	外汇储备	年份	外汇储备
1997	140	2005	818
1998	145	2006	1066
1999	155	2007	1528
2000	166	2008	1946
2001	212	2009	2399
2002	286	2010	2847
2003	403	6/2011	3197
2004	609		

数据来源：中华人民共和国国家统计局：《统计年鉴》。

Ⅱ．"一国两制"下中央对香港的特殊政策

ⅰ．除了中国（特别是珠三角地区）的经济发展外，中央政府自回归后的一系列特别政策亦为香港将来的持续发展提供机遇。特区政府应该把握这些机会，以政策、基建、土地规划等措施配合中央政府的特别政策，在发展香港经济的同时协助中国的长远经济发展。

1. CEPA

ⅰ．《关于建立更紧密经贸关系的安排》（Closer Economic Partnership Arrangement，

CEPA，以下简称《安排》）是中华人民共和国中央政府与香港及澳门两个特别行政区政府签订的特别政策文件，先后于 2003 年 6 月 29 日及 10 月 18 日签订。

ⅱ.《安排》通过减少市场壁垒、政府管制等措施，加强港澳与中国内地的经贸联系，意图助两地走出因亚洲金融危机和 SARS 而引起的经济景气低迷，同时通过港澳成熟的市场经济，为内地企业在金融、服务等注入活力之外，也能提高这些企业的竞争能力。内地与港澳 CEPA 的五项原则：

- 遵循"一国两制"的方针；
- 符合世界贸易组织的规则；
- 顺应双方产业结构调整和升级的需要，促进稳定和可持续发展；
- 实现互惠互利、优势互补、共同繁荣；
- 先易后难，逐步推进。

ⅲ. 内地与香港在 2003 年 6 月 29 日签订《安排》的主体部分，并于 2003 年 9 月 29 日签署六份附件。其后双方根据《安排》第 3 条，通过不断扩大相互之间的市场开放措施，增加和充实《安排》的内容，先后于 2004 年 10 月 27 日、2005 年 10 月 18 日、2006 年 6 月 27 日、2007 年 6 月 29 日、2008 年 7 月 29 日、2009 年 5 月 9 日及 2010 年 5 月 27 日签订 7 份《安排》补充协议（见表 3 - 4）。

表 3 - 4　内地与香港的 CEPA 推进表

年份	协议	主要内容
2003	CEPA	设立基本框架、总体目标。实现互惠互利、优势互补、共同繁荣；先易后难，逐步推进
2004	《补充协议》	部分原产香港商品零关税；对香港居民在内地设立个体户无需外资审批
2005	《补充协议二》	进一步扩大对香港开放
2006	《补充协议三》	进一步在服务贸易领域对香港扩大开放，并加强与香港在贸易投资便利化领域的合作
2007	《补充协议四》	涵盖 28 个服务领域的开放措施
2008	《补充协议五》	在服务贸易方面，内地将在 17 个领域共采取 29 项具体措施，进一步对香港扩大开放；推出了 3 项贸易投资便利化措施和 2 项专业资格互认措施
2009	《补充协议六》	协定扩大内地对香港服务贸易开放和经贸合作，使《安排》涵盖的服务领域总数由 40 个增至 42 个
2010	《补充协议七》	内地 14 个服务领域的市场准入条件会进一步放宽，《安排》所涵盖的服务贸易开放领域增至 44 个；深化金融服务及产品开发的合作；降低了执业和就学限制

数据来源：综合各大报章。

表 3 – 5　围绕 CEPA 的粤港合作主要成果

主要成果	时间
《泛珠三角区域知识产权合作协定》	2005 – 08 – 22
《泛珠三角区域反走私合作协定》	2005 – 08 – 25
《江西广东香港三地软体企业达成合作备忘》	2005 – 06 – 20
《泛珠三角区域农业合作协定》	2005 – 06 – 13
《滇港体育交流与合作备忘》	2005 – 06 – 10
《穗港关于联合投资推广的合作协定》	2005 – 05 – 24
《泛珠三角区域环境保护合作协定》	2005 – 05 – 23
《泛珠三角区域科技合作长沙议定书》	2005 – 06 – 08
《泛珠三角区域环境保护产业合作协定》	2005 – 08 – 31
《琼港体育交流与合作备忘》	2005 – 06 – 10
《泛珠三角电视媒体合作框架协定》	2005 – 06 – 06
《泛珠三角省区社科科研协作〈广州共识〉》	2005 – 05 – 23
《粤港合作开展社会福利服务工作备忘录》	2005 – 05 – 23
《关于加强泛珠三角区域教育交流合作的框架协议》	2005 – 05 – 23
《泛珠三角区域外经贸合作备忘录》	2005 – 05 – 23
《内地与香港关于建立更紧密经贸关系的安排》	2005 – 05 – 23
《泛珠三角区域商会合作框架协定》	2005 – 05 – 23
《泛珠三角区域商会资讯交流协定》	2005 – 05 – 23
《泛珠三角省区侨联(社团)工作协作书》	2005 – 05 – 23
《关于加强深港合作的备忘录》	2005 – 05 – 23
《泛珠三角区域合作框架协定》	2005 – 05 – 23
《粤港澳体育交流与合作协议书》	2005 – 06 – 10
《关于"泛珠江三角洲经济圈"资讯产业及资讯化合作的协定》	2005 – 06 – 06

数据来源：综合各大报章。

表 3 – 6　内地与香港 CEPA 具体成果一览

大型交通基建设施	边境区域合作	原有设施协调
深港西部通道 港珠澳大桥建设 广深港高速铁路客运专线	落马洲河套地区开发	珠海机场与香港机场的合作 大珠三角五大机场合作 粤港通关口岸合作 粤港港口合作

数据来源：综合各大报章。

2. 粤港合作联席会议

ⅰ. 通过这个常设的管道和相关的工作机构，回归后广东省对香港加强支援，化解了不少政策瓶颈，促进了香港的经济发展和社会建设。其主要渠道乃粤

港合作联席会议。

ⅱ. 粤港双方应在未来加强合作，探索新的合作发展思路以达致双赢，同时亦用以缓解香港缺乏有效发展方向的困境，这包括提升和扩大粤港联席会议的议题和行政覆盖。

表 3 - 7   粤港合作联席会议主要议题回顾（1998～2008）

次序	主要议题
第一次会议 1998 年 3 月，广州	探讨联席会议形式；交流两地最新情况；确定每年轮流在香港、广州召开
第二次会议 1998 年 9 月，香港	连接两地资讯间网络，加强跨界环境保护合作等；宣布延长罗湖、皇岗口岸开放时间
第三次会议 2000 年 9 月，深圳	主要是包括东江水库在内的环保问题
第四次会议 2001 年 7 月，香港	联合开发南沙、珠海机场和香港机场合作、口岸合作、西部通道
第五次会议 2002 年 8 月，香港	同意深港西部通道口岸"一地两检"，探讨连接两地的快速轨道交通系统，扩大旅游合作
第六次会议 2003 年 8 月，香港	就粤港合作的总体思路达成共识，按照"前瞻性、全域性、务实性、互利性"的指导原则，在 CEPA 的框架下，抓住机遇，优势互补，加强合作。进一步促进优势互补，推动两地资源更充分整合。把广东的制造业、技术、市场、劳动力、资源优势，与香港的国际商贸、金融、管理、人才等优势结合起来，共同营造"大珠三角"制造业和服务业并举的格局
第七次会议 2004 年 8 月，广州	强调粤港合作要"三个加强"，"三个推进"。即加强制造业的合作，加强服务业的合作，加强口岸合作；推进"泛珠三角"区域合作和联合推介"大珠三角"，推进跨境大型基础设施的建设和前期工作，推进粤港科技、教育和人才交流与合作
第八次会议 2005 年 8 月，香港	强调粤港合作要"四个进一步"，"五个紧密结合"。进一步加大合作力度，进一步拓宽合作领域，进一步扩大合作腹地，进一步提高合作水准；推进制造业合作与服务业合作紧密结合，推进"大珠三角"合作与"泛珠三角"区域合作紧密结合，推进港商来粤投资与广东企业赴港发展紧密结合，推进跨境基础建设与口岸合作紧密结合，推进经贸合作与科教文卫合作紧密结合
第九次会议 2006 年 8 月，广州	强调要提升重点，推动"五个上新水准"。一是推动经贸合作上新水准。要提升广东制造业的层次，拓宽香港服务业发展空间，深化实施 CEPA，加强专业服务合作。二是推动民生合作上新水准。重点在食品安全监督、重大疫情防治和环境保护这些方面展开合作。三是推动跨界大型基础建设和口岸合作上新水准。重点抓好西部通道、广深港客运专线、港珠澳大桥建设前期工作。加强电子化通关建设，提高通关的能力、效率，改善通关的环境。四是要推动大珠三角和泛珠三角区域合作上新水准。五是重点推动科技、教育、文化等方面的合作上新水准

续表

次序	主要议题
第十次会议 2007 年 8 月,香港	重点推动 6 个方面 30 个合作项目:一是深化粤港经贸合作;二是深化粤港民生合作;三是深化粤港跨界大型基础设施与口岸合作;四是深化大珠三角、泛珠三角区域合作;五是深化粤港科技、教育、文化合作;六是深化加工贸易企业转型升级合作。签订了 6 个合作协议:《深化实施 CEPA、共同推进粤港服务业合作协定》、《关于推动粤港两地企业开展功能、清洁生产及资源综合利用工作的合作协议》、《粤港社会福利合作安排》、《关于对供港塘鱼运输工具加施检验检疫封识的协议书》、《2007～2008 年粤港知识产权合作协议》、《关于加强粤港资讯化合作的安排》
第十一次会议 2008 年 8 月,广州	明确下一阶段粤港合作的重点,将深化服务业的合作,深化港资加工贸易转型升级的合作,深化民生间的合作,深化大型基础建设的合作,深化金融合作和深化民间合作。就推进 CEPA 实施和加工贸易企业转型升级及加强粤港在教育、医疗、旅游、建筑、社会服务、科技创新、人才中介、应急管理等领域的合作,签署了 11 个合作协议。同时粤港两地共同建议国家将香港与珠三角的合作纳入国家发展规划

数据来源:综合各大报章。

3. 《"十二五"规划纲要》

ⅰ. 2011 年 3 月 16 日,北京公布《中华人民共和国国民经济和社会发展第十二个五年规划纲要》(《"十二五"规划纲要》,以下简称《纲要》),其中港澳部分单独成章,详述香港在国家发展战略中的重要功能定位,是香港配合国家五年规划工作的一个重大突破。《纲要》在以下三方面为香港未来发展提供方向。

ⅱ.《纲要》强调中央支持香港巩固和提升竞争优势,包括巩固和提升香港国际金融、贸易、航运中心的地位,支持香港发展成为离岸人民币业务中心和国际资产管理中心。有关表述有助于香港进一步巩固和提升整体的竞争优势,特别是增强香港在金融方面的全球影响力,协助国家利用香港的金融市场作为引进资金、配置资产,以及作为国家推动人民币"走出去"的平台,发挥"防火墙"和"试验田"的作用。

ⅲ.《纲要》强调中央支持香港培育新兴产业,发展六项优势产业。有关表述有助香港的六项优势产业在内地拓展合作领域和服务范围,同时透过互动的合作,可以协助国家提升产业结构,特别是在服务业方面的发展。

ⅳ.《纲要》强调中央支持深化内地与香港的经济合作,继续实施《内地与香港关于建立更紧密经贸关系的安排》(CEPA),并确定《粤港合作框架协议》

香港蓝皮书

中粤港合作的重要功能定位，包括建设以香港金融体系为龙头的金融合作区域和世界级城市群，以及支持广东对香港服务业开放先行先试，并逐步将有关措施拓展到其他地区。有关表述明确了香港在珠三角区域发展方面的核心功能定位，对未来香港与内地省市进一步提升区域合作提供了一个清晰的方向和基础。

ⅴ. 香港来届特区政府要提出具体方案，开发《纲要》提供的发展机会。

4. 人民币业务

ⅰ. 近年，在中央支持下，香港的人民币业务持续扩张。人民币贸易结算计划在 2010 年扩大后，人民币贸易结算总额较 2010 年下半年跃升 135%，至 2011 年上半年的 8040 亿元人民币。随着投资者和发行商的层面扩展，上半年人民币债券的发行总额达 420 亿元人民币，已超逾 2010 年的总额。

ⅱ. 在公司客户透过贸易结算交易所得的人民币收款上升的带动下，人民币存款总额由 2010 年年底的 3149 亿元人民币，飙升至 2011 年 6 月底的 5536 亿元人民币，其占外币存款总额的比重则由 11.5% 上升至 18.4%。这个发展为香港成为人民币离岸中心打下重要基础。

ⅲ. 香港来届特区政府要在这个方向上提出更高的业务建议，强化自己的国际金融中心地位，同时亦带动国家将人民币国际化的过程。

ⅳ. 香港要对联交所及其监管机构的有关法例、管理体制、人员构成重新检讨，以利香港成为全球最大股票市场，及为更多内地企业提供国际效率最高的上市平台。

5. 内地企业上市

ⅰ. 回归前后，在香港上市的内地企业数目稳步上升，由 1994 年的 57 家增至 2004 年年底的 304 家，相当于香港上市公司总数的 28%。此外，以集资额计算的香港十大首次公开招股活动都是关涉内地企业。

ⅱ. 近年，内地企业在香港股票市场的角色愈显重要。2011 年 6 月底，共有 610 家内地企业（包括 164 家 H 股公司、103 家"红筹"公司及 343 家民营企业）在本港的主板和创业板上市，占本港上市公司总数的 42% 及总市值的 56%。在上半年，与内地有关的股票占香港交易所股本证券成交额的 65% 及集资总额的 40%。

6. 2011 年中央对港经济措施

ⅰ. 2011 年 8 月中，国务院副总理李克强访港，宣布中央政府将推出一系列措施推动中港经济合作，具体措施见表 3-8。

表 3 – 8　2011 年中央对港经济措施

经贸

- 今年内签署《CEPA 补充协议八》
- 推动两地企业联合"走出去"
- 支持在内地的港资加工贸易企业转型升级
- 支持境外企业使用人民币赴内地直接投资
- 支持香港铁路公司深化与北京、上海、深圳市地铁建设及运营合作,并扩展到杭州等市

金融

- 在内地推出港股组合交易所交易基金(ETF)(俗称小型港股直通车)
- 允许内地港资法人银行参与共同基金销售业务
- 支持港资银行加快在广东省内以异地支行形式合理布点
- 支持香港保险公司设营业机构或参股进入市场
- 将跨境贸易人民币结算试点范围扩大到全国
- 开展外资银行以人民币增资试点
- 增加赴港发行人民币债券的境内金融机构主体
- 允许以人民币境外合格机构投资者方式(RQFII)投资境内证券市场

民生和社会事业

- 保持粮食、肉类及电力等对港稳定供应
- 加快西气东输二线工程香港支线建设,确保明年下半年向香港供气
- 明年起在部分高校试行免试招收香港学生
- 允许香港服务提供者在内地设立独资医院的范围,扩大至所有直辖市及省会城市

旅游

- 提升两地旅游服务品质,建立健全旅游市场监管协调机制
- 重点支持香港在内地设立旅行社

粤港合作

- 大力推动前海深港现代服务业合作区建设
- 指导粤港澳三地实施区域旅游规划
- 建设广深港铁路客运专线,今年底建成内地段
- 积极研究港深西部快速轨道线建设
- 完善两地律师事务所实行联营的方式

其他

- 允许香港检测机构的检测任务扩大至香港本地加工产品
- 支持香港企业在内地开展清洁发展机制项目

数据来源:综合各大报章。

ⅱ. 中央对香港的支援是全方位的,香港要努力建立一个稳定而持久的政治和社会环境,才能善用中央的支持。

Ⅲ. 特区与中央关系

ⅰ. 通过特首及主要官员述职，中央理应能掌握特区的情况。但从以往有关特首述职的报道和内容来看，似乎中央并未能全面理解香港发生的大事，甚至出现领导人公开出言表示对特首或特区的不满。

ⅱ. 中央和特区因而要建立更紧密的咨询联系体制，使"一国两制"能更好地落实。

表3-9 香港特首述职及中央官员访港

特首述职	内 容
2000-10-26	董建华指出香港成功落实了"一国两制"，克服了金融风暴，经济开始复苏并持续增长。他表示对前景乐观，同时认为，香港的经济自由度、司法独立和对人权的保障可以同任何发达国家和地区相媲美
2001-12-15	国家领导人除了公开支持董连任以外，还对董特首提出的成立内地与香港自由贸易区的建议予以积极回应
2002-12-9	朱镕基对香港特别行政区政府的工作给予了充分肯定。
2003-12-3	胡锦涛表示在中央政府的支持下，香港特区政府与内地有关方面密切配合，加紧落实《内地与香港关于建立更紧密经贸关系的安排》，积极推动粤港、沪港合作。并希望香港特区政府继续加强与社会各界的沟通，贴近民众，体察民情，集思广益，不断提高为市民服务的水平。胡锦涛在听取了董建华关于香港社会近期对"政制检讨"问题的意见后，表示中央对香港政治体制的发展高度关注，香港的政治体制必须按照《基本法》的规定，从香港的实际情况出发，循序渐进地发展
2004-12-20	胡锦涛特别提出：要加强团结，和衷共济；要牢固树立以人为本的施政理念；要不断提高施政水平
2005-12-28	胡主席在政改问题上，重申了中央的一贯立场，称赞政改方案是获得主流民意支持、符合《基本法》和人大决定的方案。在对政改一役作出检讨之后，中央领导人与曾特首更乐意讨论经济话题。温家宝表示，香港经济和社会发展虽然继续保持良好的态势，却仍有一些深层次的矛盾和问题尚未得到根本解决
2006-12-26	新华社在特首曾荫权今日上京述职前夕，发表署名文章，总结本港今年经济，指虽然香港经济持续向好，但各界仍须居安思危，因为香港经济结构性问题还没有根本解决，结构性失业问题仍充满挑战
2008-12-20	温家宝表示中央政府将竭尽全力支持香港克服国际金融危机对经济发展带来的困难
2009-12-29	中央特别关注香港的经济发展，温家宝提出多项金融证券发展方向。特首表示，中国可能允许人民币在香港的直接投资，借此进一步推进跨境贸易人民币结算服务，鼓励内地企业来港上市，以及促进上海与香港证券市场合作。胡锦涛和温家宝指出，在上海与香港国际金融中心的角色方面，两者应该协调发展，优势互补，共同繁荣。在述职中，曾荫权向中央汇报了特区政府正在进行的政改咨询工作，对此，领导人表示，中央希望推进香港民主发展，港人社会应以《基本法》和人大常委会2007年已经作出的决定为依归，致力求共识，推动政制稳步向前发展。温总理再度要求曾荫权要"更好地解决深层次矛盾"

续表

特首述职	内 容
2010－12－22	胡锦涛在听取了曾特首的述职工作汇报后,给予积极评价。而特首在此行述职提出了香港特区要积极参与和配合国家"十二五"规划的制订和实施。但另一方面,温总理再次提及"社会矛盾",亦明言是指"经济社会发展的突出矛盾"

中央官员访港	内 容
2003－6	国务院总理温家宝访港,见证了《内地与香港关于建立更紧密经贸关系的安排》(CEPA)文件签署
2005－9	曾庆红访港。他表示,看到香港整体经济在不断复苏,民生在改善,社会稳定,并希望香港不断巩固和发展这个形势。他香港三天的行程包括:出席了曾荫权在官邸所设的家宴,参观了沙田马场,探访了香港家庭及长者屋苑,视察了香港金融管理局,出席了港府的官方晚宴并发表了题为《齐心协力建设繁荣香港和谐香港》的重要讲话,并参观了理工大学
2007－6	胡锦涛访港。他主要强调了四个方面的重要思想:一是肯定了香港回归祖国10年来"一国两制"的成就;二是总结了香港回归后对"一国两制"实践的经验;三是重申了中央政府支持香港保持繁荣稳定的一贯立场,坚持严格按照《基本法》办事;四是希望港府坚持集中精力发展经济、改善民生
2008－7	习近平访港。在奥运主题中,习近平经实地考察后,对香港成功举办奥运马术赛充满信心。在赈灾主题中,习近平对港人积极参与赈灾和救灾表示衷心感谢。在经济民生主题中,习近平认为经济民生是市民安身立命的基础,是社会和谐的重要条件,是解决其他各种问题的基本前提,是特区政府保持管治威信和民望的重要根据,显示出习近平对香港经济民生的高度关注
2011－6	国务院港澳事务办公室主任王光亚访港。他在记者会上总结此行三点感受:第一,在特区政府的领导下,香港始终能够保持国际金融、贸易、航运中心的地位,体现了"一国两制"的优越性。第二,来港后注意到社会有不同意见,但从大方向而言,社会各界仍有共同点,就是求发展、求和谐、求稳定。第三,他作为港澳办主任,对进一步做好为香港和澳门同胞的服务工作,充满信心,并对今次访问感到十分满意。有记者问面对香港的各种社会问题和挑战,他对下届政府有什么意见时,王光亚提出两点建议:"一个是经济发展,一个是市民的忧虑、普通市民的关注。"他希望下届政府在发展好经济的同时,投放更多的资源解决基层民生问题。在回答记者关于怎样评价现任行政长官曾荫权领导的政府团队的表现时,王光亚说,虽然本届特区政府的任期仅剩一年,但行政长官和政府官员仍然非常敬业。他说,作为特区政府和特首来说,要有自己一个判断。如果一项政策、措施,从长远、整体和根本上来说,符合香港的利益,那么就应该坚持。他表示中央对特区政府、特首和各部门的工作充满信心。在回应住房问题时,王光亚认为政府应该花更多精力关注普通老百姓特别是弱势群体的房屋问题
2011－7	国务院港澳办主任王光亚在与香港大学生交流时,对港府管治作出"成也英国,败也英国"评语,认为香港公务员习惯了英国殖民统治时期的一套做法,只会执行,回归后却不知道怎样当Boss(老板),怎样当主人,缺乏长远规划事业,提醒大学生要以主人翁态度考虑香港未来发展

B.16
香港政治社会经济的问题及改善建议

香港回归已近 15 年，社会仍然存在很多不稳定因素，与内地的关系仍待提升，主要问题在于以下五个方面：

（一）政治制度不稳定，政治争议凌驾于经济与社会问题，促使社会有走向西方民主、议会制度的趋势，并企图以此作为促使内地政治变革的动力，这对香港与国家而言皆为不稳定因素；

（二）香港回归 15 年来未让有能力的爱国人士在参政上占一定的比重；

（三）政府不卖地、不建居屋、不改良公屋标准的做法，令大部分居民居无安所，尤其是年轻人，受基本住房问题困扰的情况比回归前更严重，形成与港英时代的不利对比；也令社会大众普遍相信存在"官商勾结"，这成为社会不稳定的培育温床，并激起大众对时局的失望；

（四）教育制度改革激荡，但依旧停留在殖民统治的旧思维、意识形态和游戏规则，令人心回归工作长期无大进展；

（五）在经济策略上，一直回避要和内地构造紧密经济关系的实质行动，表面上讲了很多，但实际上在用人及具体政策上却背道而驰，强调"小政府、大市场"的理念，骨子里遵循以西方为主导的经济策略。

以下部分分别阐述上述五个方面问题的主要表现形式。

Ⅰ．政治体制不稳定问题

1．主要表现

ⅰ．《基本法》被利用作为政治体制每几年变革一次的借口，包括立法会构成、选举办法及特首选举办法等。

ⅱ．回归后 15 年间共抛出七次政制方案，主动地促使社会对政治体制问题不断发生争执与分歧。

ⅲ. 问责制的设立，冲击《基本法》内中央对主要官员的实质审批权力，以及对主要官员不可有外国居留国籍的限制；这里所指的主要官员包括了政府各决策局内的副局长、政治助理、常任秘书长，目前这些官员皆无国籍限制，也无需中央审批；使中央与公务员系统存在分隔。

ⅳ. 2011 年 9 月，政府宣布进一步减少区议会的委任议员人数，由 2007～2011 年的 102 席减少 1/3，至 2011～2015 年度的 68 席，并指出将于最迟 2020 年全面取消委任区议员。此举不但削弱了"行政主导"，即特首及公务员的职权，也令区议会的选举和工作更加政治化，加速区议会由地区咨询机构演变成地区议会。

ⅴ. 区议会民选议员数目的增长以及他们超乎委任议员功能的扩张，实质上逐步将区议会演变为全面普选的机构，为立法会全面普选铺路，令其即成事实；扩大区议会的民选成份和扩大区议会功能令香港的民主政治得到政府资源的培育，成为香港走向"泛民主化"的重要基础。

2. 策略建议

ⅰ. 重建行政主导，政府决策局内的公务员之首，即常任秘书长的地位及其与中央的关系要提高。办法是：他的任命要与局长一样，由中央审批，与局长一起出席立法会有关质询，并与局长一起到北京述职。

ⅱ. 由副署长级起的重要官员，均需由无外国居留权的香港永久居民出任。

ⅲ. 中央要保持对地方行政单位即特区主要官员任命（局长及上述 1. ⅲ 所提官员）的推荐权。

ⅳ. 在下一届政府内通过终极政制，至 2047 年不变，以平定政治争执，将注意力放在社会与经济发展。其重点是强化行政主导，立法会功能组别的民主成份有需要加强，保持直选与功能组别的均衡，加强中央与特区政府的互动和重要资讯流通。

ⅴ. 建议全国人大全面研究《基本法》中不同的立法原意，并在涉及重大公众利益的适当时间，主动释法。

Ⅱ. 用人方面

1. 主要表现

ⅰ. 在过去两届局长的任命中，真正有能力的爱国人士比例不高。

ⅱ. 在行政会议非官守议员任命中，表面上有亲中政党及亲中人士被委任，但所占比例也不超过25%；委任民建联自由党人士出任的目的并不是强化行政会议的咨询功能，而是借其政党背景将行政会议逐步推向议会制的内阁性质。有能力的亲中人士，从未被委任在该三届行政会议之内，反之大部分的行政会议非官守议员由长实、太古、和黄、汇丰等英资公司人员（包括与李嘉诚集团关系密切人员）以及前港英政府培育的亲泛民人士出任。

ⅲ. 其他任命，包括不同咨询委员会，却出现同类情况，区议会委员等都倾向任命英资公司及亲泛民人士。

2. 策略建议

ⅰ. 设立人才库和培养政治人才机制，使爱国且积极的力量发挥作用。

ⅱ. 重构中央政策组，恢复至1997年前的功能，成为特区政府的大脑；并且成为近似公务员的一部分，保持其主要人员的稳定性及持续性，不受特首换届影响。

Ⅲ. 基本住房问题

1. 主要表现

ⅰ. 以勾地政策取替政府主动卖地作为平衡市场供求的一贯做法，实质上是向大地产商输送超额利润，令供求失衡，并令普通市民饱受贵价楼、住房环境恶劣的苦况。

ⅱ. 停建居屋及减少公屋供应量，令香港楼价及租金远超市民可以负担的水平，导致中下阶层及年轻专业人士不能置业，从而产生对社会、对政府，甚至对中央政府的不满。

ⅲ. 香港住房的供求已严重失衡：正常每年应供应6万个单位，最近两年平均供应只有2万个单位，这包括公屋与私人楼宇。

ⅳ. 香港住屋标准15年来一直倒退。以私人楼宇为例，平均楼宇单位面积低于450呎，并且还出现"割房"现象，即将一个450呎的单位分割为3个100多呎单位，因此450呎平均楼宇单位面积的数字还未能反映真实的住房恶劣程度。

ⅴ. 回归后，政府在房屋政策上的消极表现，形同"托市"，使本应因地产泡沫爆破以及全球金融大动荡而遭受损失的大地产商不但得以渡过难关，而且可以垄断市场，其每年盈利超越回归前水平，使其对政治及社会控制能力加强；其结果也是将主动权让与大发展商，使地产市场偏向寡头化，扼杀中小地产商的生存空间，令大地产商更能控制楼市，及通过高楼价和高租金，控制本港经济。

2. 策略建议

ⅰ. 取消勾地政策，恢复政府主动公开卖地，并以每年要总共能供应3万~3.5万个单位作为量化目标。

ⅱ. 重建居屋，每年应建约2万个单位。

ⅲ. 提高居屋与公屋的单位面积，公屋由现时的平均250呎提升至400呎，居屋由现时的平均450呎提升至700呎，以提供比回归前改善及价格合理的住房。

ⅳ. 政府应采纳宏观的住屋市场原则，即政府主要通过居屋与公屋计划为六成半的居民提供合理住所；可获得这些住所的家庭的入息条件需大幅提高（目前的上限要提高1.5~2倍），但居住条件却要严格限制。以居屋为例，10年之内不能出售，如要出售，屋主需偿还政府所有的相关补贴。

ⅴ. 相反，自由市场只提供全港居民所需的35%的住房需求，并可公开让任何人购买，包括内地人与外国人。

ⅵ. 重建房屋署以落实新政策。

Ⅳ. 教育问题

1. 主要表现

ⅰ. 回归后短短15年间，各级教育机构包括大学、中学、小学，及学前教育的体制都受到新的及重大的冲击：

- 大学：本科由3年改为4年，这项变更的酝酿期超过了8年，大学4年制将会在2012年落实；使大学教授忙于"转制"，在教、研上都受影响。
- 中学：取消预科及预科考试，改为6年制，只有中学统考，并对课程进行更改，迫使老师重新备课及为新公开试准备，这对老师的教学带来很大的干扰。

- 普遍新增副学士制度，副学士数目已近乎本科学生数目的一半（2009年，全港本科生数目为59120人，副学士数目已高达26992人），不但令高等教育出现贬值，也使本来较适合接受职业训练和应用科目训练的青年人，也被学校增收的宣传及家长心理的引导而入读对他们不合适的课程，希望最终升入大学，造成泛滥与混乱的情况。

- 近年来，政府常以收生不足为由关闭小学学校，即"杀校"政策，一方面对老师学生构成重大压力，另一方面浪费资源和校舍，令教育体系难以应付将来数年学生人数的增加。

- 学前教育强调要有认可师资，政府并提供大量对学前教育的补助；形成人为地推高需求，及学前教育收费的通胀，对低收入家庭造成压力及使社会更两极化。

ⅱ. 各级学校不但出现很大变革，在教育管理上，特区政府又取消视学制度，实质上是削减对学科及教学针对性及面对面的帮助与监督；"校本政策"也令学校承受繁琐且不一致的行政负担，但教育局也不是将自己的责任完全交给学校，而是将其中一部分放权于由社会人士组成的评审小组及家长会，令校长与教师队伍受到非专业化阻挠和冲击，而失去了专业化及负责任的行政领导。

ⅲ. 在学科的变动上，大学与中小学被要求设立通识教育与国民教育，挤压和减少正当学科的教时外，实际上方便了大量西方普世价值侵入学校，例如中文大学的通识教育课程，由美国一个基金赞助并协助撰写教材，其教学方向实际上已由该基金主导。

ⅳ. 在中小学的教育中，削弱了传统中国历史与地理学科的重要地位，改为通识及国民教育，由于没有指定课本与教材，片面强调老师自由发挥，出现违反目标道导向的情况，即目标达不到，反而产生反效果。

ⅴ. 董建华年代也继承并扩大了彭定康年代输入外国英语教师的政策，为每间中小学提供1~2名以英语为母语的外籍英语教师，表面目的是为提高香港学生英语水平，实质上冲击香港的英语教学；这些外借英语教师的薪酬不但高于本地资深英语教师，还享受来回机票及住宿等福利，但实际上他们缺乏对香港学生及香港对人才需求的理解，也没有培训香港学生参加本地公开考试的经验，因此在校内校长只让他们教授最轻松的口语课程，而其他繁重的作文、阅读能力等应付考试的课程则由本地教师负责；这造成了本港英语教师存在苦乐不均、两个等级（本地教师被轻视）的怪现象，严重打击占全港英语教师90%的本地英语教师的积极性；同时政府将输入外国英语教师的计划交由英国文化协会代理，由它们挑选输入的英语教师，部分并在香港落地生根成为香港永久居民，此一特殊渠道，对社会、政治的影响，需要加倍留意。

2. 策略建议

ⅰ. 教育局高层应找有能力、有理念的人士出任；

ⅱ. 停止通识学科，以其他形式提高学生的思考能力和国民意识，恢复及强化中国历史及地理学科的重要地位；

ⅲ. 恢复教育署分科视学制度；

ⅳ. 强化职业训练体制；

ⅴ. 加强教育局对学校的领导，将"校本政策"淡化；

ⅵ. 取消由英国文化协会负责的中小学英语教师输入制度，加强大学英语科及教院英语教师的培训课程，组织本地的英语教师到英国作中长期交流和培训，以提升本港英语课程的水平。

Ⅴ. 香港与内地的经济融合问题

1. 主要表现

ⅰ. 香港经济受外围经济变化的冲击比新加坡、韩国都大，其中一些主要原因是：新加坡善用其财政储备，以作长远稳定投资；韩国与中国经济紧密融合。香港作为中国的特别行政区，应在与内地经济紧密融合上做得更好，但实际上香港在这方面的成效并不大；

ⅱ. 香港对其庞大外汇储备的使用政策由港英时代到现在延续不变，主要用于以保护港元为口实而实质上大量投资于美元资产；

ⅲ. 特区政府官员对经济问题，包括世界与内地经济，缺乏理解，他们的决策与咨询对象主要依靠传统的与英、美有关的人士，令香港无法发挥"一国两制"及其作为中国特殊区域的作用与优势；

ⅳ. 15年来，特区政府将主要注意力放在推动香港迈向议会体制的政治架构转变上，以及穷于回应来自反对派的压力，将政治放在最高地位而忽视经济问题；

ⅴ. 经济政策处在干预及自由主义摇摆中，实质向本地寡头公司以及外国公司输送大量利益，如迪士尼项目及数码港项目。

2. 策略建议

ⅰ. 财政司司长及金管局高层管理人员要由有能力、有政治诚信的人士出任，避免任命有美国及英国背景的人士；

ⅱ. 考虑在人民币可以自由兑换之后，取消港币与美元挂钩，改为与人民币挂钩，使港元和香港经济不用受美国拖累；并且在强大的中国经济支持下，港府储备可被释放出来作多元的投资；

ⅲ. 参考新加坡模式，善用特区外汇与财政储备，以作长远的稳定投资，减少购入金融产品，改以投资企业和本地的公共事业（如隧道、领汇等），一方面改善民生，另一方面获得稳定和可预期的投资回报；

ⅳ. 中央政策组应以经济问题的监察和研究作为其重要工作之一。

VI. 特区与中央关系

ⅰ. 通过特首及主要官员述职，中央理应能掌握特区的情况。但从以往有关特首述职的报道和内容来看，似乎中央并未能全面理解香港发生的大事，甚至出现领导人公开出言表示对特首或特区的不满。

ⅱ. 中央和特区因而要建立更紧密的咨询联系体制，使"一国两制"能更好地落实。

VII. 特区行政首长及主要官员任用条件

2011 年 7 月，港澳办主任王光亚抵港访问，期间他曾谈及出任香港特首的条件与资格，本报告以王光亚言论的要点为基础，剖析来届特区行政首长及主要官员任用条件。

ⅰ. 以国家、香港的利益为重。下一届特区行政首长应以国家和香港的长远根本利益为重，对国家和香港的情况和核心利益均有充分的认识，不受外国、利益集团、传媒或民粹主义影响，只有这样才可以与中央政府合作，按照中央的意志落实"一国两制"。

ii. 管治能力。下届特首应该对特区政府的运作有深入的了解，可以获得公务员团队的信任；而且，他/她必须具备在充分尊重程序下整合和掌握社会上不同的声音和民意。上届政府推行重大政策时缺乏咨询，一方面对社会的反对声音异常强硬；另一方面又经常突然改变政策，令市民对政府失去信心，令政府推行政策时举步维艰。

iii. 社会认受性。下一任特首必须具有广泛的社会认受性，不能给予市民下届特首只是"中央任命"或"商界支持"的印象。由于现时"官商勾结"在港人心目中以几成既定印象，因此下任特首必须代表不同阶层的香港市民。

iv. 本报告认为，来届特区行政长官的主要官员应符合以下条件或具备以下素质：

v. 支持"一国两制"。来届特区政府的主要官员必须支持"一国两制"，了解其内涵并认同其精神。

vi. 廉洁奉公。主要官员必须要有最高度的操守，不能与利益集团有纠葛，而且卸任后必须要与利益集团保持距离，不能再加深香港市民"官商勾结"的印象。

vii. 对国家发展与前景有认识。主要官员必须理解中国国情，并对国家的前景和现在的核心利益有充分的了解。

viii. 应同时考虑学界、专业界及有经验官员。现时几乎所有主要官员均从现任公务员（主要是常务秘书长）中选任，亦有少部分来自商界、传媒、学界等（主要为副局长和政治助理）。来届特区政府可考虑任命更多来自学界和专业界的人士，以尽量利用香港的人才。

ix. 政治取向鲜明。主要官员与公务员不同，是责任内阁的一员，必须有鲜明的政治立场，支持现届政府，不能左摇右摆，损害市民对管治班底整体的信任与尊重。

x. 对本专业内容有认识。董、曾时期，政府不少主要官员由专业人士或长期处理同一问题的公务员提拔，其本人的专业与所负责的职务少有关系。最明显的例子包括各副局长和政治助理，他们的本职多与现职少有关系，令人怀疑能否真正发挥他们的能力。来届政府委任主要官员时，必须认真考虑人选是否具备充分的相关经验。

xi. 公众认可。现时，不少主要官员以至特首均被批评他们与市民的日常生

活脱节，一方面不能理解市民的真实需要，另一方面缺乏公众认受性。来届政府必须选出获社会认可的人士出任要职，不能依靠少部分人的介绍（这种情况在现时的副局长与政治助理间非常常见）或曾与之共事等理由即随便选择主要官员。

xii经严谨的聘用程序筛选。曾荫权政府推出副局长和政治助理制度时缺乏咨询，其中不少人选的资格成疑，令人质疑其任命；选用特区主要官员时，应避免重蹈覆辙。

中国皮书网

发布皮书研创资讯，传播皮书精彩内容
引领皮书出版潮流，打造皮书服务平台

栏目设置：

☐ **资讯**：皮书动态、皮书观点、皮书数据、 皮书报道、皮书新书发布会、电子期刊
☐ **标准**：皮书评价、皮书研究、皮书规范、皮书专家、编撰团队
☐ **服务**：最新皮书、皮书书目、重点推荐、在线购书
☐ **链接**：皮书数据库、皮书博客、皮书微博、出版社首页、在线书城
☐ **搜索**：资讯、图书、研究动态
☐ **互动**：皮书论坛

www.pishu.cn

中国皮书网依托皮书系列"权威、前沿、原创"的优质内容资源，通过文字、图片、音频、视频等多种元素，在皮书研创者、使用者之间搭建了一个成果展示、资源共享的互动平台。

自2005年12月正式上线以来，中国皮书网的IP访问量、PV浏览量与日俱增，受到海内外研究者、公务人员、商务人士以及专业读者的广泛关注。

2008年10月，中国皮书网获得"最具商业价值网站"称号。

权威报告　热点资讯　海量资料

当代中国与世界发展的高端智库平台

皮书数据库 www.pishu.com.cn

　　皮书数据库是专业的社会科学综合学术资源总库，以大型连续性图书皮书系列为基础，整合国内外其他相关资讯构建而成。包含七大子库，涵盖两百多个主题，囊括了十几年间中国与世界经济社会发展报告，覆盖经济、社会、政治、文化、教育、国际问题等多个领域。

　　皮书数据库以篇章为基本单位，方便用户对皮书内容的阅读需求。用户可进行全文检索，也可对文献题目、内容提要、作者名称、作者单位、关键字等基本信息进行检索，还可对检索到的篇章再作二次筛选，进行在线阅读或下载阅读。智能多维度导航，可使用户根据自己熟知的分类标准进行分类导航筛选，使查找和检索更高效、便捷。

　　权威的研究报告，独特的调研数据，前沿的热点资讯，皮书数据库已发展成为国内最具影响力的关于中国与世界现实问题研究的成果库和资讯库。

皮书俱乐部会员服务指南

1. 谁能成为皮书俱乐部会员？

- 皮书作者自动成为皮书俱乐部会员；
- 购买皮书产品（纸质图书、电子书、皮书数据库充值卡）的个人用户。

2. 会员可享受的增值服务：

- 免费获赠该纸质图书的电子书；
- 免费获赠皮书数据库100元充值卡；
- 免费定期获赠皮书电子期刊；
- 优先参与各类皮书学术活动；
- 优先享受皮书产品的最新优惠。

社会科学文献出版社 皮书系列
SOCIAL SCIENCES ACADEMIC PRESS (CHINA)

卡号：6707187385168333
密码：

（本卡为图书内容的一部分，不购书刮卡，视为盗书）

3. 如何享受皮书俱乐部会员服务？

（1）如何免费获得整本电子书？

　　购买纸质图书后，将购书信息特别是书后附赠的卡号和密码通过邮件形式发送到pishu@188.com，我们将验证您的信息，通过验证并成功注册后即可获得该本皮书的电子书。

（2）如何获赠皮书数据库100元充值卡？

　　第1步：刮开附赠卡的密码涂层（左下）；

　　第2步：登录皮书数据库网站（www.pishu.com.cn），注册成为皮书数据库用户，注册时请提供您的真实信息，以便您获得皮书俱乐部会员服务；

　　第3步：注册成功后登录，点击进入"会员中心"；

　　第4步：点击"在线充值"，输入正确的卡号和密码即可使用。

皮书俱乐部会员可享受社会科学文献出版社其他相关免费增值服务
您有任何疑问，均可拨打服务电话：010-59367227　QQ:1924151860
欢迎登录社会科学文献出版社官网(www.ssap.com.cn)和中国皮书网（www.pishu.cn）了解更多信息

社会科学文献出版社

皮书系列

"皮书"起源于十七八世纪的英国，主要指官方或社会组织正式发表的重要文件或报告，并多以白皮书命名。在中国，"皮书"这一概念被社会广泛接受，并被成功运作、发展成为一种全新的出版形态，则源于中国社会科学院社会科学文献出版社。

皮书是对中国与世界发展状况和热点问题进行年度监测，以专家和学术的视角，针对某一领域或区域现状与发展态势展开分析和预测，具备权威性、前沿性、原创性、实证性、时效性等特点的连续性公开出版物，由一系列权威研究报告组成。皮书系列是社会科学文献出版社编辑出版的蓝皮书、绿皮书、黄皮书等的统称。

皮书系列的作者以中国社会科学院、著名高校、地方社会科学院的研究人员为主，多为国内一流研究机构的权威专家学者，他们的看法和观点代表了学界对中国与世界的现实和未来最高水平的解读与分析。

自20世纪90年代末推出以经济蓝皮书为开端的皮书系列以来，至今已出版皮书近800部，内容涵盖经济、社会、政法、文化传媒、行业、地方发展、国际形势等领域。皮书系列已成为社会科学文献出版社的著名图书品牌和中国社会科学院的知名学术品牌。

皮书系列在数字出版和国际出版方面也是成就斐然。皮书数据库被评为"2008～2009年度数字出版知名品牌"；经济蓝皮书、社会蓝皮书等十几种皮书每年还由国外知名学术出版机构出版英文版、俄文版、韩文版和日文版，面向全球发行。

法 律 声 明

　　"皮书系列"（含蓝皮书、绿皮书、黄皮书）由社会科学文献出版社最早使用并对外推广，现已成为中国图书市场上流行的品牌，是社会科学文献出版社的品牌图书。社会科学文献出版社拥有该系列图书的专有出版权和网络传播权，其 LOGO（▮）与"经济蓝皮书"、"社会蓝皮书"等皮书名称已在中华人民共和国工商行政管理总局商标局登记注册，社会科学文献出版社合法拥有其商标专用权。

　　未经社会科学文献出版社的授权和许可，任何复制、模仿或以其他方式侵害"皮书系列"和（▮）、"经济蓝皮书"、"社会蓝皮书"等皮书名称商标专用权的行为均属于侵权行为，社会科学文献出版社将采取法律手段追究其法律责任，维护合法权益。

　　欢迎社会各界人士对侵犯社会科学文献出版社上述权利的违法行为进行举报。电话：010-59367121，电子邮箱：fawubu@ ssap. cn。

社会科学文献出版社